185 F

Comment créer et entretenir vos
BONSAÏ

Comment créer et entretenir vos
BONSAÏ

Isabelle et Rémy Samson

Bordas

Pour tous renseignements sur les bonsaï :
Bonsaï Rémy Samson
25, rue de Châteaubriand, 92290 Châtenay-Malabry

Illustration p. 1 : Azalée (*Rhododendron lateridum*). Age ≃ 20 ans. Hauteur ≃ 25 cm. Style « Han-Kengai ». Photo : juin. Bonsaï d'extérieur.

Illustration p. 2-3 : Figuier (*Ficus retusa*). Age ≃ 50 et 6 ans. Hauteur ≃ 45 et 12 cm. Style « Tachiki ». Photo : septembre. Bonsaï d'intérieur.

Edition :
Gilbert Labrune

Maquette et mise en pages :
Dominique Gauron

Dessins des parasites et maladies (p. 28-31) :
Danièle Molez

Autres dessins :
Valérie Decugis

Fabrication :
Francine Deligny

Crédits photographiques :

● Phot. ⓒ **Alain Draeger : pages** 1, 2, 4, 5(2), 7, 9, 13, 22, 23, 27 (haut), 32, 35, 37, 39, 41, 43, 45, 47, 49, 51, 53, 57, 59, 61, 63, 65, 66, 67, 69, 71, 72(2), 73, 75, 78, 79, 86, 87, 88(2), 89, 91, 93, 100, 101, 102, 103, 105, 106, 107, 109, 110, 111, 112, 113, 115, 118, 119, 120, 121, 123, 124, 125, 127, 129, 130, 133, 135, 137, 139, 141, 143, 147, 149, 151, 153, 155, 157, 159, 160, 163, 164, 164.

● Phot. ⓒ **Isabelle Samson : pages** 8, 10, 27, 33, 77, 81, 83, 85, 94, 95, 96, 97, 99, 108, 116, 117, 131, 144, 145, 161.

● Phot. ⓒ **Christian Pessey : pages** 9 (en bas), 15 (10), 16 (6), 17 (4), 19 (5), 21 (5), 26, 54, 55 (3), 60 (3), 61 (2, bas), 62, 81 (3), 148, 156.

● Phot. **Jeanbor** ⓒ **Photeb : page** 9 (haut, gauche)

ISBN 2-04-016305-0

ⓒ Bordas 1986

Dépôt légal : avril 1986

Achevé d'imprimer en avril 1986 par New Interlitho, Trezzano (Milan), Italie.

Sommaire

PREMIÈRE PARTIE : PRINCIPES GÉNÉRAUX

Genévrier de Chine (*Juniperus chinensis var. « Sargentii Henry »*). Age ≃ 15 ans. Hauteur ≃ 20 cm. Style « Hokidachi ». Photo : juin.

DEUXIÈME PARTIE : LES DIFFÉRENTS ARBRES

Glycine (*Wisteria sinensis var.* « Daruma »). Age ≃ 35 ans. Hauteur ≃ 40 cm. Style « Tachiki ». Photo : avril.

If (*Taxus baccata*). Age ≃ 70 ans. Hauteur ≃ 45 cm. Style « Nejikan ». Photo : juin.

Avertissement aux lecteurs
Les conseils que nous donnons au travers de ces pages, sont le fruit de 15 années de soins attentifs et patients pour ces arbres miniaturisés. Nous avons voulu vous communiquer avec notre passion, notre expérience. Mais il reste encore beaucoup à apprendre. Ces lignes directrices doivent, bien entendu, être adaptées à l'arbre en fonction du climat, de la situation géographique, de la température, des saisons. Il est parfois bon de laisser une place à l'intuition dans le cadre de lois rigoureuses.

Comment choisir un bonsaï

Pour choisir un bonsaï, il est nécessaire de s'assurer que l'élu possède en lui tous les atouts pour vivre longtemps, s'épanouir auprès de vous avec les soins appropriés que vous lui prodiguerez. Pour cela voici ce que vous devez prendre en considération.

S'il s'agit d'un solitaire
S'assurer que les racines ne se chevauchent pas et s'étalent bien autour du tronc. *Soulever la motte* hors du pot pour vérifier que l'enracinement est bon et que le chevelu de racines est clair et touffu, et non mou. *Examiner le tronc*: que ses courbes soient naturelles, qu'il s'élève bien du sol, que son écorce corresponde à celle des grands arbres de la même espèce et paraisse saine. Ensuite, *vérifier la disposition des branches*: elles ne doivent pas s'entrecroiser, mais avoir la même direction; elles doivent être fermes et solides, disposées élégamment à partir du tronc. *Les feuilles* doivent être petites, touffues, du coloris de la saison. Il est toujours préférable de choisir un caduc en hiver, quand l'absence de feuillage permet de distinguer sa silhouette et de voir ses qualités et ses défauts. *Si l'arbre est en fruits ou en fleurs*, examiner les fruits et les fleurs pour vérifier qu'ils sont sains et miniaturisés: même si l'échelle n'est pas la même, ils doivent être petits; (excepté

pour la glycine, car on n'arrive pas à miniaturiser ses fleurs). Dans un bonsaï, il n'y a aucune transformation génétique.
Après avoir regardé ces détails, *observer l'allure générale* de l'arbre de la cime au collet. Toujours bien regarder le sommet par rapport au pied et dans son ensemble. *Voir s'il y a de la mousse* au pied, ce qui peut indiquer que le rempotage est ancien; l'absence de mousse indique, au contraire, un rempotage récent. Soulever la mousse pour regarder l'état de la terre. L'arbre nouvellement rempoté est plus fragile, ses racines sont moins développées. Pour s'assurer que le rempotage est relativement ancien, et les racines suffisamment développées, attendre que la motte soit sèche et extraire l'arbre de sa coupe: la motte ne doit pas se désagréger, la terre et les racines doivent être solidaires et former un tout. *Et puis toujours s'assurer que la coupe* est suffisamment grande, et qu'elle est percée dans son fond pour permettre au trop-plein d'eau de s'écouler; que les trous de drainage ne soient pas obstrués; et que l'ensemble coupe/arbre soit en accord.

S'il s'agit d'un groupe
Examiner chaque arbre individuellement (comme pour un solitaire) et dans leur ensemble. Que l'effet paraisse esthétique et naturel. *Regarder la perspective*: les

arbres doivent pencher dans le même sens, les courbes doivent être parallèles et complémentaires. *Comparer le diamètre et la hauteur* des différents troncs: ils doivent être variés et équilibrés. Les branches d'un arbre ne doivent *ni gêner ni croiser* celles du voisin.

S'il s'agit d'un arbre sur roche ou d'un paysage
Etre attentif à la roche et aux racines; celles-ci, bien disposées, dégoulinent gracieusement sur la roche, en harmonie avec l'arbre. L'assise du bonsaï est bien calée sur la roche. *Vérifier la disposition* des petites plantations d'herbes ou d'arbustes: elles doivent être à des niveaux différents en fonction de leur épaisseur et de leur hauteur. L'association des couleurs des végétaux et de leurs fruits ou fleurs doit être harmonieuse.

Enfin, il faut d'abord et surtout un coup de foudre: *il doit y avoir des correspondances* entre l'arbre et soi, alors suivez votre premier mouvement et choisissez l'arbre qui vous a plu au premier regard sans que vous sachiez toujours pourquoi. Le bonsaï est vivant *et doit être aimé et respecté* pour s'épanouir et embellir toujours plus.

PRINCIPES GÉNÉRAUX

Le parc des bonsaï Rémy Samson à Châtenay-Malabry, près de Paris.

QU'EST-CE QU'UN BONSAÏ ?

Historique

Le bonsaï est un arbre miniaturisé cultivé sur un plateau. Ce mot *bonsaï* est japonais. Nous le considérerons comme invariable pour lui conserver son caractère de mot transcrit phonétiquement. C'est la contraction de *bon-saï* qui veut dire « arbre sur un plateau ».

Créer un bonsaï, c'est faire une œuvre d'art. Mais, à la différence d'autres formes artistiques, celle-ci n'est jamais finie : elle est vivante et se façonne tout au long de la vie, faisant apparaître sur la silhouette de l'arbre tous les traitements, bons ou mauvais, que l'artiste lui aura fait subir. Ainsi il peut devenir perfection naturelle, transformant l'homme en créateur.

Il faut savoir conquérir la réussite de son bonsaï : il ne se donne pas au premier venu, il requiert attention et bienveil-lance. Cela ne s'obtient qu'à force de patience, dans une très lente progression. Cette action a une vertu de réciprocité, car l'arbre agit sur l'homme dans le temps où l'homme agit sur l'arbre. Pour la pensée poétique de la Chine, l'arbre établit un lien entre le ciel et la terre. Quelle que soit sa taille, il véhicule un élément spirituel. Aussi les jardins sont-ils, en Chine et au Japon, travaillés comme les bonsaï. Car l'équilibre qu'ils cherchent à établir renouvelle l'harmonie de la nature; ils l'affectent d'un symbole qui, même s'il n'est pas perçu aisément par les Occidentaux, est un signe fondamental.

☐ En Chine d'abord

La première mention de l'art du bonsaï remonte à l'époque des Tsin (IIIe siècle av. J.-C). Puis, au cours de la dynastie Tang (qui régna sur la Chine de 618 à 907), on a représenté une femme portant des deux mains un bonsaï, sur la tombe de Zhang Huai, second fils de l'empereur des Tang Wu Zetian. Au cours de la dynastie Song (960-1276), des annales font référence à un homme qui « savait créer dans un seul pot une impression d'immensité dans un petit espace ». A la même époque, entre le Xe et le XIIe siècle, les moines bouddhistes auraient véhiculé les *p'en-tsai* (arbres prélevés dans la nature et replantés tels quels dans des pots décorés) à travers l'Extrême-Orient.

A l'époque des Song, de nombreuses peintures chinoises représentent des arbres naturellement nanifiés par les éléments et replantés dans des pots de décoration. Mais ce n'est qu'au XIIe siècle, sous la dynastie des Song du Sud, qu'apparut, petit à petit, à force de travail et de modifications, le bonsaï tel que nous le connaissons aujourd'hui. C'était alors un art réservé à la noblesse pour son délassement. Sous la dynastie des Yuan (1276-1368), un fonctionnaire aurait fui la domination mongole et émigré au Japon avec des *p'en-tsai* et des textes traitant de cet art, et les aurait introduits au Japon.

Ensuite, les Ming (dynastie impériale qui régna de 1368 à 1644) donnèrent une grande importance au pot très décoré contenant l'arbre non travaillé. Le paysage en Chine ne saurait faire abstraction de ce que l'architecture y vient mettre : l'élément sable y évoque l'eau d'où toute vie est issue; les roches qu'on y voit évoquent les montagnes qui sont l'ossature de la terre. Ce sont elles qui représentent la puissance créatrice du sol. Mais la pensée, elle, est toujours mouvement, la vie est aussi mouvement. C'est ce que les arbres ont mission de suggérer. Dans toutes les plantations, un élément figure la sagesse. En Chine, comme par la suite au Japon, ce côté est dévolu au bambou.

Dès l'époque des Song (960-1280), l'art présente des arbres naturellement nanifiés. On les figure dans des pots qui concourent à l'ornement.

Sous la dynastie des Tsing (qui régna après les Ming), le *p'en-tsai* n'est plus une occupation réservée à la noblesse, mais devient accessible à tous. A la même époque, on plantait aussi en Chine des *p'en-tsing*, véritables paysages nanifiés.

Sageretia (*Sageretia theezans*). Age ≃ 110 ans. Hauteur ≃ 40 cm.
Photo : mai.
La plupart des sageretia sont issus d'arbres récoltés dans la nature en Chine populaire.

Servante portant un *p'en-tsai*. Peinture murale de la période Tang (VIIIᵉ siècle) dans la tombe de la princesse Zhang-Huai à Xian.

☐ Au Japon ensuite

Lors de notre XIIᵉ siècle et jusqu'au milieu du XIVᵉ (période de Kamakura), on voit au Japon les premières allusions au bonsaï. Un rouleau du moine bouddhiste Honen sur lequel sont peints des bonsaï est célèbre et date approximativement du XIIᵉ siècle. Plus tard, Seami (1363-1444) raconte au théâtre l'histoire du régent de Kamakura, Hôjô Tokiyori, pour qui un pauvre nommé Tsuneyo avait brûlé trois bonsaï qui représentaient ses seuls biens afin de le réchauffer.

L'époque d'Edo (1615-1867) s'intéressa aux arbres colorés travaillés et cultivés sur des plateaux. Les *bonkei* étaient des paysages sur plateaux et les bonsaï des arbres cultivés en pot. Dans les premiers, on retrouve les éléments maîtres de la nature (eau, montagne, sable, végétation). Dans les seconds, on trouve l'être, la créature au premier plan. Les gens des classes fortunées se sont, peu à peu, au Japon, attachés aux bonsaï. Les spécimens qu'ils ont pu obtenir sont regardés comme l'ornement de leur domaine. De là, on voit la culture du bonsaï gagner peu à peu les diverses couches sociales, les dernières à s'y consacrer ayant été les classes populaires, cela depuis une centaine d'années. Mais aujourd'hui le bonsaï est répandu dans le Japon tout entier.

☐ En Europe aussi

C'est au XIXᵉ siècle que le bonsaï est apparu en Europe : par des voyageurs qui découvraient l'Orient et ont mis l'art oriental à la mode. D'amusants fascicules traitaient de l'art du bonsaï avec beaucoup de naïveté et de poésie. Ils avaient pour titre : « Les japonaiseries », « Essais

sur l'horticulture japonaise », « Le jardin japonais »...

Et puis cet art est tombé dans l'oubli. Après la première guerre mondiale, on redécouvrit les bonsaï. Des essais sérieux parurent sur les procédés employés par les Japonais pour obtenir des arbres nains. Aussi bien en France qu'en Angleterre, on s'intéresse à cet art nouveau pour les Occidentaux. On émet des hypothèses, qui se trouvent coïncider avec la réalité. En 1889, J. Vallot écrit un traité dans le Bulletin de la Société de Botanique de France sur « les causes physiologiques qui produisent le rabougrissement des arbres dans les cultures japonaises ».

Paul Claudel, alors qu'il était ambassadeur de France au Japon, a été surpris, assis, absorbé, face à une forêt d'érables travaillés en bonsaï. Il contemplait ces arbres aux feuilles caduques et il expliqua qu'il ne pouvait s'empêcher de s'imaginer dans un de ces érables, ayant l'impression d'entendre le gazouillis des oiseaux dans les rameaux.

Entre les deux guerres, le fleuriste parisien André Baumann importa à Paris quelques bonsaï, pour répondre à la demande de personnes attirées par la culture extrême-orientale. Le Japon était de nouveau à la mode, mais cela fut éphémère.

Estampe japonaise de Hiroshige (ère Kaei, 1848-1853) représentant un paysage dans une coupe.

Aujourd'hui, les pays d'Europe connaissent tous les bonsaï. Il se crée des associations ou des clubs où les amateurs se retrouvent pour parler de leur passion, échanger leurs bonsaï ou se donner leurs recettes. Les Etats-Unis ont, eux aussi, leurs amateurs et leurs spécialistes de bonsaï. Et chacun essaie d'adapter les espèces de son pays en bonsaï.

C'est en France, à l'Exposition universelle de Paris, en 1878, que furent présentées, pour la première fois en Europe, de véritables collections de bonsaï.

Classification des bonsaï

Aucune taille de bonsaï n'est mieux ou moins bien qu'une autre. Tout est laissé à l'appréciation de chacun, à son goût pour les miniatures plus ou moins petites, à la place dont il dispose. L'essentiel est que l'allure générale soit toujours celle d'un arbre équilibré et bien formé.

Certains maîtres japonais classent les différentes tailles de bonsaï en cinq catégories, d'autres en trois, car les catégories intermédiaires présentent peu de différence. Certains spécialistes donnent pour hauteur maximale 1,20 m. Mais cela est très contesté, d'autant qu'au Palais Impérial on peut admirer, lorsque l'on y est convié, des bonsaï dépassant ce mètre vingt. On parle aussi au Japon d'une taille lilliputienne appelée « Keshitsubu ». Des pots sont faits exprès pour les bonsaï de cette taille. Ceux-ci sont cependant très rares.

Nous n'étudierons ici que les trois catégories principales de bonsaï, car ce sont les plus courantes.

● *Le minibonsaï*, appelé « Mame-bonsaï », qui tient dans une main. Il mesure de 5 à 15 cm. Les Japonais l'appellent « Shôhin ». Il peut être aussi bien tout jeune que très âgé. Les Mame-bonsaï sont les seuls qui posent une difficulté du fait de leur petite taille. Ils sont fascinants, mais demandent un entretien vigilant. On obtient des arbres si petits en les plaçant dans de tout petits pots et en taillant très souvent leurs branchages. On les rempote plus fréquemment que les autres bonsaï. Le pot, tout petit, contient peu de terre, et l'arbre est de ce fait plus délicat. Leur terre sèche plus vite; il faut donc les arroser fréquemment. Mais un excès d'eau les fait immédiatement mourir car leurs racines pourrissent. Il faudra prêter une attention particulière à l'emplacement. En effet, le soleil, le vent et le gel peuvent facilement détruire cette catégorie de bonsaï. Elle est cependant fort appréciée des collectionneurs, d'une part, et des amateurs de bonsaï qui ne disposent pas de beaucoup de place, d'autre part.

● *Le bonsaï classique* mesure de 15 à 60 cm. Cette catégorie est parfois divisée en deux : les bonsaï de 15 à 30 cm, appelés « Kotate-mochi » ou « Komono », et les bonsaï de 30 à 60 cm, appelés « Chûmono ». Mais fréquemment ces bonsaï sont regroupés en une catégorie. Ce sont les bonsaï à deux mains. Ils peuvent avoir de cinq ans à plusieurs centaines d'années.

● *Le grand bonsaï* mesure de 60 cm à 1,20 m ou plus. C'est le bonsaï à quatre mains, car il faut généralement deux personnes pour le porter. On l'appelle « Ômono ». Autrefois, au Japon, il trônait à l'entrée des nobles propriétés en signe de bienvenue ou, tout simplement, de

De gauche à droite :
Erable palmé « deshohjoh » (*Acer palmatum « deshohjoh »*). Age ≃ 15 ans. Hauteur ≃ 30 cm. Style « Tachiki ». Photo : mai.
Pin à cinq aiguilles (*Pinus pentaphylla*). Age ≃ 300 ans. Hauteur ≃ 1 mètre. Style « Tachiki ». Photo : mai.
Orme de Chine (*Ulmus parvifolia*). Age ≃ 10 ans. Hauteur ≃ 12 cm. Style « Nejikan ».

richesse. On en trouve de tous les âges.

Les dimensions de ces bonsaï sont prises verticalement du sommet de l'arbre à la base du tronc, à l'exclusion du pot. La difficulté de classification se rencontre chez les bonsaï cascades ou semi-cascades, qui s'élèvent d'abord pour retomber ensuite. Les semi-cascades sont souvent presque horizontaux. La solution est de mesurer ces arbres de leur cime au point le plus haut, c'est-à-dire au coude

que forme le tronc avant de retomber.

Ainsi donc, en dehors de l'arrosage et de l'emplacement, plus délicats chez les minibonsaï, on peut dire que les trois catégories de bonsaï s'obtiennent et s'entretiennent de la même façon, demandant les mêmes soins — taille, rempotage, ligature, arrosage, température, ventilation, engrais.

Voir aussi Techniques spéciales, page 27, et Parasites et maladies pages 28 à 31.

Les symboles

Certains végétaux associés les uns aux autres sont plantés pour être offerts lors du nouvel an. C'est une tradition ancienne qui a encore cours au Japon aujourd'hui. Cette plantation n'est pas destinée à durer, mais elle a une signification spécifique et procure un grand bonheur à ceux à qui on l'offre. Actuellement, elle est offerte aussi bien pour le nouvel an que pour Noël. Cette plantation est appelée « Shô chiku-bai », ce qui veut dire Pin, Bambou et Abricotier japonais et représente bonheur, longue vie et vertu. L'Abricotier doit être en fleur au moment où on l'offre. Cela s'explique par le fait que le nouvel an asiatique est en février. Aujourd'hui, pour offrir un Abricotier en fleur le 1er janvier, il faut le forcer car sa floraison naturelle a généralement lieu dans la seconde quinzaine de février. Pour obtenir l'Abricotier en fleur, le rentrer une quinzaine de jours dans une pièce chauffée (à 20° environ) et le vaporiser 1 ou 2 fois par jour avec une eau à température ambiante pour activer la floraison.

A ces trois espèces de base, on peut ajouter des Fougères ou des herbes aux baies rouges qui symbolisent la richesse. Parfois, on ajoute des végétaux bas et fleuris, forcés pour cette occasion : des Bambous miniatures, des Nandinas, par exemple, en harmonie avec les trois arbres de base. Certaines personnes plantent aussi une Orchidée pour animer l'ensemble.

● *Pour les Thaïlandais,* le bonsaï perdait sa forme originelle pour devenir évocation : le traité de l'arbre ou « K'long tamra mai dat » parle de l'arbre-figure. Les formes de l'arbre deviennent magiques et se réduisent à des signes évoquant des attitudes ou des caractères humains.

● *Au Vietnam,* on faisait porter aux arbres les fatalités terrestres : on connaît un arbre qui symbolise ainsi une tortue, animal sacré qui porte le monde sur sa carapace.

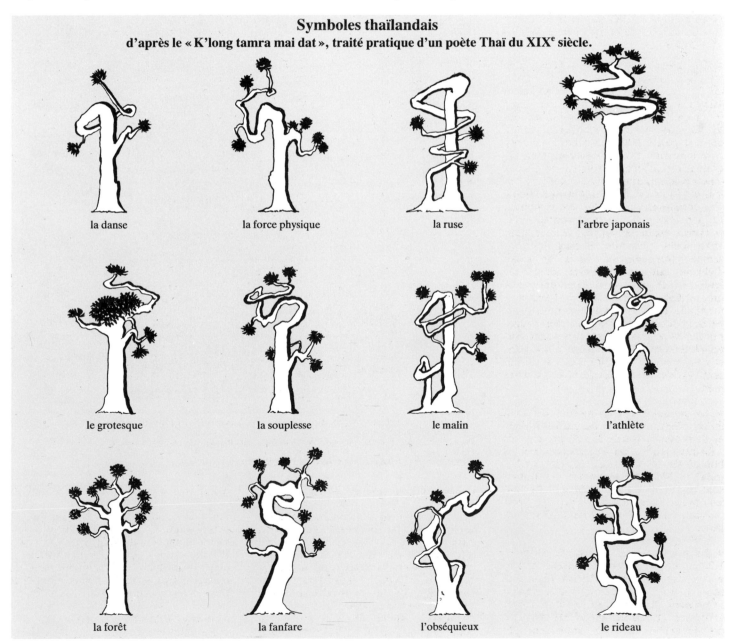

Symboles thaïlandais
d'après le « K'long tamra mai dat », traité pratique d'un poète Thaï du XIXe siècle.

la danse   la force physique   la ruse   l'arbre japonais

le grotesque   la souplesse   le malin   l'athlète

la forêt   la fanfare   l'obséquieux   le rideau

LES STYLES

Dans tout bonsaï, on retrouve la forme du triangle. Le bonsaï lie la terre au ciel, il devient allégorie concrète en conduisant l'Homme sur la route du spirituel. L'anecdote souvent racontée est celle du vieux sage qui expliquait son visage jeune et lisse par sa dévotion aux bonsaï : en contemplant son œuvre, il ne pouvait vieillir, car « si les fleurs fanent en hiver, chez lui elles sont toujours épanouies ».

Le bonsaï, image intérieure, symbole de l'éternité. En effet, il abolit le temps. Ainsi il reflète l'harmonie entre l'homme et la nature, entre la terre et le ciel. Et, dans tout bonsaï, on retrouve la constante du triangle : Dieu - Terre - Homme. Ce triangle présente des inclinaisons différentes en fonction des bonsaï. Il donne alors son style à l'arbre nanifié. On détermine, en effet, le style par le nombre de degrés dans l'angle formé par une ligne verticale et une ligne tracée de haut en bas du tronc.

On regroupe donc les arbres par style en fonction de la silhouette de l'arbre. Il existe quatre styles principaux, les autres styles en découlent. De même, on les regroupe aussi s'ils sont seuls ou plusieurs dans une même coupe.

Ainsi on distingue quatre groupes.

GROUPE 1 :
UN SEUL TRONC

	直 幹	
● le style Chokkan : droit classique : l'arbre s'élève verticalement vers le ciel.		
● le style Shakan : le tronc penche et peut aller jusqu'à la semi-cascade.	斜 幹	
● le style Kengai : ou style cascade, retombant.	懸 崖	
● le style Bankan : le tronc s'enroule sur lui-même en torsade.	蟠 幹	

Ces quatre styles sont les principaux.
Styles dérivés :

	立 木	
● le style Tachiki : droit non classique.		
● le style Han-kengai : semi-cascade.	半 懸 崖	
● le style Bunjingi ou « du lettré » : l'arbre monte en oblique, avec un tronc dénudé sauf au sommet.	文 人 木	

	箒 立	
● le style Hôkidachi : arbre en forme de balai.		
● le style Sabamiki : tronc fendu, déchiré, en partie dénudé.	娑 羅 幹	
● le style Sharimiki : le tronc est écorcé à la façon d'un arbre mort.	娑 娑 幹	
● le style Fukinagashi : l'arbre évoque les arbres de nos bords de mer, infléchis par le vent, avec les branches d'un seul côté du tronc.	吹 流	
● le style Neagari : les racines sont exposées.	根 上	
● le style Sekijôju : les racines enserrent la roche et plongent dans la terre.	石 上 樹	
● le style Ishitsuki : arbre planté sur roche.	石 付	
● le style Nejikan : tronc partiellement tourmenté.	捩 幹	
● le style Takozukuri : style « pieuvre ».	蛸 造	

GROUPE 2 :
TRONCS MULTIPLES D'UNE SEULE RACINE

• le style Sôkan : double tronc.	雙幹	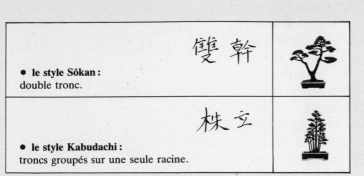
• le style Kabudachi : troncs groupés sur une seule racine.	株立	

• le style Kôrabuki : plusieurs troncs sur une même souche en forme de carapace de tortue.	甲羅吹	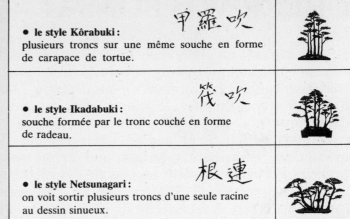
• le style Ikadabuki : souche formée par le tronc couché en forme de radeau.	筏吹	
• le style Netsunagari : on voit sortir plusieurs troncs d'une seule racine au dessin sinueux.	根連	

GROUPE 3 :
TRONCS MULTIPLES/FORET
Excepté les arbres plantés en couple, les bonsaï sont toujours plantés en nombre impair (3, 5, 7, 9...).

• le style Sôju : deux troncs.	雙樹	
• le style Sambon-Yose : trois troncs.	三本寄	
• le style Gohon-Yose : cinq troncs.	五本寄	

• le style Nanahon-Yose : sept troncs.	七本寄	
• le style Kyûhon-Yose : neuf troncs.	九本寄	
• le style Yose-Ue : troncs multiples, au-delà de neuf.	寄植	
• le style Yamayori ou Yamayose : groupe naturel.	四間寄	
• le style Tsukami-Yose : troncs multiples issus d'une même souche.	摑寄	

GROUPE 4 :
IL NE S'AGIT PAS DE BONSAI AU SENS STRICT

• **Bonkei :** paysages. • **Kusamomo ou Shitakusa :** plantations d'herbes ou de bulbes. • **Plantations d'herbes et de plantes saisonnières.**

Charmes (*Carpinus Laxiflora*).
Age ≃ 7 à 14 ans.
Style « Yosé-Ue ».
Photo : mai.

13

CRÉER VOS BONSAÏ

Le bonsaï étant un arbre dont l'origine est sacrée, sa production et son entretien comportent un rituel rigoureux dont les prescriptions sont immuables. Les premiers bonsaï étaient des arbres prélevés dans la nature. En effet, le bonsaï existe à l'état naturel. C'est un arbre qui n'a pu se développer normalement; de mauvaises conditions de vie l'ont nanifié naturellement : sécheresse, vent, avalanches, troupeaux broutant, ont arrêté sa croissance. Pour prélever l'arbre, on taillait une partie des racines sur deux ou trois ans, au printemps. C'était tout un art. Aujourd'hui, en Europe comme au Japon, il est interdit de prélever ainsi des végétaux, c'est pourquoi nous n'insisterons pas sur ces techniques. Cependant on peut créer soi-même son bonsaï de diverses façons.

Obtention par graines ou semis

Cette méthode exige beaucoup de patience et de méticulosité, mais elle produit des arbres particulièrement beaux. Presque tous les bonsaï peuvent s'obtenir à partir de graines. Il n'existe pas de graines spécifiques de bonsaï. On peut prendre des graines aussi bien sur des bonsaï que sur des arbres « normaux ». On peut acheter les graines ou les récolter sur les arbres mêmes. On les prélève en automne; tous les fruits, les glands, les baies, les faînes et les noix sont porteurs de graines qui, plantées, donnent, cinq à sept ans plus tard, de beaux arbres miniaturisés dans la forme souhaitée.

Les conditions de germination sont différentes pour chacun de ces éléments, dès le semis. Certaines graines seront plantées immédiatement, car elles germent dès leur récolte. D'autres devront être conservées au frais et au sec avant d'être plantées. Certaines graines, enfin, peuvent germer dès l'automne ou l'hiver mais doivent, pour conserver leur capacité de germination, être enterrées quelques jours dans du sable humide. Beaucoup de ces graines ont besoin d'une période de repos. On les stratifie (c'est-à-dire qu'on les dispose en couches dans du sable humide) de six mois à un an, en les abritant du gel et de la chaleur. Pour chaque graine, **voir** la **deuxième partie** de l'ouvrage. Certaines graines sont simplement conservées dans le bac à légumes du réfrigérateur. La durée peut aller d'un jour à un mois; il faut ensuite qu'elles trempent pendant 24 heures dans de l'eau tiède. Il y a deux moments particulièrement favorables pour ensemencer ces graines : soit le printemps, soit la fin de l'été et l'automne. Nous verrons pour chaque arbre quand et comment semer la graine. /**Voir 2ᵉ partie**/. Une graine à l'écorce dure peut être entaillée pour que sa germination soit facilitée. On ne sèmera pas ensemble des graines d'espèces différentes parce que leurs besoins en eau, chaleur, lumière peuvent être différents.

Pour semer, procurez-vous d'abord une cagette percée en son fond afin de permettre au trop-plein d'eau de s'écouler. Remplissez-la de compost, qui sera un mélange 50 % tourbe et 50 % sable de rivière. Remplissez aux trois quarts seulement et sans trop tasser, de façon à permettre à l'eau et à l'air de circuler. Après avoir introduit ce mélange tamisé, placez les graines en les espaçant. Couvrez-les avec le mélange, tassez légèrement, puis arrosez en pluie fine, abondamment. Recouvrez ensuite la cagette d'une vitre et placez à l'ombre et à l'abri du gel.

Dès l'apparition des premiers germes (plus ou moins rapidement selon les espèces), entrouvrez la vitre afin de laisser l'air circuler. Retirez-la dès l'apparition des premières feuilles. Au printemps, après que la tige a grandi, plantez chaque semis dans un petit pot de culture que vous habituerez progressivement au soleil. Au bout de deux années, vous commencerez à travailler cette jeune pousse en bonsaï en taillant les branches (au printemps et en été) et les racines (au printemps). Trois à cinq ans plus tard, l'arbre ainsi obtenu par semis aura le style désiré et une silhouette élégante sans grosse coupe sur le tronc ni boursouflure; ses rameaux seront harmonieusement équilibrés.

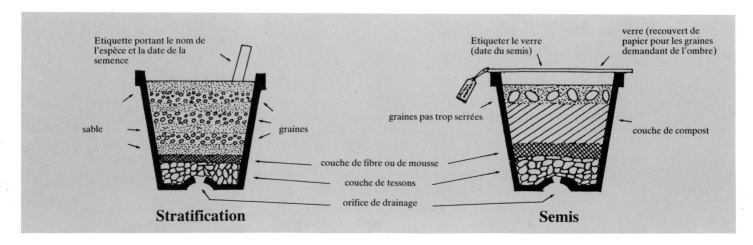

Etiquette portant le nom de l'espèce et la date de la semence

sable

graines

couche de fibre ou de mousse

couche de tessons

orifice de drainage

Stratification

Etiqueter le verre (date du semis)

verre (recouvert de papier pour les graines demandant de l'ombre)

graines pas trop serrées

couche de compost

Semis

Obtention par semis

1 - Un tamis est indispensable pour affiner le mélange terreux destiné au semis.

2 - Remplissage d'un godet traditionnel en terre avec le mélange terreux tamisé.

3 - Les graines qui ont été stratifiées sont déposées sur le mélange terreux.

4 - La couche de terre recouvrant les graines est fonction de la grosseur de celles-ci.

5 - Si, comme ici, les graines sont assez grosses, il est bon de tasser la terre qui les recouvre. On utilise là une « pelle » traditionnelle.

1

2

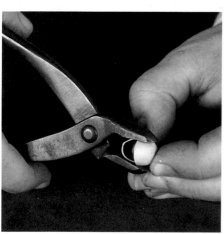

3

4

5

6

7

8

6 - Si les graines (ici ginko) sont protégées par une véritable coque, il faut briser celle-ci avec des pinces.

7 - La coque brisée, il faut extraire délicatement la graine de son enveloppe protectrice.

8 - Les graines extraites de leur coque peuvent maintenant être semées. La germination étant facilitée, la stratification est superflue.

9 - Une rondelle de papier est ici déposée à la surface de la terre du godet.

10 - Cette rondelle évite le ravinage de la terre au moment de l'arrosage.

9

10

Obtention à partir de jeunes plants de pépinière

On peut aussi obtenir d'heureux résultats à partir de jeunes plants achetés en pépinière. Ils auront entre deux et trois ans et présenteront un tronc ou une silhouette intéressants. Choisir des sujets pas trop hauts avec une bonne ramification. Les arbres invendables pour des jardins d'ornement, car malingres ou rabougris, sont souvent de bons matériaux pour créer des bonsaï.

Il faut les dépoter, tailler leurs racines d'au moins 1/3. Le nouveau pot dans lequel on les placera doit être d'assez grande taille. La bonne saison est le printemps. Le traitement se poursuit dès lors comme pour un arbre qu'on vient de rempoter. Il intéresse surtout le tronc et les racines. Pour ces dernières, on doit veiller à ce qu'elles s'étalent autour du tronc en éventail sans se chevaucher. Quant au tronc, on doit très tôt élaguer les basses branches en sachant que l'arbre prend là sa silhouette définitive. Cette silhouette détermine presque aussitôt l'allure de l'arbre. Quant à sa hauteur, on la détermine dès ce moment en coupant la tête. Le bois mettra quelque temps à durcir : la durée varie selon les essences. Quand le bois aura durci, on le ligaturera de façon à diriger son tronc et ses branches. Cela peut prendre plus ou moins de temps selon l'espèce. C'est alors qu'il revêtira la forme qu'on veut lui donner et qu'on pourra vraiment l'appeler un bonsaï.

Obtention par boutures

Cette méthode demande moins de temps et de patience que celle par semis.
On sait que, par définition, le bouturage consiste à repiquer en terre soit directement, soit après un stage dans l'eau, des tiges sans racines prises sur la plante mère. Ce procédé est valable aussi pour les bonsaï : quand on taille les branches, elles peuvent donner des boutures d'environ une dizaine de centimètres. Il existe des hormones liquides ou en poudre qui favorisent l'enracinement, si la bouture y a été trempée quelque temps.
On sait comment se prépare une bouture : la branche de la plante mère doit être

Bouture de bonsaï d'intérieur

Ensemble du matériel nécessaire pour bouturer : terre, sable godets, hormones et reprise et, bien sûr, des boutures fraîchement cueillies.

Le compost terreux utilisé pour bouturer est composé de sable et de terreau; brassez-les jusqu'à obtenir un mélange de couleur homogène.

Avant de procéder au bouturage, il faut bien humidifier le mélange terreau.

Les boutures ne doivent pas excéder une dizaine de centimètres. Ici, coupe d'un rameau de Ficus.

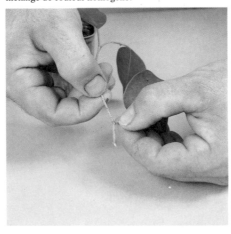

Les feuilles situées à la base de la bouture (partie qui sera enterrée) doivent être éliminées.

Taille d'une partie des feuilles de la bouture. Elle doit être effectuée avec un sécateur parfaitement affûté pour ne pas blesser les tissus.

Bouture de caduc

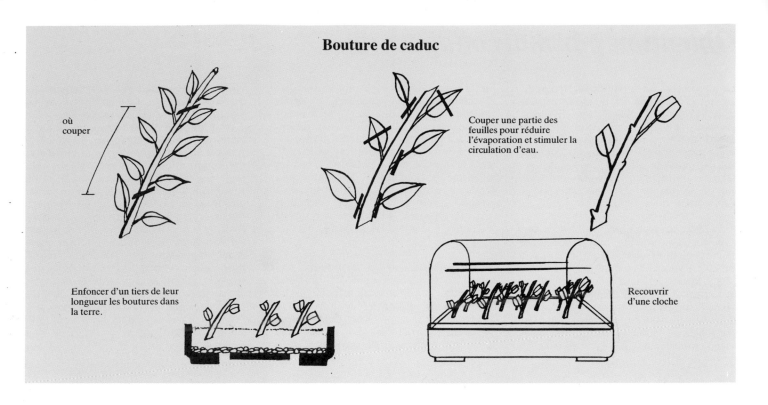

où couper

Couper une partie des feuilles pour réduire l'évaporation et stimuler la circulation d'eau.

Enfoncer d'un tiers de leur longueur les boutures dans la terre.

Recouvrir d'une cloche

Bouture de conifère

taillée juste au-dessus d'une insertion foliaire; on coupe la partie molle de la tête. La tige gardée doit avoir de 6 à 8 feuilles, et ne pas dépasser 10 cm. On l'enfonce de 3 cm dans un mélange de sable et de tourbe à l'intérieur d'un pot de culture. Une bouture s'arrose abondamment et doit être recouverte pour sa protection d'un plastique arrondi au-dessus du pot. Pour pousser, elle veut de la lumière mais doit être tenue à l'abri du soleil et du gel. Pour conserver au sol l'humidité nécessaire, il faut le vaporiser de façon régulière.

Lorsque de nouvelles pousses apparaissent sur la tige, des racines se développent et la bouture a pris. Retirer alors le plastique et habituer cette nouvelle plantation au soleil. Donner un peu d'engrais au printemps et bien protéger du gel l'hiver suivant. Après un ou deux ans, travailler la bouture pour en faire un bonsaï.

Attention de ne pas faire pourrir la bouture et le début de racinage, par un excès d'eau. Il faut doser l'humidité et c'est là que réside la difficulté.

Bouturer peut se faire presque tout au long de l'année en fonction des espèces choisies. Mais les boutures faites au printemps et au début de l'été prennent mieux et plus vite que celles faites à la fin de l'été et en automne, car la sève circule plus abondamment avec plus de force au moment du réveil de la végétation.

Pour réussir la bouture, sélectionner de préférence des rameaux de l'année, aoûtés. Pour certaines espèces, il faut parfois choisir des rameaux de deux ans. Ce sera indiqué **dans la 2ᵉ partie** de l'ouvrage.

Préparation d'une bouture de Cèdre : les aiguilles situées à sa base sont enlevées.

La base de la bouture est enduite de poudre aux hormones de multiplication. Les chances d'enracinement sont de ce fait nettement accrues.

Pratiquez un trou dans la terre avec un crayon, puis placez la bouture.

Pressez fortement la terre autour de la bouture pour assurer un contact parfait. Arrosez abondamment et tassez de nouveau.

Obtention par marcottage

Le marcottage est la multiplication végétative par marcotte. La marcotte est une branche issue de la plante mère. Elle peut provenir soit d'une branche enfoncée dans la terre où elle produit des racines adventives, soit d'une branche entaillée sur l'arbre d'où naissent des racines aériennes. La branche « racinée » est séparée de la plante-mère, et est appelée « marcotte ».

● *Le marcottage simple* se pratique surtout sur les arbres aux branches souples ou retombantes. Replier la branche à marcotter vers le bas, dépouiller la partie à enterrer des feuilles ou des aiguilles soit en retirant totalement le limbe à l'aide de ciseaux, soit en les prenant entre le pouce et l'index. Inciser la partie inférieure sur une longueur de 5 cm environ pour favoriser l'enracinement. Enterrer la branche en la recouvrant complètement de terre. Maintenez la terre humide en arrosant dès qu'elle commence à sécher. La fréquence de l'arrosage et la quantité d'eau dépendent de la région et du climat. A l'apparition de nouvelles racines, on peut détacher la branche de son arbre en la taillant avec une incision franche. Replanter cette branche dans le mélange approprié à l'espèce /**voir 2ᵉ partie**/ et considérer comme un arbre nouvellement rempoté en tenant compte des desiderata de l'arbre.

● *Le marcottage aérien* se pratique surtout sur les arbres dont les branches poussent plus droites. Il offre le grand avantage de préformer l'arbre sur la plante mère. Il se pratique généralement au mois d'avril. Ne pas choisir une branche trop grosse, elle aurait des diffi- cultés à raciner; choisir une branche de 5 cm de diamètre. Le marcottage aérien s'obtient par une incision verticale de 4 à 5 cm pratiquée sur une branche. Il faut y faire tenir quelque temps un morceau de bois ou un peu de mousse pour empêcher une cicatrisation prématurée. Il faut faire tenir dessus un emplâtre de tourbe et de sphagnum humide contenu dans un sac en plastique percé de trous, mais hermétiquement clos en haut et en bas. Au bout de trois à cinq mois, les racines se seront suffisamment développées : retirer alors le sac en plastique et trancher la marcotte proprement avec un petit sécateur ou des ciseaux, selon l'épaisseur de la marcotte et la dureté du bois. Il faut aussitôt l'empoter dans un compost qui convient à l'espèce. Tout se passe alors pour elle comme si elle était un bonsaï que l'on vient de rempoter.

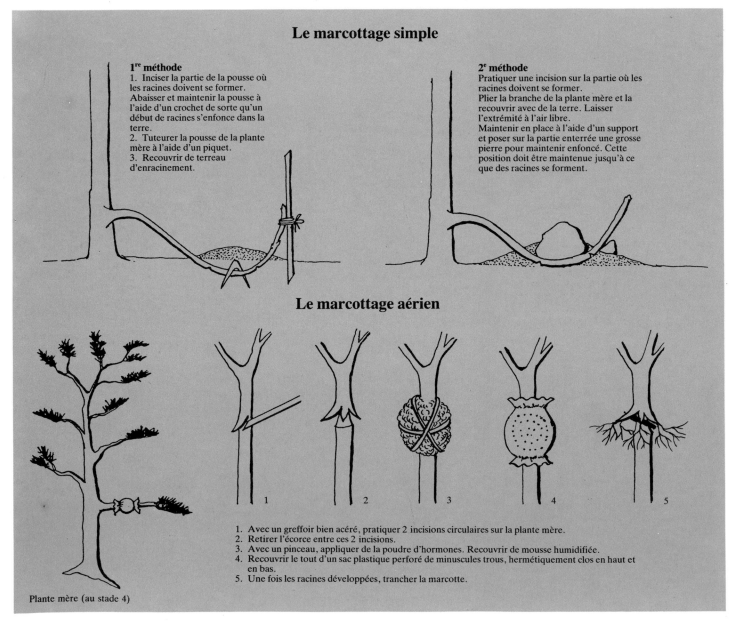

Le marcottage simple

1ʳᵉ méthode
1. Inciser la partie de la pousse où les racines doivent se former. Abaisser et maintenir la pousse à l'aide d'un crochet de sorte qu'un début de racines s'enfonce dans la terre.
2. Tuteurer la pousse de la plante mère à l'aide d'un piquet.
3. Recouvrir de terreau d'enracinement.

2ᵉ méthode
Pratiquer une incision sur la partie où les racines doivent se former.
Plier la branche de la plante mère et la recouvrir avec de la terre. Laisser l'extrémité à l'air libre.
Maintenir en place à l'aide d'un support et poser sur la partie enterrée une grosse pierre pour maintenir enfoncé. Cette position doit être maintenue jusqu'à ce que des racines se forment.

Le marcottage aérien

1. Avec un greffoir bien acéré, pratiquer 2 incisions circulaires sur la plante mère.
2. Retirer l'écorce entre ces 2 incisions.
3. Avec un pinceau, appliquer de la poudre d'hormones. Recouvrir de mousse humidifiée.
4. Recouvrir le tout d'un sac plastique perforé de minuscules trous, hermétiquement clos en haut et en bas.
5. Une fois les racines développées, trancher la marcotte.

Plante mère (au stade 4)

Obtention par greffe

Greffer consiste à implanter sur un végétal (porte-greffe) une partie d'un autre végétal (greffon) qui remplacera par la suite, en totalité ou partiellement, la partie aérienne tout en conservant à l'arbre son individualité.

Dans la grande majorité des cas, le greffon et le porte-greffe doivent appartenir à la même espèce. Toutefois, au Japon, il est courant de greffer des Pins blancs sur des Pins de Thunberg, pour les faire croître plus vite.
Le meilleur moment pour la greffe est celui de la montée de la sève, donc le printemps. Cette méthode a des avantages et des inconvénients. Elle ne donne pas des résultats des plus harmonieux. En effet, sur le tronc, au point de greffe, apparaissent des boursouflures. Cependant, nos arboriculteurs recourent surtout

à ce procédé pour leurs fruitiers. Il permet aussi de faire naître sur le même végétal des fleurs de couleurs différentes. Le *Prunus*, en particulier, peut porter des fleurs blanches, roses et rouges en même temps.

La greffe s'emploie bien pour sauver des bonsaï dont les racines ont été endommagées. C'est également le moyen obligatoire auquel recourir dans le cas de certains végétaux qu'on ne saurait reproduire par d'autres méthodes. Autre avantage de la greffe : alors que dans la reproduction par semis, des variations pourraient naître, la reproduction par greffe conserve tous les caractères d'origine.

Le mastic à greffer protège les parties mises à vif de l'arbre contre les intempéries et les attaques de parasites ou de

maladies. Les greffes doivent ensuite être ligaturées en fonction de leur forme. La ligature sera à la fois souple et résistante pour ne pas faire bouger le greffon ou blesser l'écorce et maintenir l'ensemble uni. Il peut être nécessaire de tuteurer les arbres greffés pour les protéger du vent.

Il existe de très nombreuses manières de greffer : nous n'envisageons ici que celles qui varient dans leur méthode et qui sont les plus employées. (Beaucoup de variétés de greffes ne divergent en effet que par la manière de couper). On pratique donc le plus souvent :
- la greffe en fente
- la greffe latérale
- la greffe par approche
- la greffe des racines
- la greffe en écusson
- la greffe en couronne.

Greffe en fente

- *La greffe en fente* permet d'implanter de nouvelles branches sur l'arbre. Cette méthode ne se pratique qu'avec des branches fines. Au printemps, fendre le porte-greffe verticalement sur une longueur de 3 à 5 cm et y glisser un rameau taillé en coin allongé de 5 cm que l'on aura prélevé soit sur le même arbre, soit sur un arbre de la même espèce. Après avoir mis le greffon bien en place, on ligature et on passe du mastic à cicatriser.

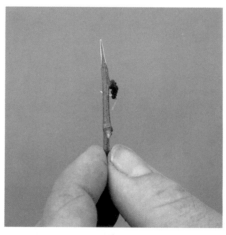

L'extrémité inférieure des greffons est taillée en biseau double avec le greffoir.

Fente de porte-greffe avec la lame du greffoir, en vue de la réalisation d'une greffe en fente traditionnelle. Désinfectez la lame à la flamme.

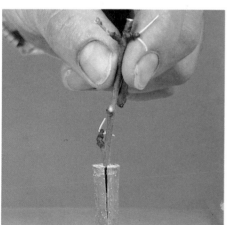

Le, ou les greffons, sont introduits dans la fente verticale pratiquée dans le porte-greffe. Cette fente ne doit pas être trop profonde.

Après mise en place du greffon, ligaturez la greffe avec du raphia.

La greffe est englués avec du mastic à greffer. Utilisez pour cela une baguette de bois.

Greffe latérale

● *La greffe latérale* se pratique sur des arbres à feuilles persistantes. En été, faire une entaille de 5 cm environ sur la partie basse du tronc du porte-greffe (afin que, par la suite, la terre dissimule le point de greffe), tailler le rameau (greffon) en biseau et le coulisser dans l'entaille. Le greffon repartira au printemps suivant. Couper alors le porte-greffe en biais, au-dessus du greffon, pour les séparer.

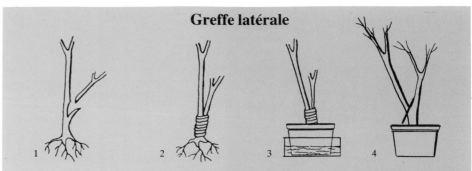

Greffe latérale

1. Fendre verticalement le porte-greffe; enfoncer le greffon dans cette fente. 2. Ligaturer et engluer avec du mastic à greffer. 3. Rempoter et attendre qu'une nouvelle pousse se développe. 4. Couper alors le porte-greffe.

Greffe par approche

● *La greffe par approche* qui copie directement la pratique de la nature est donc la plus ancienne et la plus simple. Elle permet de réunir des arbres entre eux, afin de remplacer par la suite des branches manquantes ou de protéger des végétaux difficiles à obtenir par les autres méthodes de multiplication. La greffe par approche se pratique au début du printemps, pour rester proche du cycle naturel. Laisser le greffon attaché au porte-greffe jusqu'à ce qu'ils ne forment plus qu'un. Greffon et porte-greffe peuvent provenir du même arbre. Retirer l'écorce du greffon et celle du porte-greffe sur une longueur de 3 cm. Les faire coïncider en les appliquant l'un sur l'autre. Enrouler de raphia et enduire de cire à greffer.

La greffe a pris à la fin de l'automne. Séparer alors le greffon du porte-greffe, en coupant la partie du porte-greffe juste au-dessus du point d'approche, et la partie du greffon juste en dessous (ceci pour éviter un renflement trop important). Comme après toute coupe de greffe, passer du mastic cicatrisant pour permettre à la coupe de s'atténuer plus vite et éviter l'installation de parasites et de maladies.

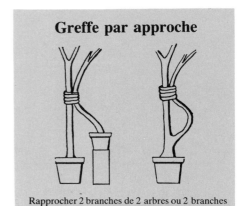

Greffe par approche

Rapprocher 2 branches de 2 arbres ou 2 branches du même arbre. Ecorcer légèrement les 2 parties qui se touchent. Ligaturer avec du raphia.

Greffe de racines

● La greffe de racines s'effectue au printemps. Elle est nécessaire aux arbres dont les racines sont abimées : elle aide les boutures qui végètent à repartir en les greffant sur les racines d'une autre espèce, et permet de diminuer un arbre dont le tronc est trop étiré par rapport aux branches. Choisir des racines au chevelu sain et bien développé. Agir comme pour la greffe en fente, en remplaçant le rameau par les racines. Ligaturer et passer du mastic cicatrisant. Lorsque la greffe a pris (les racines se développent), tailler le haut du porte-greffe.

Parfois, on peut procéder par incrustation. Le greffon est alors la racine greffée; et il n'y a rien à couper. Mais, ce sont, essentiellement, des techniques utilisées par des professionnels de l'arboriculture ou de l'horticulture.

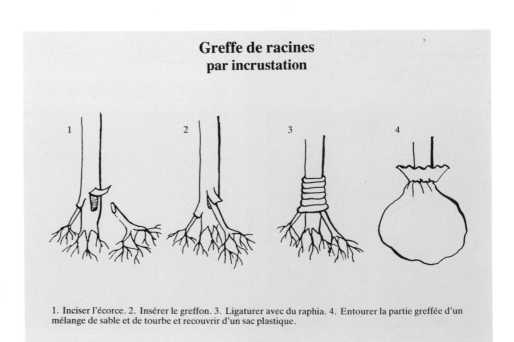

Greffe de racines par incrustation

1. Inciser l'écorce. 2. Insérer le greffon. 3. Ligaturer avec du raphia. 4. Entourer la partie greffée d'un mélange de sable et de tourbe et recouvrir d'un sac plastique.

Greffe en écusson

• *La greffe en écusson* est une des plus employées. Cette technique permet de réunir un arbre mâle et un arbre femelle pour obtenir un arbre mixte qui donnera des fruits. Cette greffe se pratique lorsque les bourgeons sont aoûtés et que la sève est en circulation. Après avoir bien humidifié le porte-greffe en le vaporisant, inciser le porte-greffe en T. Implanter un œil détaché d'une branche du greffon. Passer de la cire à greffer et ligaturer la greffe avec du raphia. Veiller à ne pas vider l'œil pendant l'opération. Quand le pétiole tombera (généralement au printemps suivant), la greffe aura pris. On peut greffer à différents endroits pour avoir plus de chances que la greffe prenne et pour obtenir plusieurs rameaux.

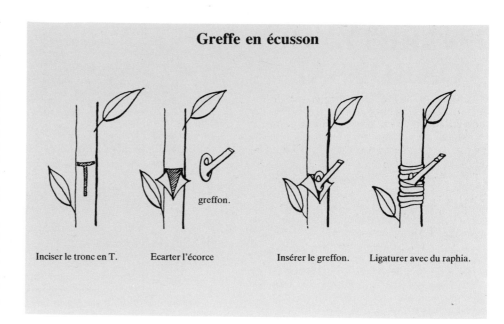

Greffe en écusson

greffon.

Inciser le tronc en T.   Ecarter l'écorce   Insérer le greffon.   Ligaturer avec du raphia.

Greffe en couronne

• *La greffe en couronne* ne s'emploie que pour les gros arbres. C'est celle qu'on utilise pour obtenir des bonsaï au tronc multiple et améliorer l'allure des vieux arbres. Elle se pratique au printemps. Le diamètre du greffon doit être plus petit que celui du porte-greffe. Entailler le tronc du porte-greffe sur une longueur de 3 cm environ et y insérer le greffon. On peut ainsi insérer plusieurs greffons sur le porte-greffe. Passer de la cire à greffer, puis cercler avec du raphia.

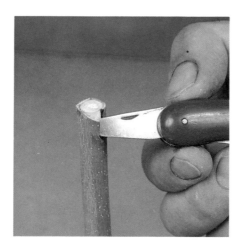

A l'aide de la spatule du greffoir, écartez les lèvres de chaque incision verticale, pratiquée dans l'écorce.

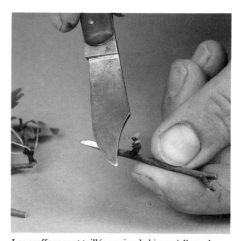

Les greffons sont taillés en simple biseau à l'une de leur extrémité, ceci afin de les mettre en contact avec le cambium du porte-greffe.

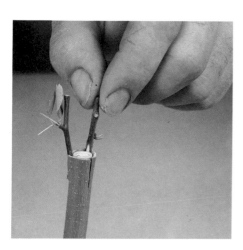

Les greffons sont enfilés délicatement dans les fentes verticales pratiquées dans l'écorce du porte-greffe.

Comme pour la greffe en fente, le ligaturage doit être effectué de préférence avec du raphia.

Là aussi, la greffe doit être engluée. Le mastic favorise la cicatrisation et préserve les plaies contre les parasites et maladies.

ENTRETENIR VOS BONSAÏ

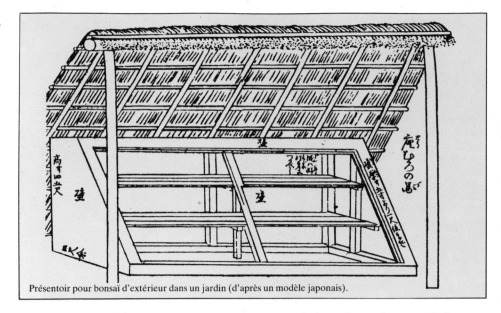

Présentoir pour bonsaï d'extérieur dans un jardin (d'après un modèle japonais).

Une fois qu'on a obtenu un bonsaï, il faut étudier le meilleur emplacement pour que l'arbre s'épanouisse, choisir la poterie qui le mettra en valeur, voir quels outils seront nécessaires pour continuer à le travailler et quels soins il faudra lui prodiguer tout au long des années.

La première question est de savoir s'il s'agit d'un bonsaï vivant à l'extérieur ou d'un bonsaï vivant à l'intérieur. Il faut, bien sûr, se poser cette question en fonction du lieu qu'on habite. Le Grenadier (*Punica granatum*), qui sera bonsaï d'extérieur à Marseille, sera bonsaï d'intérieur à Bruxelles. Quand l'environnement, les températures, l'ensoleillement et toutes les conditions atmosphériques de votre région sont trop différentes de celles de l'environnement naturel de l'arbre, il faut tenter de reconstituer ces conditions — ou du moins ce qu'elles apportent à l'arbre. Cela demande beaucoup de vigilance : la part de l'apport humain est combinée avec la part laissée aux éléments naturels.

Les bonsaï d'intérieur proviennent des régions tropicales ou subtropicales où ils vivent dehors. Mais ils s'adaptent dans les appartements européens. C'est nous-mêmes qui avons, en 1979, introduit les bonsaï d'intérieur en France. Depuis lors, leur succès n'a cessé de croître. Ils permettent au grand nombre de personnes qui n'ont ni jardin, ni terrasse, ni balcon,

ni même rebord de fenêtre, de posséder un bonsaï. Selon qu'il s'agit d'un bonsaï d'extérieur ou d'un bonsaï d'intérieur, les problèmes qui se posent sont différents.

● *Les bonsaï d'extérieur* sont placés en hauteur sur des tablettes ou des tabourets : à même le sol, ils risqueraient davantage d'être envahis par des parasites et même d'être endommagés par un animal familier. En outre, les racines des bonsaï ne plongeront pas dans la terre et, pour les soigner, il est plus commode de les avoir à hauteur d'yeux. Ils prennent alors leur véritable dimension et leur véritable échelle.

● *Les bonsaï d'intérieur* sont placés à la lumière, dans une pièce normalement chauffée. Plus il fait chaud, plus souvent il faudra arroser. Choisir une coupe qui

mettra le bonsaï en valeur et qui s'harmonisera aux tons de la pièce. Il faut qu'il s'intègre au décor et donne à la pièce une ambiance sereine. Prévoir les ustensiles nécessaires à l'entretien et au bon développement du bonsaï, qui ne demande qu'à grandir et à prospérer tout au long de l'année. Prévoir une table, un guéridon ou tout autre meuble qui le mette en valeur. Pour éviter qu'il ne laisse des traces sur ce meuble, placer un plateau ou une soucoupe (sans eau). Si l'on possède plusieurs bonsaï, on peut les disposer habilement sur une étagère prévue à cet effet. Prévoir les rayonnages suffisamment éloignés les uns des autres pour que la cime de l'arbre ne touche pas l'étagère du dessus et qu'il ait un espace assez grand pour respirer et prenne toute sa dimension.

Il faut absolument éviter qu'un animal domestique ne détériore les bonsaï d'intérieur. Ne jamais les exposer aux courants d'air, car ils ne les supportent pas. Ils n'aiment pas être changés continuellement de place. En effet, il leur faut un certain temps d'adaptation. Lorsqu'un bonsaï arrive quelque part, il commence par faire quelques feuilles jaunes qui tombent. Mais, au bout d'une quinzaine de jours, il se stabilise et s'habitue à son nouvel habitat. Ne pas perdre de vue que les coins des pièces, même à côté d'une fenêtre, sont sombres. Essayer de placer les arbres le plus possible à la lumière. Eviter les différences de température : ils aiment les températures constantes. Ne pas les laisser près d'un chauffage trop fort, sur une cheminée allumée... ils se dessécheraient vite et mourraient.

Les bonsaï d'intérieur s'adaptent à tous les styles de mobilier. Mais, si vous possédez aussi des plantes vertes en quantité, évitez de les placer au milieu de celles-ci car ils seraient perdus. Et si, par malheur, une plante était porteuse d'un parasite ou d'une maladie, ils seraient immédiatement contaminés.

Présentation de bonsaï d'intérieur. Photo : novembre.
De gauche à droite, *au niveau du sol* : Serissa (Serissa japonica). Age ≃ 6 ans; Podocarpus (*Podocarpus maki*). Age ≃ 7 ans; *sur étagères :* Ophiopogon; Bambou (*Bambusa multiplex*); Figuier (*Ficus retusa*). Age ≃ 10 ans.

Choix de coupes

Certaines de ces coupes ont été choisies par Rémy Samson au Japon et en Chine; d'autres ont été réalisées par des céramistes français.

Nous allons voir maintenant, par rubriques, les grands principes des soins à donner aux bonsaï. Ces rubriques donnent des indications générales. On les retrouvera plus loin dans les pages consacrées à chaque arbre, avec des indications spécifiques.

Comment et où disposer vos bonsaï

☐ **Ensoleillement.** Les bonsaï d'extérieur, qui sont des espèces vivant sous nos climats, ont les mêmes exigences que les arbres poussant à l'état naturel : certaines espèces préfèrent la mi-ombre, d'autres le plein soleil. Les bonsaï d'intérieur ont besoin de plus ou moins de lumière selon l'espèce. On se rappellera que de simples voilages suffisent à diminuer la luminosité dans une pièce. Mais, tous craignent les coups de soleil et il faut se garder de les exposer à des sources de chaleur, par exemple une cheminée en marche.

☐ **Température.** Les bonsaï d'extérieur sont des espèces qui poussent naturellement dans nos régions. Toutefois, certaines espèces, plus proches des arbres d'orangerie, sont plus délicates; d'autres, très vigoureuses, résistent aux intempéries. Les bonsaï d'extérieur subissent les cycles saisonniers de nos régions. On peut être amené à rentrer les arbres fragiles en hiver si le gel les menace, ainsi par exemple certaines espèces d'orangerie qui craignent le froid. De toute façon, il ne saurait être question de laisser les bonsaï à l'intérieur durant plus de trois jours en hiver. En effet, la chaleur de l'appartement déclenche la circulation de la sève. Au-delà de trois jours à l'intérieur, l'arbre à feuilles caduques bourgeonne, les feuilles apparaissent. Evidemment, ce printemps artificiel est fatal pour l'arbre, qui épuise ses réserves et ne tarde pas à dépérir. En règle générale, plus la différence entre la température extérieure et la température intérieure est grande, plus il est dangereux de rentrer l'arbre. En été aussi, le séjour à l'intérieur d'un bonsaï d'extérieur est limité. Une semaine reste un maximum, à condition de vaporiser l'arbre quotidiennement et de le placer à la lumière. Quand on rentre un bonsaï, il ne faut surtout pas le mettre devant une fenêtre ouverte ou le ressortir la nuit. En effet, à l'intérieur, l'arbre n'est plus soumis aux différences de température entre le jour et la nuit ni aux différences d'hygrométrie : il donnera des signes de faiblesse. Il faut toujours essayer de respecter le mieux possible les cycles naturels journalier et saisonnier de l'arbre pour lui garantir une bonne santé. En hiver cependant, lorsque la température descend au-dessous de 0°, les racines du bonsaï, protégées seulement par la petite quantité de terre du pot, sont soumises au gel. C'est pourquoi, au-dessous de -5°, on enveloppera la coupe jusqu'à la base du tronc avec une couverture de papier, de laine ou de paille, ou encore de feuilles mortes pour garder les racines au chaud et à l'abri du gel. On pourra installer l'arbre dans une caisse debout, faisant office de niche, si possible abritée des vents glacés. On pourra également creuser un trou dans le sol, enfouir l'arbre et sa coupe jusqu'à la base du tronc. Plus simplement, on peut se contenter de rentrer le bonsaï dans une pièce froide, même peu lumineuse, durant les grands froids. Mais alors, il faut surveiller l'humidité de la terre et arroser légèrement selon les besoins, et aussi vaporiser. Pour les bonsaï d'intérieur, le problème est tout autre : ils supportent une température élevée, mais craignent un froid inférieur à 12°. Dans les régions méditerranéennes, certaines espèces peuvent être sorties l'été, à condition qu'elles soient vaporisées et arrosées en conséquence.

☐ **Ventilation.** Les bonsaï d'extérieur, déjà adaptés aux rigueurs de nos climats, supportent plus facilement les effets du vent; cependant, pour certaines espèces, une situation abritée, surtout en hiver, est préférable pour une bonne croissance de l'arbre : elle évite à la fois le phénomène de déshydratation et les coups de froid que pourraient provoquer les rafales de vent. Pour les bonsaï d'intérieur on évitera soigneusement les courants d'air.

☐ **Céramique.** La céramique n'a pas seulement un caractère d'utilité, elle a aussi un caractère esthétique lié à celui de l'arbre.
● *La matière.* La tradition retient la faïence ou le grès. Mais, pour conserver la porosité des parois, il ne faut pas que l'intérieur soit émaillé. L'émail, en revanche, peut figurer en extérieur avec des teintes qui sont le plus souvent blanc-beige, marron, céladon, bleu cobalt surtout, noir exceptionnellement.
● *Couleurs et motifs.* Du choix de l'arbre dépend le choix de la couleur et des motifs. Certaines poteries sont unies. Des poteries chinoises sont ornées de motifs peints ou sculptés; cela est beau si l'on trouve un lien entre l'arbre et les motifs; dans le cas contraire, les motifs peuvent détruire l'élégance de l'arbre comme celle de la céramique.

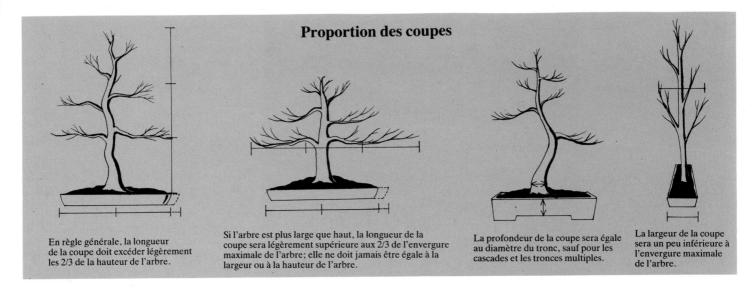

Proportion des coupes

En règle générale, la longueur de la coupe doit excéder légèrement les 2/3 de la hauteur de l'arbre.

Si l'arbre est plus large que haut, la longueur de la coupe sera légèrement supérieure aux 2/3 de l'envergure maximale de l'arbre; elle ne doit jamais être égale à la largeur ou à la hauteur de l'arbre.

La profondeur de la coupe sera égale au diamètre du tronc, sauf pour les cascades et les troncs multiples.

La largeur de la coupe sera un peu inférieure à l'envergure maximale de l'arbre.

● *La grandeur.* La céramique met l'arbre en valeur et lui donne son échelle. Les exigences de proportion sont rigoureuses. Un bac trop vaste ne permet pas aux racines d'absorber toute l'humidité du sol, d'où un risque de pourrissement. Mais un pot trop petit atrophie les racines, et, d'autre part, l'arbre y est sous-alimenté.

● *La forme.* Comme tous les pots de culture, la poterie a le fond percé d'un trou (ou de plusieurs selon la taille). Ainsi s'élimine l'excès d'eau. La forme du pot, évidemment, est en harmonie avec la forme de l'arbre — et avec le goût du propriétaire. Certaines espèces sont pleinement en valeur dans des coupes plus profondes, des coupes ovales ou rectangulaires, ou rondes. Certains styles d'arbres demandent certaines formes : une cascade sera dans un pot profond, généralement rond, carré ou hexagonal; une forme balai sera dans une coupe ovale très plate; une forêt sera généralement empotée dans une coupe dont la largeur équivaut aux deux tiers de la hauteur du plus grand de ses arbres. En règle générale, l'envergure de la poterie est égale à l'envergure moyenne des branches de l'arbre; cependant, elle peut toujours être légèrement plus grande.

□ **Nettoyage.** Pour que les bonsaï conservent un aspect sain et esthétique, il est nécessaire de les nettoyer : retirez régulièrement les feuilles mortes, les aiguilles jaunies des conifères au moyen du petit balai-brosse et des doigts, brossez la terre, enlevez les mauvaises herbes, grattez la mousse qui envahit le tronc. Ces opérations doivent être effectuées lors du rempotage. Coupez les branches mortes à l'aide de ciseaux; toujours bien colmater les plaies ou les coupes avec du mastic cicatrisant. Bassiner le feuillage est aussi un aspect du nettoyage; ce n'est pas une opération purement esthétique, cela permet de garder l'arbre en bonne santé en évitant que parasites et maladies ne s'installent et en aérant son feuillage et son sous-sol. Cela nettoie l'arbre et son feuillage de la poussière et de la pollution.

Comment maîtriser la croissance

□ **Croissance.** Les bonsaï sont des arbres vivants et, comme tels, ils continuent à grandir (c'est pour cela qu'on doit les tailler). Généralement, les conifères ont une croissance plus lente que les caducs et, parmi les caducs, certains grandissent plus vite que d'autres, c'est la raison pour laquelle on les taille plus ou moins. La croissance est fonction de chaque arbre et elle sera étudiée pour chacun dans la deuxième partie de l'ouvrage.

□ **Rempotage.** Le bonsaï, arbre miniaturisé, a bien sûr une croissance limitée. Cependant, il grandit et, à chaque rempotage, on augmente la taille du pot. Le printemps est la saison du rempotage lorsque la végétation repart. Le délai est :
— De 3 à 5 ans pour les conifères.
— De 2 ou 3 ans pour les caducs.
— De 1 ou 2 ans pour les fruitiers.
— De 2 ans pour les bonsaï d'intérieur.
La fréquence varie aussi en fonction de l'âge : plus un bonsaï est âgé, moins souvent il a besoin d'être rempoté. Le temps est venu de rempoter quand on sent que les racines buttent et tendent à chasser l'arbre. Comme nous l'avons dit, un pot devenu trop exigu n'offrirait plus assez de nourriture au bonsaï; celui-ci dépérirait. Le rempotage offre une bonne occasion pour nettoyer les racines en taillant leurs radicelles. On sortira l'arbre du pot après avoir laissé sécher la terre. On émiettera la motte en la secouant doucement et on allongera les racines à l'aide d'un bâtonnet ou d'un petit râteau. Le pot suivant sera d'une taille tout juste supérieure au précédent. Il faut qu'un grillage en plastique recouvre l'orifice d'évacuation. On éparpillera au fond du gravier recouvert d'une couche de terre à gros grumeaux, puis d'une seconde couche à granulométrie moyenne. Au préalable, on aura taillé environ le tiers ou les deux tiers du chevelu des racines à

l'aide de ciseaux, en prenant garde de ne pas blesser la ou les racines maîtresses. En replaçant l'arbre dans son pot, on peut le fixer avec un fil de cuivre si l'on veut le mieux maintenir. Dans ce cas, on fait passer le fil sous le pot, entrant par les trous de drainage et ressortant à l'intérieur du pot. On achève de remplir celui-ci avec une terre de granulométrie moyenne, en s'assurant qu'elle descend bien entre les racines. Répandre une terre plus fine au-dessus, qu'on tassera légèrement pour permettre à l'air et à l'eau de circuler. La terre de surface doit être tamisée très fin et bien arrosée, mais en pluie fine. L'arbre reste fragile 6 semaines environ. Protégez-le du soleil et des gelées nocturnes encore possibles en l'abritant.

□ **Terre.** Voici quelques principes concernant les mélanges terreux. Pour chaque arbre, des précisions seront données dans la deuxième partie de l'ouvrage.
● Pour les conifères : 1/3 de terreau, 1/3 de terre végétale, 1/3 de sable de rivière.
● Pour les caducs : mélange à parts égales de terre végétale et de sable de rivière.
● Pour les fruitiers et arbres à fleurs : mélange à parts égales de terre végétale et de terreau.
● Pour les arbres à terre de bruyère : 1/2 de terre de bruyère, 1/4 de terreau et 1/4 de tourbe.
● Pour les bonsaï d'intérieur : 1/4 de terreau, 1/4 de terre de bruyère, 1/4 de sable de rivière et 1/4 de terre végétale.

□ **Taille.** La taille consiste à sectionner les pousses, les feuilles et les branches. La taille est une opération fondamentale dans l'art du bonsaï. C'est elle qui donne à l'arbre sa forme et la lui conserve : la taille est, en effet, une opération à pratiquer de façon répétée. La taille ne sert pas qu'à fortifier, mais également à nanifier. Elle donne à l'arbre une meilleure circulation de la sève.

On distingue différents niveaux de taille :

● *Le pinçage* consiste à couper les nouvelles pousses au moment de leur éclosion. Il se pratique surtout sur les conifères et sur certains caducs à croissance lente.

● *La taille des feuilles* se fait en été sur un arbre en bonne santé, tous les 2 ou 3 ans, et jamais l'année du rempotage. C'est une façon de créer artificiellement un second printemps, et les feuilles ainsi nées revêtiront l'arbre d'une parure de bel automne. Couper toutes les feuilles avec de bons ciseaux, et protéger l'arbre d'un excès de vent ou de soleil. On peut aussi découper de moitié le feuillage des arbres à grandes feuilles pour favoriser la nanification de ces feuilles. Enfin, on peut retirer une partie des feuilles sur un bonsaï trop touffu, afin de permettre au feuillage de respirer, et empêcher le centre de s'abîmer.

● *La taille des branchages.* La sève ayant naturellement tendance à monter, cette taille permet aux branches inférieures d'être mieux irriguées. Cette taille permet ainsi à la sève de circuler dans l'ensemble des branches et évite que l'arbre ne croisse en hauteur. Par la suite, on obtient une bonne ramification.

La taille des branchages se pratique du printemps à l'automne. Avec de bons ciseaux, **(voir p. 32)** on taille les branches au-dessus d'une insertion foliaire, en

Taille des branches et des racines

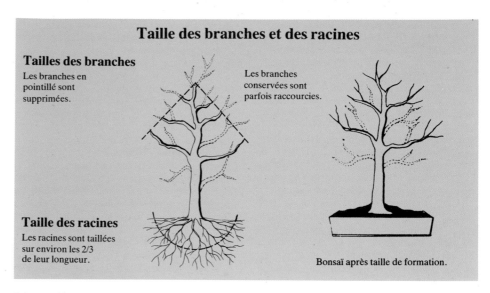

Tailles des branches

Les branches en pointillé sont supprimées.

Les branches conservées sont parfois raccourcies.

Taille des racines

Les racines sont taillées sur environ les 2/3 de leur longueur.

Bonsaï après taille de formation.

laissant 2 ou 3 feuilles par branche.

● *La taille de structure* est la taille qui permet aux caducs d'avoir une silhouette parfaite et de ne pas avoir des rameaux trop grands au printemps suivant.

S'il existe des branches qu'on trouve indésirables ou inesthétiques, la taille de structure que l'on pratique doit se faire en hiver sur les bonsaï à feuilles caduques. C'est à cette saison que l'on voit le mieux la structure de l'arbre avec ses qualités et ses imperfections. (Il est d'ailleurs conseillé d'acheter un bonsaï caduc en hiver.) Si une branche dénature l'aspect de l'arbre, coupez-la avec une bonne scie à ras du tronc et appliquez du mastic cicatrisant

sur la coupe. D'autre part, si les feuilles n'ont pas été taillées en été, il faudra procéder à une taille d'hiver pour redonner une forme à l'arbre, avant que le bois ne soit trop dur. Pour pratiquer cette taille, couper les rameaux trop allongés.

□ **Ligature.** Le bonsaï est une vraie sculpture dont la forme s'obtient non seulement par la taille de ses rameaux, mais aussi par la ligature, qui devient indispensable lorsque l'on veut donner un style défini au bonsaï. La ligature consiste à entourer tronc et branches avec du fil de cuivre ou de laiton pour tuteurer le bonsaï. Elle a pour objectif de former l'arbre. En outre, elle ralentit la croissance en limitant la montée de la sève. On entoure le tronc (et) ou les branches avec du fil de cuivre, de bas en haut, en spirale, dans le sens de la croissance. Prenez garde de ne pas trop serrer : la sève ne passerait plus du tout, et l'arbre ne serait donc plus alimenté. Il faut veiller à ne pas coincer les aiguilles ou les feuilles entre l'arbre et le fil de cuivre. Une fois le fil enroulé autour de la branche, la courber délicatement pour obtenir la direction souhaitée. Pour renforcer une courbe, on peut coincer un morceau de bois entre le tronc et la branche comme une attelle, ou tendre une ficelle entre le pot et la branche en

La ligature

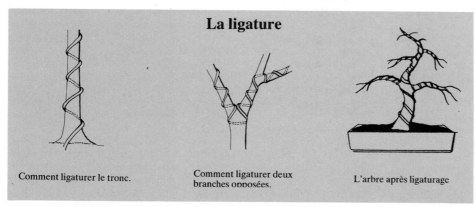

Comment ligaturer le tronc.

Comment ligaturer deux branches opposées.

L'arbre après ligaturage

Comment donner une forme sans ligature

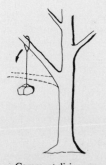

Comment diriger une branche par suspension.

Comment diriger une branche par arrimage.

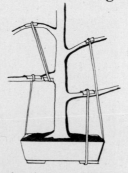

Les branches sont arrimées au pot ou les unes aux autres.

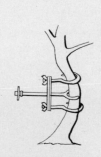

On peut aussi utiliser un tord-tronc.

Différents types de haubannage

prenant garde de ne pas casser la branche en tendant la ficelle trop fortement. Mais il faut qu'elle soit tendue et non lâche pour être efficace. Pour accentuer la courbure du tronc ou des grosses branches, on peut recourir à l'emploi d'un serre-joint, mais avec délicatesse. Protéger l'écorce avec un morceau de mousse ou de chiffon. Placer le serre-joint à l'endroit de la courbure désirée et le fixer délicatement en vissant progressivement. Eviter de faire craquer le bois. Mais serrer pour que ce soit efficace. Cette opération se pratique à la même époque que la ligature. Il importe également de ne pas laisser le fil de cuivre s'incruster dans l'écorce. Retirez-le à l'aide d'une pince, en prenant garde de ne pas blesser l'arbre. Si l'écorce est blessée, passez du mastic cicatrisant.

● Les conifères se ligaturent en hiver et gardent leur fil de cuivre de huit à dix mois.
● Les caducs se ligaturent au printemps et gardent leur fil de cuivre de quatre à six mois.
● Les fruitiers se ligaturent en juin-juillet et conservent leur fil de cuivre de trois à quatre mois.
● Les bonsaï d'intérieur se ligaturent lorsque les jeunes pousses sont aoûtées. Retirer le fil au bout d'un mois environ, car l'écorce est fragile. Recommencez l'opération deux mois plus tard si la forme désirée n'est pas obtenue, car l'écorce est particulièrement délicate.
● Vous recommencerez l'opération tous les ans, jusqu'à ce que vous obteniez la forme attendue.

□ **Arrosage.** L'eau est un élément nutritif capital. Il est à doser : ni trop ni trop peu. Notons, cependant, qu'un bonsaï se remet plus facilement d'un manque d'eau que d'un excès d'eau. Nous l'avons dit, les racines pourriront par excès d'eau, la sève ne circule plus et n'alimente plus l'arbre. On voit se dessécher les feuilles; elles tombent. L'arbre meurt. L'arrosage doit être dosé en fonction du climat et du volume de la coupe (plus elle est petite, plus l'arrosage doit être fréquent). On prendra garde à l'état de l'arbre, car s'il est en mauvaise santé il absorbe moins d'eau, sa végétation étant ralentie. On

tiendra compte aussi du soleil et du vent : leur action desséchante doit déterminer la fréquence des arrosages. Il faut qu'entre deux arrosages, on s'assure que la terre est asséchée mais non desséchée. Si un bonsaï a manqué d'eau, lui en donner d'abord une petite quantité, attendre environ une demi-heure avant de lui en redonner, en plus grande quantité cette fois. On doit éviter de laisser une soucoupe emplie d'eau sous le pot d'un bonsaï, ce qui pourrirait les racines. Il suffit en hiver d'un arrosage hebdomadaire, fait le matin pour permettre au bonsaï de ressuyer avant la nuit. Si l'on veut évacuer un excès d'eau, on le fait en inclinant le pot. Ne jamais arroser en cas de gel. Si l'arbre reçoit l'eau de pluie (la meilleure), veiller à ce que la motte ne soit pas détrempée. Si cela arrivait, enlever le trop-plein d'eau en inclinant la coupe. En cas de gel suivi de dégel, surveiller la motte, afin qu'elle ne soit pas détrempée. Si, en été, on doit arroser 2 fois par jour, on évitera de le faire en plein soleil. N'oubliez pas que l'eau apporte des éléments nutritifs aux bonsaï : ne leur donnez donc jamais de l'eau déminéralisée. L'arrosage des bonsaï d'intérieur diffère par la fréquence. Les arroser 1 ou 2 fois par semaine, en fonction de la chaleur, de la lumière et aussi de la taille du pot. Plus il y a de chaleur et de lumière, plus le pot est petit, plus il faut arroser. Après une taille ou un rempotage, diminuer l'apport d'eau. En été et en hiver, où il fait plus chaud dans les appartements, on arrosera plus et plus souvent qu'au printemps et en automne.

□ **Vaporisation.** La vaporisation complète l'arrosage. L'un ne saurait remplacer l'autre. Bassiner les bonsaï est une opération essentielle (le bassinage, c'est la vaporisation avec une pomme très fine). Cela rafraîchit l'arbre, lui apporte une atmosphère humide et le nettoie de la poussière. Il est bon, tout en bassinant le feuillage, d'arroser autour, car ensuite l'eau, en s'évaporant, recréera une humidité ambiante à l'arbre. Les bonsaï d'extérieur doivent être bassinés l'été. La fréquence du bassinage dépend de la région et du climat. Les bonsaï d'intérieur sup-

portent une vaporisation quotidienne. Ces arbres sont habitués à une hygrométrie élevée, et la vaporisation leur redonne l'humidité qui leur est nécessaire. Il est conseillé de placer le pot sur un plateau couvert de cailloux, permettant ainsi l'évaporation du trop-plein d'eau. Dans le cas d'un arbre en fleur, vaporiser le bois et le feuillage en prenant garde de ne pas vaporiser les fleurs.

□ **Engrais.** L'engrais a une double action : nutritive et tonique. Il renouvelle dans la terre les éléments nutritifs absorbés par les bonsaï. On utilise un engrais organique à lente décomposition (poudre d'os, sang desséché, arêtes de poissons, corne torréfiée), afin de ne pas brûler l'arbre. L'engrais peut être en poudre, en boulettes, ou liquide. On peut maintenir en place l'engrais en boulettes à l'aide d'un petit panier en plastique que l'on retourne et plante dans la terre. L'engrais liquide minéral peut être dilué dans l'eau d'arrosage quand on veut donner un coup de fouet au bonsaï. On donne indifféremment l'engrais en poudre ou en boulettes.
On donne de l'engrais du début du printemps à la fin de l'automne, avec une interruption en juillet-août.
Dans l'emploi de l'engrais, *insistons sur trois choses à ne pas faire :*
— Ne pas en donner pendant l'hiver.
— Ne pas en donner aux arbres en mauvais état.
— Ne pas en donner aux arbres qu'on vient de rempoter.
Mais en prévision de la période hivernale, qui sera sans engrais, on augmente parfois la dose en automne. L'engrais fait jaunir la mousse : on soulèvera donc la mousse pour y placer la dose d'engrais. Plus la quantité de terre est limitée, plus l'apport d'engrais doit être fréquent. Un excès d'engrais est plus mauvais qu'une carence. L'engrais est administré aux périodes suivantes :
● *Conifères :* de début avril à mi-octobre.
● *Caducs :* du début du printemps (après éclosion des bourgeons) à la mi-octobre.
● *Fruitiers :* juste avant l'apparition des fruits, à la mi-octobre.
● *Bonsaï d'intérieur :* traitement très différent selon les espèces /**voir 2ᵉ partie**/.

L'engrais est administré de la façon suivante :
● *Engrais en poudre :* une ou deux cuillerées à café de poudre éparpillée sur la terre du bonsaï, une fois par mois pour les bonsaï d'extérieur, tous les quinze jours pour les bonsaï d'intérieur.
● *Engrais en boulettes :* on pose une boulette d'engrais solide (deux pour les grands pots) sur la terre, assez loin du tronc, et on la laisse se résorber au fur et à mesure des arrosages. La ou les boulettes peuvent être placées soit à l'air libre, soit dans un panier en plastique à claire-voie.
● *Engrais liquide :* il peut être dilué dans l'eau d'arrosage. On peut aussi planter dans la terre une bouteille d'engrais qui le dispensera goutte à goutte.

En cas de pluie abondante, incliner le pot afin d'éviter que la terre ne soit détrempée

L'arrosoir traditionnel à pomme et long bec reste le matériel de base pour un arrosage important.

« Jin » pratiqué sur la quasi-totalité du tronc d'un Genévrier d'âge vénérable. L'aspect de bois mort est tout à fait saisissant.

Techniques spéciales

« Jin »

Technique de vieillissement artificiel sur une grosse branche d'un bonsaï âgé. Ecorcer la branche du bonsaï à l'aide d'un couteau, la passer ensuite au papier de verre fin. Epointer l'extrémité de la branche et passer un produit décapant pour bois qui, tout en protégeant la branche, la blanchira. En traitant la tête de l'arbre en « jin », on donne une impression d'arbre plus petit. Le « jin » permet ainsi de diminuer des arbres trop allongés.

« Shari »

Technique semblable au « jin » qui s'applique aux bonsaï âgés. Retirer seulement une bande d'écorce (et non une branche entière) sur le tronc ou sur une branche maîtresse et procéder comme pour un « jin ». Eviter également que le produit décapant ne pénètre sous l'écorce. Ces deux techniques ne se pratiquent que sur de beaux sujets âgés. Repasser tous les deux ou trois ans le produit décapant pour reblanchir la branche en la protégeant d'attaques éventuelles.

Plantation sur roche

● *Bonsaï enraciné dans la roche.*
Choisir une pierre en rapport avec l'arbre, qui sera petit. La même roche peut sans inconvénient porter plusieurs arbres de taille et d'espèce dissemblables. La pierre a des cavités dans lesquelles on fixe les bonsaï après avoir choisi le dos et le devant. Il faut fixer l'arbre à la roche, avec un fil de cuivre de préférence. Remplir d'un mélange de terre appropriée, appliquer sur le dessus de la masse et maintenir le tout à l'aide d'un bas de soie qu'on laissera une année sur l'arbre. Se fait au printemps. On peut compléter cette plantation en y ajoutant des herbes ou des fougères. Protéger du vent, du plein soleil et du froid comme un bonsaï rempoté. Une fois ces bonsaï incrustés dans la roche, on ne peut les décrocher de leur support. Il ne peut être question de les rempoter. Mais il faut de temps en temps surfacer la terre. Ils peuvent se dessécher vite : il faut donc les arroser en pluie fine. Ils craignent, plus que d'autres, le gel qui décollerait leurs racines de leur support.

● *Bonsaï dont les racines enserrent la roche.*
Pour soutenir et fixer l'arbre, il faut choisir une belle roche. Quelques racines pénétreront dans la roche. Planter les racines dans le mélange de terre approprié à l'espèce après les avoir harmonieusement réparties autour de la roche. Maintenir le tout à l'aide d'un bas enroulé autour de l'arbre jusqu'aux racines. Le bas va enserrer la terre et les racines contre la pierre. L'application de sphagnum humide sur la terre maintiendra les racines dans un état de fraîcheur favorable à leur développement. Protéger du vent et du soleil, comme un bonsaï rempoté. Attendre deux mois avant de donner de l'engrais. Choisir une coupe assez plate sur laquelle on calera la roche et dans laquelle on plantera les racines. Le rempotage et le mélange terreux sont fonction de l'espèce. Ces plantations se font au printemps.

Les forêts

Les forêts occupent une place un peu particulière pour les amateurs. Elles correspondent au rêve, à l'évasion. Elles peuvent se créer à partir de jeunes plants, ou à partir d'arbres d'âges différents, toujours plantés en nombre impair. Leur style peut varier (droit classique, non classique, battu par le vent, sur roche...). Les bonsaï sont de même espèce. Les forêts se plantent au printemps. Choisir une coupe plate, allongée. Choisir des arbres en bon état, tailler les racines et les branches. Planter les plus grands arbres derrière, les moyens sur les côtés, les plus petits devant, pour créer une perspective. Si l'on veut copier de plus près les données réelles, on peut placer un arbre mort, traité ou non en « jin ». Les branches plus longues sont tournées vers l'extérieur ; il faut éviter que les arbres ne se masquent les uns les autres. Pour donner une impression de réalité, il faut varier l'espacement entre des arbres. Il est capital de placer d'abord celui qu'on appelle l'arbre principal. Il peut être fixé à la coupe à l'aide de fil de laiton, tout comme les autres. Chaque arbre a ses racines enveloppées d'une boule de terre humide. Quand tous les arbres sont disposés, combler avec le mélange terreux. Lorsqu'on tassera légèrement cette masse de terre, il faudra veiller à laisser assez d'espace pour que l'air et l'eau circulent. Bien arroser. Considérer comme un bonsaï nouvellement rempoté. Petit à petit un tapis de mousse se forme. La forêt terminée a souvent une forme triangulaire.

Genévrier (*Juniperus chinensis*). Age ≃ 70 ans. Style « Sekijoju ». On voit ici le détail des racines enserrant la roche et « dégoulinant » telle une cascade pour s'étaler harmonieusement sur le sol.

Parasites et maladies

● Les bonsaï, comme les arbres dans la nature, peuvent être atteints par des maladies et envahis par des parasites. Ce sont les mêmes. Pour prévenir ou enrayer ces attaques, il est nécessaire d'effectuer des *contrôles réguliers* sur l'arbre. Une bonne hygiène s'impose. N'utiliser que des outils et des récipients propres. Toujours bien cicatriser les plaies des bonsaï à l'aide de mastic ou de goudron. Un arbre blessé et non soigné attrape plus facilement des parasites et des maladies. En les soignant (rempotage, taille, ligature), être attentif à ne pas les blesser.

● Les parasites et les maladies peuvent s'installer aussi bien au niveau des racines que du tronc, des branches et des feuilles. Il faut donc localiser l'attaque. Certains parasites reviennent régulièrement, tels les cochenilles, les pucerons, les araignées; il est donc recommandé de traiter préventivement certaines espèces. Les fourmis ne sont pas des parasites. Elles prouvent la présence de pucerons; en effet, le miellat (sucre) de ceux-ci attire les fourmis. Mais il vaut mieux les chasser en rinçant la terre. Les vers de terre ne sont pas nocifs. Toutefois, il vaut mieux les enlever à cause des galeries qu'ils creusent dans la terre. Des produits de traitement, fongicides ou insecticides, se trouvent dans le commerce, parfois polyvalents, parfois spécifiques à une attaque. De toute façon, avant d'acheter un produit, il vaut mieux être sûr de ce que l'on doit traiter.

● Avant de traiter, il faut arroser abondamment le bonsaï, la veille ou plusieurs heures avant d'administrer le produit. Si le bonsaï est assoiffé, les fongicides ou insecticides n'ont aucune action sur lui. Par ailleurs, il est conseillé de protéger le sol avec un plastique lorsque l'on vaporise des produits de traitement ou que l'on arrose avec une solution. Souvent, les produits utilisés sont nocifs pour l'homme. Il est donc recommandé de se laver les mains et de ne pas porter les feuilles au visage.

● Détruire systématiquement les feuilles et les branches des arbres malades et parasités. Eviter, lors des rempotages, de réutiliser l'ancienne terre : elle peut être contaminée.

● Si l'on fait vivre un bonsaï correctement en recréant les conditions naturelles de son environnement, il n'a aucune raison d'être malade. Lorsqu'un bonsaï a des feuilles jaunes qui se dessèchent et tombent, avant de penser aux parasites et aux maladies, il convient de s'interroger sur les conditions de vie de ce bonsaï et sur son entretien : trop d'eau fait souvent jaunir, sécher et tomber les feuilles. En effet, les racines stagnent dans l'eau et pourrissent; la sève ne circule plus, et l'arbre s'asphyxie par manque d'alimentation. Le manque de lumière fait s'étioler un arbre, il perd son aspect dense pour faire de longues tiges défeuillées. Un soleil trop direct et trop violent brûle les feuilles. Il faut donc doser la lumière et le soleil qui réchauffe l'arbre, le nanifie et fait bien circuler la sève; équilibrer l'eau entre l'humidité du sol et l'évaporation du feuillage. Ce n'est qu'*après avoir mis en cause l'entretien* que l'on peut penser aux parasites ou aux maladies.

● Vous trouverez ci-après les descriptions des parasites et des maladies que l'on rencontre le plus fréquemment et les remèdes que l'on peut appliquer.
En cas d'hésitation dans le diagnostic ou le traitement, on ne doit pas hésiter à recourir à un spécialiste.

---

parasites

TÉTRANYQUE TISSERAND OU ARAIGNÉE JAUNE

Acarien jaune sur érable trident.

Symptômes. Les araignées jaunes se trouvent à la face inférieure des feuilles et piquent le feuillage. Le limbe jaunit. Il peut devenir gris-argent lors de fortes attaques. L'arbre risque de se dessécher. Des toiles tissées (d'où le nom) protègent les araignées.

Remèdes. Bien vaporiser le feuillage en insistant sur la face inférieure. Dès les premières attaques, utiliser des insecticides à action acaricide ou des acaricides spécifiques. Varier les produits pour éviter l'accoutumance. Au besoin, faire un traitement préventif au début du printemps.

ARAIGNÉES ROUGES

Acarien rouge sur Bougainvillée.

Symptômes ● *Chez les conifères.* Les aiguilles se décolorent; elles passent du jaune au roux, puis deviennent brunes, et finalement elles tombent. Des toiles fines sont accrochées au branchage et gênent l'assimilation chlorophyllienne. Des œufs sont déposés à la base des aiguilles et dans les fissures de l'écorce. ● *Chez les arbres à feuilles caduques.* Des œufs hibernent sur les rameaux et peuvent former des rougeurs sur l'écorce. Au printemps, on remarque des piqûres sur le limbe. Les acariens se trouvent principalement à l'envers des feuilles. Celles-ci deviennent gris argent, puis brunes en cas de forte attaque. On peut observer sur leur face inférieure de petites taches décolorées. Puis les feuilles finissent par tomber. Les araignées sucent la sève de l'arbre, qui s'affaiblit.

Remèdes. Bien bassiner les conifères quand l'air est sec et chaud. Tailler et détruire les rameaux. A la fin de l'hiver, avant le départ de la végétation, pulvériser des huiles jaunes pour détruire les œufs. Au printemps, pulvériser des acaricides à action systémique. En été, si nécessaire, utiliser des acaricides spécifiques. Dans certains cas, la lutte est délicate car il y a risque de phytotoxicité. On se rappellera qu'une hygrométrie élevée gêne le développement des acariens, alors qu'une hygrométrie faible et une température élevée favorisent leur développement. On veillera donc à bien bassiner le feuillage. En été, on arrosera copieusement.

CHENILLES

Les chenilles sont les larves des papillons. Elles se nourrissent des tissus de l'arbre et l'affaiblissent. Parfois elles peuvent lui être fatales. On distingue plusieurs groupes :

Symptômes. Des fils de soie relient les aiguilles ou les feuilles les unes aux autres. Dans le feuillage, un nid à l'aspect spongieux a fait donner à ces chenilles le nom de « spongieuses ». Les aiguilles et les feuilles sont rongées.

Remèdes. Dès l'apparition de traces de bombyx, pulvériser des insecticides de contact.

COSSUS OU ZEUZÉRES

Symptômes. Papillons nocturnes qui rongent l'écorce du tronc et des branches, la perforent et creusent des galeries ascendantes. Un amas de sciure est déposé à l'entrée. Présence de chenilles rouges ou jaunes.

Remèdes. Tailler les parties envahies. Enfoncer un fil de fer dans les galeries. Il peut être entouré d'un coton imbibé de sulfure de carbone. Boucher l'orifice avec du mastic cicatrisant.

TORDEUSES

Chenille tordeuse sur feuilles de lilas.

Symptômes. Les jeunes pousses, les fleurs, les bourgeons, les feuilles sont rongés. Des fils de soie enveloppent les feuilles et les roulent en forme de cigare. Les dégâts sont nocturnes. Les chenilles sont parfois visibles.

Remèdes. Au printemps, pulvériser des insecticides à base de parathion.

MINEUSES

Symptômes. Le feuillage est creusé de galeries, le limbe est perforé. Les cavités sont cernées de grains noirs. L'assimilation chlorophyllienne diminue.

Remèdes. Pulvériser des insecticides organophosphorés.

GÉOMÈTRES

Symptômes. Le feuillage est rongé, les bourgeons sont perforés. Des fils soyeux relient le feuillage au sol, permettant aux chenilles de rejoindre la terre.

Remèdes. A la fin de l'hiver, utiliser des produits huileux contre les œufs. Au printemps, utiliser des insecticides de synthèse à base de lindane ou de parathion.

HYPONOMEUTES

Symptômes. Le feuillage est emprisonné dans des toiles. De nombreux fils de soie relient les feuilles entre elles. Sur l'arbre, on peut voir un cocon. Les feuilles tombent. Les chenilles sont parfois visibles au revers des feuilles.

Remèdes. Tailler les rameaux envahis. Avant le débordement, utiliser des huiles jaunes. Au milieu du printemps, lors de la mue des chenilles, utiliser des insecticides de contact organophosphorés.

Il existe d'autres espèces de chenilles qui détériorent les bonsaï mais qui sont moins communes. Nous les traiterons **dans la 2ᵉ partie** avec les espèces concernées.

COCHENILLES, DIASPINES ET LÉCANINES

Les cochenilles diaspines sont des insectes immobiles vivant en colonie sur les feuilles, les fruits et les branches. Elles sont protégées par un bouclier d'environ 3 mm, gris-marron ou brun foncé.
Les cochenilles diaspines sont des insectes immobiles vivant en colonie sur les feuilles, les fruits

Cochenilles sur cognassier.

et les branches. Elles sont protégées par un bouclier d'environ 3 mm, gris-marron ou brun foncé. *Les cochenilles lécanines* (de 2 à 6 mm de long) ont un bouclier solidaire de l'insecte. Elles sont de forme circulaire bombée.

Symptômes. Sur les feuilles, les branches et le tronc, on remarque de nombreux encroûtements. Lorsqu'on soulève une croûte, on découvre une cochenille. Présence d'un miellat qui brûle le limbe. Souvent, un champignon noir, la fumagine, colonise les parties recouvertes par l'exsudat des cochenilles. Le tronc se déforme, les branches meurent, les feuilles (les aiguilles chez les conifères) jaunissent et tombent. L'arbre dépérit, l'assimilation chlorophyllienne diminue.

Remèdes. Nettoyer les feuilles et les tiges avec une éponge imbibée d'eau et d'alcool. Tailler et détruire les rameaux envahis. Laisser les coccinelles se nourrir des cochenilles. A la fin de l'hiver et au début du printemps, utiliser des huiles de pétrole et des insecticides organophosphorés pour asphyxier les cochenilles. A la fin du printemps et au début de l'été, pulvériser des insecticides organo-phosphorés pour détruire les larves mobiles. Mais la lutte est difficile, car les cochenilles sont protégées par un bouclier. Attention de ne pas brûler les feuilles. Mettre l'arbre à l'écart, afin de ne pas contaminer d'autres bonsaï ou d'autres plantes. Attention aux végétaux fragiles : un traitement trop violent peut leur être fatal.

COCHENILLE FARINEUSE OU PSEUDO-COCCINE

Cochenille farineuse sur peuplier blanc.

Symptômes. Présence de miellat, sur lequel se développe la fumagine. L'assimilation chlorophyllienne diminue, et l'on constate un ralentissement de la végétation et l'apparition de boucliers blancs, farineux et mobiles. Les feuilles jaunissent et tombent.

Remèdes. Dès les premiers symptômes, pulvériser des insecticides organo-phosphorés.

PUCERONS

Puceron vert, puceron noir, puceron galligène.

Puceron vert sur hêtre.

Symptômes. Des œufs hibernent sur l'écorce. En avril, on découvre des larves à l'extrémité des pousses. Les pucerons, visibles à l'œil nu, colonisent les jeunes pousses tendres dont ils sucent la sève. Chez les conifères, les aiguilles se crispent : elles se déforment et se tachent d'argent. Les aiguilles se dessèchent et finissent par tomber. On remarque du miellat, cause de fumagine. Le limbe, brûlé par le miellat, jaunit. La fumagine peut se développer sur le limbe. La croissance de l'arbre est ralentie, des nécroses apparaissent. S'il s'agit du puceron galligène, des galles se forment en plus sur les pousses. Le puceron noir est vecteur de maladies à virus.

Puceron noir sur bouleau blanc.

Remèdes. Lors de l'arrosage, projeter un jet violent sur le feuillage pour que les pucerons se détachent. Utiliser des insecticides d'origine végétale (par contact, ingestion ou inhalation), des insecticides organo-chlorés (par contact, ingestion ou inhalation), des insecticides organo-phosphorés (par contact ou ingestion), des insecticides organo-phosphorés systémiques. Pour détruire les œufs d'hiver du puceron vert, fixés sur les écorces des arbres d'extérieur, effectuer un traitement préventif (des huiles jaunes), en fin d'hiver, avant l'apparition des feuilles. Bien pulvériser le tronc et les branches après les avoir humidifiés. En cours de végétation, dès l'apparition des pucerons, sur les pousses, effectuer 2 pulvérisations d'insecticide sur toutes les parties, atteintes ou non, à 10 jours d'intervalle. Renouveler les applications si nécessaire. S'il s'agit de pucerons galligènes, pulvériser, à la fin de l'hiver, des huiles jaunes d'origine minérale. Au début du printemps, utiliser des insecticides d'origine organo-chlorée ou organo-phosphorée.

PUCERON LANIGÈRE

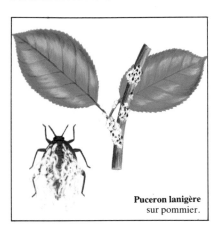

Puceron lanigère
sur pommier.

Symptômes. Il s'établit sur les parties ligneuses de l'arbre, aériennes comme souterraines et provoque des galles par ses piqûres. Des champignons peuvent se développer, la croissance est ralentie.

Remèdes. Supprimer les galles et désinfecter les plaies avec une solution cuprique. Puis mastiquer. En hiver, pulvériser des huiles de goudron. Au réveil de la végétation, utiliser des huiles jaunes ; à l'éclosion des bourgeons, de l'oléoparathion. Enfin, en cours de végétation, pulvériser des insecticides.

SCOLYTES

Insectes coléoptères cylindriques, noirs ou bruns, de 1 à 5 mm de long. Ils vivent dans le bois ou sous l'écorce des arbres où ils creusent des galeries. Ils sont très nuisibles. Les conifères sont leurs principales victimes.

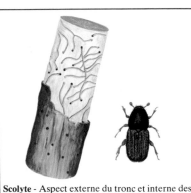

Scolyte - Aspect externe du tronc et interne des galeries. (Insecte grossi.)

Symptômes. Dans le bois, une galerie longitudinale entre l'écorce et l'aubier abrite des œufs. Les larves creusent des galeries perpendiculaires à la première. Un champignon se développe dans ces galeries. L'écorce est perforée par l'adulte qui veut s'envoler. Elle peut aussi se décoller. La circulation de la sève est perturbée, des branches meurent. Ces insectes véhiculent la maladie hollandaise de l'orme.

Remèdes. Couper et détruire les branches atteintes. Enrichir le sol de potasse et de phosphore. Pulvériser, à la mi-avril, sur le tronc et les branches, des insecticides à base de parathion et de lindane pour détruire les adultes sur l'écorce et, si nécessaire, pulvériser une deuxième fois en juillet. Pour détruire les larves, pulvériser, à la fin de l'hiver, des émulsions huileuses ou des éléments d'oléo-parathion.

NÉMATODES

Les nématodes sont des vers qui, en piquant les racines, provoquent un ralentissement de la croissance.

Symptômes

• *Les nématodes à kystes* causent des pourritures et entraînent un important développement des radicelles.

• *Les nématodes à galles* provoquent des galles par leurs piqûres. Les galles, en forme de chapelet, protègent les vers et déforment les racines.

• *Les nématodes ectoparasites* arrêtent la croissance, les piqûres entraînent un jaunissement du feuillage de la base vers la cime de l'arbre. Ils peuvent être vecteurs de maladies à virus.

Nematodes et kystes
provoqués par
leur présence
sur des racines.

• *Les nématodes des racines* construisent des nids qui nécrosent les racines, lesquelles sont alors détruites. Le feuillage jaunit. Il se peut que des champignons apparaissent.

Remèdes. Tailler les feuilles jaunies. Incorporer dans la terre des nématicides. Après avoir humidifié l'arbre, pulvériser des bouillies à base de parathion. Les nématodes se déplacent dans les terrains humides dont la température est comprise entre 16 et 20°. Éviter de trop humidifier le sol.

OIDIUM OU «BLANCS»

Maladie causée par un champignon.

Oïdium sur feuille
de chêne pédonculé
et sur feuille de saule.

Symptômes. Les parties aériennes de l'arbre (feuilles, tiges, bourgeons floraux) présentent des taches (mycélium) à l'aspect farineux blanchâtre. La tache s'agrandit et le feutre épaissit. Le limbe se déforme. Des granulations noires peuvent apparaître sur les feuilles, qui se dessèchent. L'arbre perd sa vigueur. Le champignon se développe lorsque la température est élevée et l'atmosphère sèche.

Remèdes. Tailler et brûler les rameaux atteints. Retirer les feuilles mortes. Pulvériser des fongicides minéraux ou de synthèse. Si l'on a constaté la présence d'oïdium l'année précédente, il faut, dès le printemps, avant l'ouverture des bourgeons, commencer par un traitement préventif. Le soufre est particulièrement utile pour la lutte préventive.

POURRIDIÉ

Affection grave produite par le mycélium d'un champignon. Cette maladie est due aux piqûres d'insectes ou aux plaies causées par la taille.

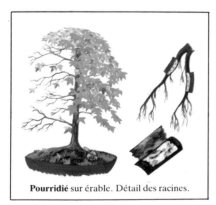

Pourridié sur érable. Détail des racines.

Symptômes. Les racines brunissent et dépérissent. Sous l'écorce, on remarque des plaques blanches (mycélium) et des cordonnets noirs (rhizomorphes). Les pousses sont chétives, les feuilles (ou les aiguilles des conifères) tombent, les branches meurent et l'arbre dépérit. A la base de l'arbre, des champignons au chapeau jaune, aux écailles brunes et aux lamelles

blanches sortent en automne. Des taches se propagent sur l'arbre.

Remèdes. Dès l'apparition des premiers symptômes, utiliser des fongicides tout en sachant que la lutte cst difficile et que, souvent, elle n'empêchera pas l'arbre de mourir.

POURRITURE DES RACINES, DES FEUILLES ET DES BOURGEONS

Symptômes. Les racines et le collet sont envahis de pourriture et de plaies chancreuses qui peuvent entraîner une réduction du système radiculaire. La pourriture, de couleur marron, est spongieuse. Le feuillage se décolore, brunit et sèche. Les aiguilles des conifères tombent. Alors, l'arbre peut dépérir très rapidement.

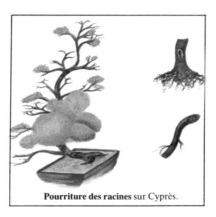

Pourriture des racines sur Cyprès.

Remèdes. Eviter que de l'eau ne stagne dans le pot. Eviter les blessures au collet de l'arbre. Au besoin, désinfecter la terre. Utiliser des fongicides à base de manèbe ou des fongicides systémiques.

ROUILLES

Maladies causées par un champignon.

Symptômes. ● *Sur les rameaux* - Au mois de mai, de longues taches jaunes apparaissent sur l'écorce des jeunes pousses. Des boutons sortent, puis crèvent en dégageant une matière orange.
De la résine coule au niveau des plaies. Le

Rouille sur pin
et sur feuille de Magnolia.

rameau grandit en S. La pousse peut se dessécher, ce qui perturbe la croissance de l'arbre.
● *Sur les feuilles* - De nombreuses taches jaunes ou brunes apparaissent sur les feuilles. Celles-ci se dessèchent.
● *Sur les aiguilles des conifères* - Des tâches rouges apparaissent sur les aiguilles. La deuxième année, en avril-mai, des vésicules blanches sur les aiguilles se fendent en dégageant une poudre orange, puis se cicatrisent. La troisième année, nouvelles vésicules qui entraînent la chute des aiguilles.

Remèdes. Tailler et brûler les parties atteintes et nettoyer les chancres. Effectuer 1 ou 2 pulvérisations d'un fongicide spécial contre la rouille, à 10 ou 15 jours d'intervalle. Attention aux traitements trop violents ou trop répétés : ils peuvent provoquer des brûlures.

TACHES FOLIAIRES

Symptômes. Des taches apparaissent sur les feuilles. Ces taches peuvent être blanches, puis brunes, en forme de triangle. Elles peuvent aussi être grises, et des auréoles noires se forment sur les lésions. Des parties du feuillage se dessèchent et des granulations apparaissent au centre.

Remèdes. Tailler et détruire les feuilles malades. Pulvériser des fongicides à base de cuivre. Ne pas trop mouiller le feuillage. Eviter de bassiner et d'arroser en plein soleil.

VERTICILLIOSE

Maladie causée par un champignon qui pénètre au niveau des racines et du collet à la faveur des blessures de l'arbre.

Verticilliose sur feuilles de Tilleul.

Symptômes. Les feuilles s'affaissent à la base de l'arbre. Le limbe jaunit. Les feuilles se recroquevillent. Les arbres perdent leur vigueur. La sève alimente mal les parties supérieures de l'arbre.

Remèdes. Eviter l'excès d'engrais azotés. Supprimer les mauvaises herbes. Soigner les blessures de l'arbre. Détruire les feuilles mortes. Désinfecter le sol et pulvériser des fongicides minéraux sur le tronc et le collet.

Les outils

Il existe un outillage spécifique pour chaque opération. Cependant il n'est indispensable que si l'on possède plusieurs espèces et si l'on effectue soi-même tous les soins. Sinon, une bonne paire de ciseaux étroits suffit pour tailler branches, feuilles ou racines sans pour autant endommager l'arbre. Il est nécessaire d'avoir aussi du mastic cicatrisant, pour appliquer sur les écorchures et les coupes subies par l'arbre. Il est indispensable de toujours nettoyer les outils après utilisation, si possible à l'alcool, et de les ranger soigneusement. Cela évite de véhiculer parasites et maladies. En outre, cela les empêche de rouiller et donc d'abîmer les arbres.

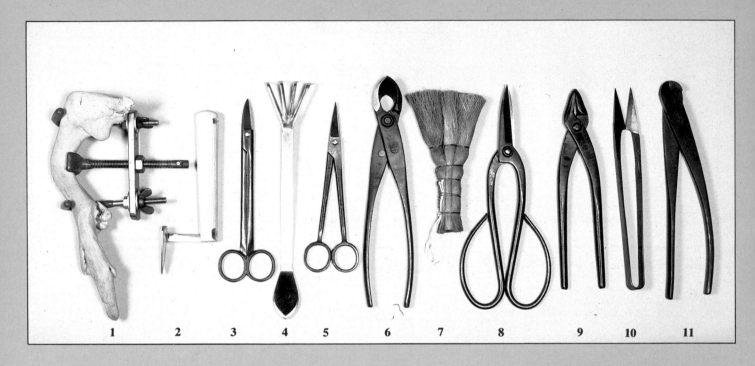

1   2   3   4   5   6   7   8   9   10   11

12   13

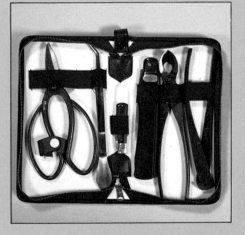

Liste des outils nécessaires :

1. des serre-joints pour diriger troncs et branches,

2. une petite pelle pour le rempotage,

3 ou 5. une paire de ciseaux très fins pour tailler les jeunes pousses,

4. un « râteau » pour gratter la terre (surfaçage) et la mousse ou démêler les racines lors du rempotage,

6. une tenaille pour couper les grosses racines ou les branches maîtresses.

7. un balai-brosse pour nettoyer les aiguilles sur les conifères et les feuilles mortes sur la terre,

8. une paire de ciseaux pour tailler branches et racines,

9. une pince pour appliquer ou enlever le fil de cuivre,

10. des ciseaux à feuilles,

11. une pince pour couper le fil de cuivre,

12. un vaporisateur,

13. un tamis pour tamiser la terre.

Et aussi :

- une pince pour retirer feuilles mortes et parasites,
- une scie pour couper les grosses branches lors de la taille de structure hivernale,
- des ciseaux à bois pour égaliser une coupe et l'arrondir,
- des outils pour créer *jin* ou *shari*,
- du fil de cuivre ou de laiton pour ligaturer les bonsaï,
- une table tournante pour travailler le bonsaï (elle peut avoir des tiroirs pour ranger les outils),
- un arrosoir à long col et à pomme,
- du grillage plastique pour fermer les trous d'évacuation d'eau.

LES DIFFÉRENTS ARBRES

Présentation de bonsaï d'intérieur (b.i.) et d'extérieur (b.e.). *De gauche à droite en hauteur :* Figuier (*Ficus retusa*) b.i. Age ≃ 8 ans. Style « Nejikan » - Genévrier (*Juniperus rigida*) b.e. Age ≃ 25 ans. Style « Kengaï » - Serissa (*Serissa japonica variegata*) b.i. Age ≃ 25 ans. Style « Hokidachi ». *De gauche à droite au sol :* Pin d'Alep (*Pinus Halepensis*) b.i. Age ≃ 7 ans. Style « Tachiki » - Erable de Burger (*Acer buergerianum*) b.e. Age ≃ 3 à 5 ans. Style « Gohon-Yose ».

Cedrus
CÈDRE

Famille des Pinacées. Le Cèdre est un grand conifère qui peut dépasser 50 m et vivre 2 000 ans. Les aiguilles aciculaires sont persistantes. Les rameaux courts portent les aiguilles rassemblées en rosettes. Les cônes ovoïdes ont une surface lisse, les écailles appliquées étroitement les unes sur les autres sont larges et minces. Au printemps, sur les jeunes pousses, les aiguilles piquantes sont isolées. Les cônes donnent des graines en hiver.

Cedrus libani. On le trouve actuellement surtout en Syrie et en Turquie. Branches étalées horizontalement, aiguilles gris argent ou vert sombre, tronc gros et parfumé à l'écorce gris foncé striée de fissures rapprochées. Agé, il a plusieurs tiges principales.
Cedrus atlantica. Originaire de l'Atlas. Cime pyramidale, rameaux souvent retombants soit allongés avec des aiguilles isolées, soit courts avec des aiguilles groupées en rosettes. Les aiguilles courtes sont vert bleuté.
Cedrus deodora. Originaire de l'ouest de l'Himalaya. Forme pyramidale, rameaux retombants, feuillage léger, clair et glauque, aiguilles plus pointues, tronc plus clair, cônes violets. Longue flèche incurvée.
Cedrus brevifolia. Originaire de Chypre. Taille moyenne, aiguilles petites, de couleur vert sombre avec des reflets gris argenté.

■ *obtention*

● *Par semis.* La graine récoltée en hiver sur les cônes lorsque les écailles inférieures se détachent est trempée 48 heures dans l'eau pour être ramollie. Puis la planter dans un mélange de tourbe et d'argile. En attendant de la planter, la conserver dans le cône. On peut aussi la planter en mai pour de meilleurs résultats germinatifs. Lorsque la graine a germé, la mettre en pot au bout d'une année. Pour obtenir un tronc droit, on peut tuteurer tout de suite ce jeune plant d'une année.

● *Par marcottage simple.* On peut marcotter une branche basse. Dépouiller des aiguilles la partie de la branche à enterrer. Faire une petite incision sur l'écorce pour favoriser l'enracinement. Enterrer, et maintenir la terre humide. Ce marcottage simple se fait au printemps. Lorsque des racines sont sorties, la marcotte a pris. Alors, séparer la branche et la mettre en pot. Protéger des intempéries comme un bonsaï nouvellement rempoté.

● *Par bouturage.* Les boutures se font soit à la fin du printemps, soit à l'automne, alors en serre, sur de courts rameaux de bois aoûtés. Avec de la chaleur, l'enracinement se fait en hiver. Transplanter au printemps suivant dans un pot de culture petit, avec un mélange de tourbe et d'argile.

● *Par greffage.* La greffe se fait de septembre à octobre, en placage.

● *Par jeunes plants de pépinière.*

■ *entretien*

☐ **Ensoleillement.** Plein soleil tout au long de l'année, mais éviter les excès pour les jeunes sujets, (et pour le *Cedrus atlantica aurea*).

☐ **Température.** Le Cèdre est très sensible aux grands froids, et peut mourir lorsqu'il gèle. Il faut donc impérativement le protéger dès qu'un froid vif survient, surtout au niveau du pot et des racines. Il s'acclimate parfaitement dans les régions de la Loire et du sud-ouest de la France car il aime la chaleur.

☐ **Ventilation.** Supporte le vent mais mal les courants d'air. Protéger les jeunes sujets et les arbres nouvellement rempotés d'un excès de vent.

☐ **Céramique.** A l'arbre jeune convient un pot moyennement profond, car sa croissance est lente. A l'arbre âgé, il faut un pot profond et large. Rempoter de préférence dans un pot soit non émaillé, soit émaillé dans des tons de brun, brique ou neutres.

☐ **Nettoyage.** A l'automne, retirer les aiguilles jaunes. Penser à tailler et enlever les parties mortes ou abîmées à l'intérieur de l'arbre pour lui assurer un plus beau développement. Nettoyer le sol des feuilles et branches mortes.

☐ **Croissance.** Comme la plupart des conifères, le Cèdre a une croissance très lente. Son port devient majestueux avec l'âge.

☐ **Rempotage.** Au printemps, entre mars et avril, tous les 3 à 5 ans. Tailler entre un tiers et la moitié des racines. Conserver un peu de terre ancienne lors du rempotage. Les Cèdres reprennent difficilement lorsqu'ils sont transplantés à racines nues.

☐ **Terre.** 1/3 de terreau, 1/3 de terre végétale, 1/3 de sable de rivière. Le Cèdre

STYLES

Chokkan

Sekijóju

Sabamiki

Sôkan

Kabudachi

Cèdre (*Cedrus deodora glauca*).
Age ≃ 15 ans.
Hauteur ≃ 40 cm.
Style indéfini se rapproche d'une forme « semi-pleureur » comme on en rencontre souvent dans nos jardins.
Photo : mai-juin.

supporte des sols calcaires, excepté le *C. deodora*. Il prospère dans tous les sols, à condition qu'ils ne soient pas trop humides, mais préfère les sols argilo-siliceux perméables.

☐ **Taille.** Tous les ans, au printemps et à l'automne.
● *Pinçage.* Au cours du printemps, pincer sévèrement les nouvelles pousses avec les doigts. Ne pas couper les aiguilles. Dans le courant de l'été, retirer les rejets.
● *Taille des feuilles.* On ne coupe jamais les aiguilles des conifères. Retirer 1/3 du feuillage sur les rameaux.
● *Taille des branches.* A l'automne, retirer les extrémités des rameaux qui ont beaucoup poussé. Au printemps, tailler les branches qui ont tendance à s'étendre en coupant juste au-dessus d'une touffe d'aiguilles.

☐ **Ligature.** Il est nécessaire de ligaturer les Cèdres lorsqu'on veut diriger leur silhouette. Elle peut déjà être préformée par le pinçage et la taille. Ligaturer à la fin de l'automne et retirer les fils de cuivre 10 à 12 mois plus tard. Si le fil s'est incrusté dans l'écorce, ne pas l'arracher mais enlever délicatement à la pince les morceaux accessibles. Recommencer l'opération tous les ans, jusqu'à ce que la forme désirée soit atteinte. Ne pas coincer les aiguilles entre le fil et l'écorce.

☐ **Arrosage.** Abondant au printemps et en été. Le Cèdre doit avoir le temps de ressuyer le sol avant un nouvel arrosage. Il craint les sols humides. Diminuer la fréquence d'arrosage à l'automne. En hiver, incliner le pot s'il reçoit beaucoup de pluie.

☐ **Vaporisation.** En été bassiner à fond le feuillage. Le Cèdre aime l'humidité au niveau de ses aiguilles. Le bassinage permet de nettoyer le tronc et les aiguilles de l'arbre de la poussière et de la pollution, quoiqu'il résiste à cette dernière.

☐ **Engrais.** Donner un engrais organique au printemps et à l'automne, une fois par mois. Augmenter la dose en automne pour mieux préparer le Cèdre à l'hiver. Ne pas donner d'engrais pendant 2 mois à un Cèdre nouvellement rempoté ou en mauvais état.

■ *parasites et maladies*

☐ **Parasites**
● **Scolytes** Voir p. 30.
● **Processionnaires du Pin (Chenilles)**
Symptômes. Nid soyeux accroché sur les aiguilles en hiver. Aiguilles dévorées. Défeuillaison. Déformation des rameaux.
Remèdes. Retirer les nids. Détruire les rameaux attaqués. Injecter du pétrole dans les nids. Appliquer un larvicide en septembre. Risque d'urticaire.

☐ **Maladies**
● **Pourridié.** Voir p. 31.

Sôju

Sambon-Yose

Gohon-Yose

Nanahon-Yose

Kyûhon-Yose

Chamaecyparis
FAUX CYPRÈS

Famille des Cupressacées. (Autrefois classée dans un genre à part, *Retinospora*.) Originaire d'Amérique du Nord, du Japon et de Taïwan et introduit en Europe depuis plus de cent ans. La durée de vie des *Chamaecyparis* est de trois cent cinquante ans environ. Dans la nature, les *Chamaecyparis* sont des conifères qui peuvent atteindre 60 m, mais ils ne dépassent guère 20 à 30 m en culture. Leurs rameaux en éventail sont aplatis et la flèche est recourbée. Ils donnent de petits cônes globuleux bruns ayant un mucron en leur centre. Le plus connu en bonsaï est le *Chamaecyparis obtusa*. Le bois est blanc et solide, l'écorce épaisse et fissurée. Les rameaux aplatis sont brillants, le feuillage vert vif est marqué de lignes blanches en dessous. Il est aussi connu sous le nom de « Hinoki ». Sa silhouette est conique et il peut atteindre 35 m. Les cônes sont bruns, de la taille d'un pois.

■ *obtention*

● *Par semis.* C'est la meilleure méthode de multiplication. Récolter en automne les graines sur les cônes. Pour cela, placer les cônes au chaud. Semer au printemps, après avoir stratifié les graines. Avant de les planter dans un mélange de tourbe et de sable, les tremper dans l'eau tiède et, au besoin, faire une entaille, car elles renferment leur germe. Ombrer le semis. Le semis est long à lever : il faut parfois attendre une année. Dès que les pousses apparaissent, les rempoter individuellement dans des pots de culture et protéger du vent desséchant ou d'un soleil direct.

● *Par bouturage.* Bouturer un jeune rameau en juillet ou en août. Placer la bouture au frais. Planter la bouture racinée au printemps suivant dans un petit pot de culture et la conserver à l'ombre. Pour un meilleur résultat, utiliser les rameaux latéraux. Dès la première année de culture, tailler pour obtenir davantage de densité. Les boutures de *Chamaecyparis obtusa* réussissent généralement et donnent de beaux bonsaï.

● *Par marcottage simple.* En août, choisir un jeune *Chamaecyparis.* Dénuder de ses aiguilles une branche basse. Enterrer cette branche et la maintenir en terre à l'aide d'un crochet, après lui avoir fait de légères entailles pour favoriser l'apparition des racines. Laisser sortir de terre l'extrémité de la branche qui aura conservé ses aiguilles. On peut prélever la bouture dès septembre, si le sol est meuble et humide. Au besoin, rajouter à la terre du terreau de feuilles pour qu'elle soit bien meuble.

● *Par greffage.* En été, on utilise la greffe en placage. Il ne faut surtout pas que les racines se dessèchent lors de l'opération. Faire une bonne ligature. Incliner légèrement les greffes et bien s'assurer que le greffon est tourné vers la lumière. Préférer la greffe sous châssis. Maintenir une humidité ambiante. Maintenir à mi-ombre et bassiner s'il fait très chaud. Dès que la greffe a pris, de nouvelles pousses apparaissent.

● *Par jeune plant de pépinière.* Choisir un arbre au tronc intéressant et aux branches nombreuses.

■ *entretien*

□ **Ensoleillement.** Les *Chamaecyparis* préfèrent les endroits légèrement ombragés. Ils redoutent le plein soleil, surtout l'été, car ils se dessèchent vite.

□ **Température.** Le *Chamaecyparis de Lawson* est très résistant au froid. Le *Chamaecyparis obtusa* résiste aussi au froid. Ils aiment les atmosphères fraîches.

□ **Ventilation.** Redoute les vents desséchants, mais non les vents humides.

□ **Céramique.** Les *Chamaecyparis* se développent mieux en sol profond; par conséquent choisir une coupe profonde, ronde, ovale, hexagonale ou rectangulaire en fonction du style dans lequel l'arbre est élevé. Un bon drainage est nécessaire.

□ **Nettoyage.** Retirer les aiguilles jaunes à l'automne, et enlever tout ce qui est mort ou abîmé à l'intérieur du feuillage. Nettoyer le sol pour éviter parasites et maladies.

STYLES

| Chokkan | Sekijôju | Sôkan | Kabudachi | Ikadabuki | Netsunagari | Sôju |

□ **Croissance.** Ils deviennent majestueux en vieillissant. Leur croissance est lente et régulière s'ils sont en de bonnes conditions de développement.

□ **Rempotage.** Tous les trois à cinq ans, entre mars et avril, tailler entre un tiers et la moitié du chevelu des racines et remettre en pot profond avec un bon drainage.

□ **Terre.** 1/3 de terreau, 1/3 de terre végétale et 1/3 de sable de rivière. Ils aiment les sols frais, légers, calcaires et exposés à la chaleur et n'ont pas d'exigences particulières quant à la nature du sol, pourvu qu'il soit profond.

□ **Taille.** Pincer l'extrémité des pousses pendant la saison de végétation. Recommencer 2 ou 3 fois. Ne pas couper les aiguilles. Tailler les rameaux qui se développent trop en retirant une touffe. On peut les tailler avec les doigts. Si l'on doit couper une branche plus importante, la couper aux ciseaux à une aisselle, en évitant qu'on ne voie la taille. Retirer 1/3 du feuillage.

□ **Ligature.** Les *Chamaecyparis* se ligaturent pour donner le style désiré. Poser le fil de cuivre à la fin de l'automne. Ne pas le laisser plus de dix mois sur l'arbre. Ne pas coincer d'aiguilles entre l'écorce et le fil. Recommencer à ligaturer tous les ans pour obtenir la forme souhaitée. Si le fil s'incruste par endroits dans le bois, l'y laisser, mais retirer délicatement à la pince les morceaux de fil accessibles.

□ **Arrosage.** Attention au dessèchement des racines. Conserver la terre légèrement humide, mais jamais détrempée. Bien arroser en été et vérifier que le trop-plein s'écoule par les trous de drainage. L'eau stagnante fait pourrir les racines et l'arbre meurt. Jamais d'arrosage en cas de gel.

□ **Vaporisation.** Les *Chamaecyparis* ont besoin d'une humidité atmosphérique. Les bassiner souvent en été, en insistant sur le feuillage et l'écorce. S'ils sont exposés au vent, les bassiner même en automne ou au printemps. Les aiguilles n'en seront que plus vertes, plus drues et plus brillantes.

□ **Engrais.** Si le bonsaï est en bonne santé, en donner au printemps et en automne. Augmenter la dose à la fin de l'automne pour préparer l'arbre à l'hiver. Donner de l'engrais organique à lente décomposition 1 fois par mois. Attendre deux mois après un rempotage.

Faux cyprès (*Chamaecyparis obtusa*).
Age ≃ 12-15 ans. Hauteur ≃ 50 cm. Style « Yose-Ue ».
Photo : mai.

■ *parasites et maladies*

□ **Parasites**
• **Araignées rouges et araignées jaunes.** Voir p. 28.
• **Nématodes.** Voir p. 30.
• **Cochenilles diaspines.** Voir p. 29.

□ **Maladies**
• **Verticilliose.** Voir p. 31.
• **Coryneum cardinale.**

Symptômes. Les aiguilles roussissent. Pustules noires sur l'écorce d'où s'écoule la résine.
Remèdes. Eviter les blessures sur l'arbre. Désinfecter les plaies à l'aide de mastic cicatrisant. Tailler les rameaux atteints. Enrichir la terre de potasse. Passer un fongicide systémique. Pulvériser préventivement un fongicide minérale après les pluies de printemps et à l'automne.
• **Pourriture des racines et de la tige.** Voir p. 31.

Sambon-Yose

Gohon-Yose

Nanahon-Yose

Kyûhon-Yose

Yose-Ue

Yamayori

Tsukami-Yose

Cryptomeria
CRYPTOMERIA

Famille des Taxodiacées. Conifère originaire de Chine et du Japon. Seule espèce du genre, le Cryptomeria a donné plusieurs cultivars. En Asie, les Cryptomerias peuvent atteindre 60 m, mais ils ne dépassent guère 25 m en Europe. Leur silhouette est conique, au tronc rectiligne, à l'écorce brique qui se détache en lanières étroites, au bois dur. Leurs aiguilles sont persistantes en alène, pointues, d'un vert-bleu brillant; elles roussissent en hiver. Elles sont appliquées sur les rameaux. La tige se dénude facilement dans les régions sèches. En automne, les Cryptomerias donnent des cônes globuleux un peu épineux avec des écailles.

■ *obtention*

● *Par semis.* La graine est plantée dès sa récolte dans un mélange tourbe/sable, sous verre. Elle lève difficilement. Il vaut mieux choisir les autres méthodes d'obtention.

● *Par marcottage.* Choisir une branche basse et souple. Retirer les aiguilles sur la partie à enterrer, pratiquer deux ou trois incisions sur la branche pour favoriser l'enracinement. Enterrer la branche en laissant ressortir sa pointe, qui a conservé ses aiguilles. Maintenir le sol humide. Lorsqu'on constate de nouveaux départs, la branche a émis des racines. La séparer de l'arbre et rempoter.

● *Par bouturage.* Prélever des boutures en août. Les faire raciner en serre froide ou dans un endroit abrité de la chaleur. Lorsqu'on voit des départs, les racines se sont formées. Au printemps, mettre en pot de culture avec un mélange tourbe et sable. Le cultivar «Elegans» pousse le mieux.

● *Par greffage.* En mars et si possible en serre. Cette méthode est plus professionnelle.

● *Par jeune plant de pépinière.* Choisir un arbre au tronc intéressant et au branchage abondant.

■ *entretien*

□ **Ensoleillement.** Placer le Cryptomeria dans un endroit légèrement ombragé. Il craint le plein soleil en été.

□ **Température.** Le Cryptomeria a besoin de chaleur. Les aiguilles roussissent en hiver mais reprennent leur teinte verte au printemps, si l'on a protégé l'arbre du froid de l'hiver et des gelées. Au printemps, il redoute les gelées tardives.

□ **Ventilation.** Le Cryptomeria a besoin d'air humide et renouvelé. A protéger toutefois de vents forts (en particulier les sujets jeunes ou nouvellement rempotés).

□ **Céramique.** Le Cryptomeria se développe mieux dans les sols profonds, frais et bien drainés. Choisir une coupe simple, profonde, dont le coloris doit être neutre, ou marron, ou céladon, et faire un bon drainage.

□ **Nettoyage.** Dans les régions sèches, le Cryptomeria se dénude davantage. Retirer les aiguilles sèches sur l'arbre et sur la terre. Tailler les rameaux morts. Bien nettoyer l'intérieur de l'arbre pour éviter toute attaque.

□ **Croissance.** Au bout de quatre à cinq ans, les vieilles aiguilles tombent et ainsi se forment les branches. La croissance du Cryptomeria est lente, mais en période de végétation il émet de nombreux départs.

□ **Rempotage.** Tous les trois à cinq ans, rempoter au printemps, quand la végétation est repartie (avril). Il ne faut pas rempoter trop tôt dans le printemps.

□ **Terre.** Mélange d'1/3 de terreau, 1/3 de terre végétale et 1/3 de sable de rivière. Sol frais et fort, profond et bien drainé.

□ **Taille.** Pincer régulièrement les départs des aiguilles du printemps à la mi-automne (jusqu'à fin septembre). Retirer

Pinçage des aiguilles.

STYLES

Chokkan

Sekijóju

Sòkan

Kabudachi

Ikadabuki

Netsunagari

les départs sur le tronc ou les branches maîtresses. Pincer le Cryptomeria est un long travail minutieux, mais indispensable pour lui conserver un feuillage compact. Si le pinçage est bien fait, il n'est pas nécessaire de tailler les rameaux. Tailler les rameaux trop dénudés et les branches qui ne poussent pas où il faut, au printemps, juste à une intersection pour éviter qu'on ne voie la taille.

☐ **Ligature.** Avec de la ficelle, attacher les rameaux qui pourraient avoir tendance à s'écarter du tronc (ce qui détruirait l'aspect compact). Ligaturer de la fin du printemps à l'été pour diriger l'arbre. Pas de travaux en hiver.

☐ **Arrosage.** Les arrosages peuvent être fréquents du printemps à l'automne; diminuer en hiver. Ne pas arroser en cas de gel. Jamais d'eau stagnante et toujours s'assurer avant d'arroser que les racines ont ressuyé toute l'eau dans le fond du pot. Les Cryptomerias boivent beaucoup.

☐ **Vaporisation.** Les Cryptomerias supportent mal la sécheresse. Elle leur fait perdre leurs aiguilles prématurément. Ils aiment les régions humides (Bretagne, Limousin, Pyrénées...). En région sèche, bassiner le feuillage fréquemment pour recréer une atmosphère humide.

☐ **Engrais.** Du printemps à l'automne, avec une interruption en juillet et août, donner de l'engrais organique à lente décomposition aux Cryptomerias en bon état. Attendre deux mois pour en donner après un rempotage. Augmenter légèrement la dernière dose automnale pour préparer l'arbre à l'hiver.

■ *parasites et maladies*

☐ **Parasites**
- Araignées rouges. Voir p. 28.
- Cochenilles. Voir p. 29.

☐ **Maladies**
- **Maladie du dessèchement des rameaux.**
Symptômes. Les rameaux se dessèchent, brunissent. Les aiguilles tombent.
N.b. S'attaque surtout aux arbres faibles dans de mauvaises conditions.
Remèdes. Tailler les rameaux malades. Pulvériser des fongicides à base de cuivre.

Cryptomeria (*Cryptomeria japonica*).
Âge ≃ 30 ans. Hauteur ≃ 45 cm. Style « Chokkan ».
Photo : mai.
On observe les jeunes pousses tendres qui sont à pincer.

Sôju

Sambon-Yose

Gohon-Yose

Nanahon-Yose

Kyûhon-Yose

Yose-Ue

Bonkei

Kusamono

Ginkgo biloba
GINKGO

Famille des Ginkgoacées. Il faudrait écrire Ginkyo, transcription latine du nom chinois Yin-Kuo (Abricot d'argent). L'orthographe actuelle n'a pas de sens étymologique et semble une erreur orthographique. C'est un arbre très ancien, un fossile vivant, qui peut atteindre 30 m de haut, sans doute originaire du Japon, et qui était planté près des temples bouddhistes. Sa silhouette est pyramidale. Le tronc droit, gris cendré, est fissuré longitudinalement. Les branches horizontales sont étalées. La cime des mâles est conique, les femelles ont une couronne plus large aux feuilles plus incisées, qui jaunissent un mois plus tard que celles des mâles. Le feuillage vert clair devient jaune d'or à l'automne, d'où son appellation « Arbre aux quarante écus ». Espèce dioïque. Longtemps classé parmi les conifères, le Ginkgo est maintenant reconnu comme un genre à part et voisin. C'est un arbre à feuilles caduques. Le limbe a un long pétiole et forme un éventail arrondi avec, parfois, une échancrure médiane qui dessine deux lobes (*biloba*). Les feuilles sont insérées en bouquet, sur de courts rameaux. Les inflorescences sont mâles. Le fruit est une sorte de prune jaune, toxique et de mauvaise odeur. Le Ginkgo peut émettre des racines aériennes commes des stalactites, lorsqu'il est âgé.

Il existe quelques cultivars :
« *Pendula* ». Les branches retombent à leur extrémité, la couronne est arrondie.
« *Fastigiata* ». Une pyramide très étroite.
« *Variegata* ». Le feuillage est panaché de jaune.
« *Aurea* ». Le feuillage est jaune.
« *Laciniata* ». De larges feuilles, divisées et échancrées.

◼ *obtention*

● *Par semis.* Une récolte sur un arbre femelle isolé ne donnera rien, faute de fécondation. Il faut un arbre fécondé. Stratifier la noix pendant un an juste après la récolte. Le semis s'effectuera au deuxième printemps après la récolte : faire tremper la noix dans de l'eau très chaude avant de semer pour que l'écorce se fendille. Semer la noix. Laisser un an la pousse dans la caisse à semis avant de la transplanter dans un pot de culture. Abriter.

● *Par bouturage.* Utiliser de préférence les courtes pousses latérales. Les étêter. Enduire le pied de la bouture d'hormone de bouturage avant de la piquer dans un mélange tourbe/sable. Choisir des boutures déjà aoûtées.

● *Par marcottage.* Cette technique de marcottage aérien donne des arbres tordus. Peler l'écorce de la partie de la branche à marcotter. L'entourer de sphagnum et empaqueter le tout dans un plastique maintenu fermé par du raphia. Vaporiser. Lorsque la marcotte a pris, retirer plastique et sphagnum et sevrer la marcotte de l'arbre. La mettre en pot et la considérer comme un arbre nouvellement rempoté.

● *Par greffe latérale.* En été, dans la partie basse du tronc pour que, par la suite, la terre dissimule le point de greffe. L'incision du porte-greffe est plus large en partie profonde. Au printemps suivant, la greffe doit avoir pris. Tailler alors le porte-greffe au-dessus du greffon, mettre en pot et considérer comme un arbre nouvellement rempoté. Les « *Pendula* » sont les plus couramment greffés.

● *Par jeunes plants de pépinière.* Choisir un arbre au tronc intéressant et aux branches nombreuses.

◼ *entretien*

☐ **Ensoleillement.** Le Ginkgo aime le plein soleil. Toutefois, protéger à la mi-ombre l'été les tout jeunes sujets et les arbres nouvellement rempotés.

☐ **Température.** Le Ginkgo craint le gel. En hiver, protéger du froid vif et du gel les racines, le pot et le collet de l'arbre ou l'abriter dans une pièce froide.

☐ **Ventilation.** Le Ginkgo n'est pas sensible à la pollution atmosphérique et il supporte le vent. Toutefois, abriter six semaines les arbres rempotés.

STYLES

| Tachiki | Hôkidachi | Sôkan | Kabudachi | Ikadabuki | Netsunagari |

□ **Céramique.** Le Ginkgo a besoin d'un sol profond. Choisir une coupe ronde, hexagonale ou carrée assez profonde, émaillée ou non. Un bleu cobalt ou un brun s'harmonisent à l'arbre.

□ **Nettoyage.** Enlever régulièrement les parties mortes sur l'arbre et sur le sol, pour éviter maladies et parasites. Bassiner les feuilles pour les nettoyer et leur permettre de respirer.

□ **Croissance.** Les premières années, la croissance est lente. Elle s'accélère par la suite.

□ **Rempotage.** Environ tous les trois ans, rempoter le Ginkgo après que les nouvelles pousses ont démarré. Mars est un bon mois pour rempoter. Tailler la moitié des racines et rempoter dans un pot de taille supérieure au précédent.

□ **Terre.** 1/3 de terreau, 1/3 de terre végétale et 1/3 de sable. Le Ginkgo s'accommode d'un sol ordinaire, à condition qu'il soit profond et contienne de l'argile rouge et de la glaise noire.

□ **Taille.** Supprimer en pinçant tous les départs indésirables sur le tronc et les grosses branches. Pincer les pousses aux extrémités et retirer 2 ou 3 feuilles par branche. Lorsqu'une 2ᵉ poussée de bourgeons apparaît, les pincer et retirer encore en les coupant une ou deux paires de feuilles. Après le 2ᵉ pinçage, on laisse les nouvelles pousses se développer. Tailler les feuilles dès qu'elles ont durci sur chaque branche. Les branches sont taillées au printemps, lors du rempotage. Retirer les branches qui ne sont pas nécessaires. Tailler les autres à 1/3 environ de leur longueur. Pratiquer une taille de structure en hiver, en coupant les branches qui dénaturent la silhouette de l'arbre. Passer du mastic cicatrisant sur la coupe.

□ **Ligature.** C'est principalement en pinçant la tête et les pousses et en taillant les feuilles et les branches que l'on donne sa forme au Ginkgo. Toutefois, on peut légèrement ligaturer un Ginkgo à l'automne et retirer le fil de cuivre à la fin de l'été. Mais c'est rare et peu habituel. En général, on ne ligature pas les Ginkgos.

□ **Arrosage.** Laisser sécher la terre entre deux arrosages. Bien mouiller la terre à chaque arrosage. Ne jamais arroser en cas de gel. Arroser tous les jours en été, mais pas en plein soleil. En automne, arroser de préférence le matin. Abriter des pluies abondantes, mais exposer à la rosée de la nuit.

□ **Vaporisation.** Bien bassiner l'arbre du milieu du printemps au début de l'automne pour nettoyer le tronc, les branches et les feuilles de la poussière et de la pollution.

Ginkgo biloba (*Ginkgo biloba*).
Age ≃ 20 ans. Hauteur ≃ 30 cm. Style « Kabudachi ». Photo : octobre.
Au début de l'automne, les feuilles prennent
cette couleur jaune d'or d'où le *Ginkgo biloba* tire son surnom d'Arbre aux quarante écus.

□ **Engrais.** Donner de l'engrais organique au printemps et à l'automne. Ne pas en donner en juillet et août, ni aux bonsaï malades, et attendre deux mois après un rempotage. Augmenter la dernière dose en automne, pour préparer l'arbre à l'hiver.

■ *parasites et maladies*

Les Ginkgos sont des bonsaï très résistants qui, à notre connaissance, ne sont pas attaqués par des parasites.

□ **Maladies**
● **Pourridié.** Voir p. 31.

Juniperus chinensis
GENÉVRIER DE CHINE

Le Genévrier de Chine est un conifère qui peut varier d'allure en fonction de son âge : les aiguilles juvéniles sont longues, claires et compactes; âgées, elles sont petites, en écailles. Le même sujet peut avoir un feuillage jeune et un feuillage adulte. Son tronc est brun-rouge et s'écorce facilement. Le Genévrier mâle donne de nombreuses fleurs jaunes; les fleurs de l'arbre femelle sont vertes, discrètes, dans l'axe de la feuille. Les baies, nombreuses, sont bleu-vert lorsqu'elles ne sont pas mûres; elles sont brunes lorsqu'elles arrivent à maturité.

Famille des Cupressacées. Origine chinoise. Dans son pays il peut atteindre 25 m, mais les cultivars implantés en Europe ne sont pas très grands. Sa longévité est relativement limitée sauf en pot.

Juniperus chinensis « aurea » a la même forme que l'espèce type, mais son feuillage est jaune d'or et s'atténue en hiver.
Juniperus chinensis « japonica » est plus piquant, et ses pousses se dressent lorsqu'il est âgé.
Juniperus chinensis « kaizuka » est conique, ses rameaux sont groupés, son feuillage est vert brillant.
Juniperus chinensis « pyramidalis » est bleu et piquant, contrairement au « *stricta* », qui lui ressemble.
Juniperus chinensis « sargentii » est le plus fréquemment travaillé en bonsaï.

■ *obtention*

● *Par semis.* Très rarement utilisé. Lorsqu'on récolte soi-même la baie, penser qu'elle mûrit la deuxième année. La récolte se fait en hiver. Faire sécher la baie dans un endroit aéré et frais. La planter en mars. Mais les résultats sont infimes.

● *Par bouturage.* Tailler un jeune rameau. L'écorcer. Retirer les pousses latérales de la partie inférieure et pincer la tête des boutures trop longues. Une nouvelle flèche pousse en même temps qu'a lieu l'enracinement. La meilleure époque est en juillet et août. Repiquer les boutures dans un mélange sable de rivière-tourbe. Le *Juniperus chinensis* obtenu de boutures pousse très bien. Ne pas bouturer après que l'écorce des jeunes rameaux a bruni, au besoin tremper la bouture dans des hormones de bouture avant de repiquer.

● *Par marcottage aérien.* Au printemps, au départ de la végétation, enrouler un fil de cuivre autour de la branche (ou du tronc) à marcotter, en laissant la sève circuler au-dessus de la marcotte. Peler l'écorce juste au-dessus du fil de cuivre. Entourer de sphagnum humide et envelopper d'un plastique fermé aux deux extrémités. Ne demande pas beaucoup d'eau. Les racines se développeront au bout de trois à six mois. Si la marcotte a été faite tôt dans la saison, elle peut être détachée de l'arbre dès septembre. La replanter et considérer comme un arbre nouvellement rempoté; protéger impérativement des intempéries hivernales.

● *Par marcottage simple.* Choisir une branche basse et souple. Ecorcer et retirer les plumets de la partie à enterrer. Faire une ou deux entailles sur le bois, pour favoriser l'enracinement. Enterrer dans un mélange de sable de rivière, de tourbe et de terre végétale en proportions égales. Arroser régulièrement, surtout en été. Lorsque de nouvelles pousses apparaissent, tailler la marcotte et rempoter.

● *Par greffe latérale.* Choisir un porte-greffe droit, du diamètre d'un crayon. Pratiquer la greffe en février. Le greffon doit avoir le même diamètre que le porte-greffe au point de greffage. Ligaturer la greffe. Le mastic n'est pas nécessaire. Maintenir humide en vaporisant. Placer à la chaleur. Protéger du vent. Au bout d'environ six mois la greffe a pris; on coupe alors le haut du porte-greffe, et le greffon est considéré comme un arbre nouvellement rempoté.

● *Par jeunes plants de pépinière.* Choisir un *Juniperus chinensis* au tronc intéressant et aux aiguilles fermes et brillantes.

■ *entretien*

☐ **Ensoleillement.** Le *Juniperus chinensis* supporte le plein soleil. Il est très tolérant en ce qui concerne les climats. Cependant, il pousse mieux au soleil que dans les endroits ombragés. En été, placer à la mi-ombre les tout jeunes sujets.

STYLES

Shakan

Kengai

Bankan

Tachiki

Han-Kengai

Bunjingi

Sharimiki

Neagari

□ **Température.** Le *Juniperus chinensis* supporte le chaud et le froid. Toutefois, ses aiguilles ont tendance à brûler en hiver, notamment au contact de la neige. Il a une bonne résistance au gel, quoique sa flèche puisse geler en hiver.

□ **Ventilation.** Protéger les jeunes sujets et les bonsaï nouvellement rempotés d'un excès de vent.

□ **Céramique.** Choisir, de préférence, une coupe brune non émaillée ou émaillée dans des tons de terre, assez profonde, surtout pour les sujets âgés.

□ **Nettoyage.** Retirer régulièrement, du printemps à la fin de l'automne, les aiguilles jaunies sur l'arbre. Bassiner le feuillage et l'écorce pour les nettoyer de la poussière et de la pollution. Nettoyer le sol.

□ **Croissance.** Démarrage rapide, puis croissance lente.

□ **Rempotage.** En mars, tous les trois à cinq ans selon l'âge. Tailler entre le tiers et la moitié des racines et rempoter dans un pot de taille supérieure au précédent.

□ **Terre.** 1/3 de sable de rivière, 1/3 de terre végétale et 1/3 de terreau. Le *Juniperus chinensis* tolère tous les sols, mais préfère les sols calcaires, perméables et ordinaires.

□ **Taille.**
● *Pinçage.* Il est nécessaire de pincer les pousses nouvelles, du printemps à l'automne, entre le pouce et l'index. Ne jamais couper les aiguilles aux ciseaux. Bien pincer à l'intérieur du feuillage, pour un meilleur développement.
● *Taille des nouveaux rameaux.* En mars et avril, puis en septembre et octobre, assez bas, pour conserver un feuillage touffu.

Genévrier de Chine (*Juniperus chinensis*). Var. « Sargentii Henry ». Age ≃ 10 ans. Hauteur ≃ 15 cm. Style « Bankan ». Photo : mai.

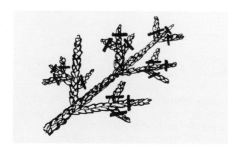

Taille des rameaux.

□ **Ligature.** Ligaturer à l'automne et laisser la ligature environ huit mois. Recommencer tous les ans, jusqu'à ce que la forme souhaitée soit atteinte. Ne pas coincer les aiguilles entre le fil et l'écorce.

□ **Arrosage.** Le *Juniperus chinensis* aime l'eau. Bien humidifier la terre, puis la laisser sécher avant d'arroser à nouveau. Arroser tous les jours en été; diminuer la fréquence en automne (ne jamais arroser par temps de gel), et l'augmenter dès le début du printemps. Arroser davantage les sujets exposés au vent.

□ **Vaporisation.** En été, bassiner abondamment les aiguilles, le tronc, les branches et plus encore le feuillage.

□ **Engrais.** Donner de l'engrais organique à lente décomposition au printemps et en automne. Augmenter la dernière dose à l'automne pour préparer l'arbre à l'hiver. Ne pas donner d'engrais en juillet-août, ni à un bonsaï chétif ou nouvellement rempoté.

■ *parasites et maladies*

□ **Parasites**
Mêmes parasites que le *Juniperus rigida*. Voir p. 45.

□ **Maladies**
● **Coryneum cardinale.**
Symptômes. Les aiguilles roussissent, les branches se dessèchent. Pustules noires sur l'écorce d'où coule de la résine; possibilité de chancre.

Remèdes. Eviter des blessures sur l'arbre. Désinfecter les plaies à l'aide de mastic cicatrisant. Tailler les rameaux malades. Apporter de la potasse à la terre. Passer un fongicide systémique. Pulvériser préventivement un fongicide minéral après les pluies de printemps et à l'automne.
● **Autres maladies**
Les mêmes que le *Juniperus rigida*. Voir p. 45.

Sekijōju

Ishitsuki

Nejikan

Sōkan

Kabudachi

Ikadabuki

Netsunagari

Bonkei

Juniperus rigida
GENÉVRIER RIGIDE

Famille des Cupressacées. Le *Juniperus rigida* pousse au Japon, en Mandchourie et en Corée. Il atteint environ 10 m de hauteur. Conifère à la silhouette gracieuse, aux branches arquées à leur extrémité, aux rameaux retombants. Le feuillage vert un peu jaune est éclairci sur sa face supérieure par une bande de stomates. Il est très raide, aciculaire. Les aiguilles linéaires sont étroites, concaves et très piquantes. Les baies globuleuses sont vertes, puis noires quand elles sont mûres.

■ *obtention*

● *Par semis.* Récolter des baies dès novembre. Les récolter comme on récolte des myrtilles, en «peignant» l'arbre. Faire sécher les baies dans un lieu aéré et frais. Faire tremper les cônes deux jours dans l'eau, puis les moudre et les tamiser pour obtenir les graines. Stratifier les graines et les semer au printemps. La germination se fait l'année suivante. La germination des graines achetées peut se faire la deuxième année. Laisser alors le semis jusqu'à ce qu'il lève.

● *Par bouturage.* Tailler un rameau avec ou sans talon. L'écorcer et retirer les pousses latérales de la partie inférieure. Etêter les boutures trop longues. Après l'enracinement, une nouvelle flèche se formera. Bouturer en juillet-août. Repiquer la bouture sans hormone d'enracinement dans un mélange de sable de rivière et de tourbe tamisée. Mettre un bon compost dans le fond. Ne pas attendre le brunissement des rameaux pour bouturer. Lorsque la bouture a raciné, l'empoter et la protéger.

● *Par marcottage aérien.* Enrouler la branche (ou le tronc) à marcotter à l'aide d'un fil de cuivre. Serrer, mais laisser la sève circuler. Entailler le bois à l'endroit du fil de cuivre. Agir au début du printemps. Ecorcer au-dessus de la bague de fil de cuivre. Entourer de sphagnum humide et envelopper d'un plastique fermé aux deux extrémités. Vaporiser pour maintenir humide, sans excès. Au bout de six mois, les racines seront développées. Si le marcottage a été effectué tôt dans la saison, la marcotte peut être sevrée en septembre et empotée. Elle sera établie au bout d'un an; mais, auparavant, la protéger des excès de vent, de soleil, de froid et de sécheresse.

● *Par jeunes plants de pépinière.* Choisir un arbre au tronc et à la forme intéressants, aux aiguilles drues et bien pointues. L'élaguer, le ligaturer et le mettre en pot comme un arbre à rempoter.

■ *entretien*

☐ **Ensoleillement.** Le *Juniperus rigida* aime le plein soleil. Mais protéger les jeunes sujets et les arbres nouvellement rempotés d'un excès de soleil.

☐ **Température.** Le *Juniperus rigida* supporte le chaud et le froid. Grande résistance. Mais ses aiguilles peuvent brunir l'hiver et sa flèche geler : par grand froid, le protéger.

☐ **Ventilation.** Ne redoute pas le vent.

☐ **Céramique.** Choisir une coupe de profondeur moyenne, plus profonde quand l'arbre est âgé. Un pot rectangulaire dans les bruns lui convient le mieux.

☐ **Nettoyage.** Retirer les aiguilles et les branchettes mortes sur l'arbre, enlever les aiguilles jaunes. Toujours bien penser à nettoyer l'intérieur de l'arbre pour un meilleur développement du feuillage. Nettoyer la terre des feuilles, aiguilles et des branchages morts. En été, bien bassiner pour retirer la poussière des aiguilles et du tronc.

☐ **Croissance.** Lorsque le bonsaï est jeune, il grandit vite et ses racines se développent rapidement. Dès qu'il est âgé, sa croissance se ralentit beaucoup.

☐ **Rempotage.** Au printemps, vers le début avril. Tous les trois à cinq ans. Tailler la moitié des racines et rempoter dans un pot de taille supérieure au précédent.

STYLES

Chokkan   Shakan   Kengai   Bankan   Tachiki   Han-Kengai   Bunjingi   Sharimiki   Sekijôju   Ishitsuki   Nejikan   Sabamiki   Sôkan

Genévrier rigide (*Juniperus rigida*).
Âge ≃ 110 ans.
Hauteur : 45 cm.
Style « Sharimiki ».
On observe distinctement les jeunes pousses de couleur vert tendre qui sont à pincer.

□ **Terre.** 1/3 de sable de rivière, 1/3 de terreau et 1/3 de terre végétale. Se développe dans des sols calcaires et perméables. Aucune autre exigence de sol.

□ **Taille.**
● *Pinçage.* Pincer les jeunes pousses du printemps à l'automne. Ne pas couper les aiguilles aux ciseaux : cela les ferait jaunir, puis tomber. Même si cela pique, bien pincer à l'intérieur de l'arbre. Retirer les départs sur le tronc.
● *Taille des rameaux.* En mars, leur retirer à peu près 1/3 de la longueur, sans couper les aiguilles. Tailler au-dessus d'une touffe.

□ **Ligature.** Enrouler le fil de cuivre, puis diriger les branches pour obtenir une forme. Envelopper les branches de raphia avant de ligaturer, car l'écorce est très fragile. Agir doucement pour ne pas casser les branches. Ligaturer à l'automne et laisser le fil de huit à dix mois. Recommencer tous les ans.

□ **Arrosage.** Le *Juniperus rigida* peut sécher entre deux arrosages. Il aime bien l'eau, aussi à chaque arrosage bien le mouiller car il boit beaucoup. Toujours vérifier qu'il a ressuyé avant d'arroser.

□ **Vaporisation.** L'été, bien bassiner le *Juniperus rigida* pour lui apporter une humidité atmosphérique et le nettoyer de la poussière et de la pollution. Il aime l'humidité.

□ **Engrais.** Au printemps et en automne, donner une fois par mois de l'engrais organique. Augmenter la dernière dose à l'automne pour préparer l'arbre à l'hiver.

■ *parasites et maladies*

□ **Parasites**
● **Scolytes.** Voir p. 30.
● **Araignées rouges.** Voir p. 28.
● **Buprestes.**
Symptômes. Certaines branches se dessèchent. Galeries creusées dans le bois. Présence possible de coléoptères bleu-vert en été.
Remèdes. Tailler et détruire les branches envahies. Pulvériser des insecticides systémiques en été.
● **Mineuses.** Voir p. 29.
● **Pucerons (Cupressobium juniperi).** Voir p. 30.

● **Pucerons noirs de la fève.** Voir p. 30.
● **Cochenilles diaspines.** Voir p. 29.

□ **Maladies**
● **Dessèchement des rameaux.**
Symptômes. Les tiges et les rameaux brunissent, puis sèchent.
Remèdes. Tailler les rameaux malades et pulvériser des fongicides à base de cuivre. Attention à la phytotoxicité.
● **Rouille.** Voir p. 31.

Kabudachi

Korabuki

Ikadabuki

Netsunagari

Sôju

Sambon-Yose

Gohon-Yose

Nanahon-Yose

Kyûhon-Yose

Yose-Ue

Yamayori

Tsukami-Yose

Bonkei

Larix
MÉLÈZE

Famille des Pinacées. La longévité des Mélèzes est d'environ 300 ans. Originaire des régions froides et des hautes montagnes de la zone tempérée de l'hémisphère Nord, le Mélèze atteint environ 50 m de haut. Ce conifère se caractérise par ses aiguilles caduques, aciculaires, insérées en rosette sur les rameaux courts et isolées sur les rameaux longs. Les cônes, petits et ovoïdes, y restent longtemps accrochés.

Parmi la quinzaine d'espèces de Mélèze, on retiendra :
Larix decidua (Mélèze d'Europe). Il pousse naturellement dans les Alpes et en Europe centrale. Il perd ses aiguilles en hiver. Elles sont plates, étroites, molles et vertes. Cônes d'abord rouges, puis bruns.
Larix leptolepis (Mélèze du Japon). Vit dans les îles du Japon. Nécessite un climat humide et un sol léger. Son port est conique, ses branches horizontales, ses aiguilles fournies sont bleutées, rosées en automne, et ses cônes globuleux décoratifs. Il ne dépasse guère 50 ans en plaine.
Pseudolarix kaempferi (Mélèze de Chine). Se trouve surtout dans le Kiang-si et aujourd'hui en Italie. De port pyramidal, les branches étalées, les aiguilles, vert tendre sur le dessus, bleutées en dessous avec deux bandes blanches, deviennent dorées en automne. Cônes de couleur brique.

■ *obtention*

● *Par semis.* La récolte peut se faire en automne ou en hiver, en fonction du climat et de la région. Les graines mûrissent tard. Exposer les cônes récoltés en hiver au soleil. Quand ils s'ouvrent, les secouer et faire tomber les graines. Attention : les cônes se referment vite. Exposer les graines à la chaleur en mars, les remuer; humidité modérée. Fin avril - début mai, les semer. La germination est très lente.

● *Par bouturage.* Pour un meilleur résultat, bouturer par une journée de brouillard humide. Toujours utiliser une hormone de bouturage. Ne pas choisir des branches âgées. La meilleure période est août-septembre, avec des boutures de tête.

● *Par marcottage simple.* Choisir une branche basse et flexible. Dénuder la partie à enterrer. Pratiquer 2 ou 3 incisions sur l'écorce, pour favoriser l'enracinement. Enterrer. Maintenir la terre humide. Pratiquer au printemps. Lorsqu'on voit de nouvelles pousses, l'enracinement est fait. Alors, séparer la branche marcottée, la mettre en pot et protéger des excès de vent, de froid et de soleil.

● *Par greffage.* A la fin de l'hiver, par greffe en incrustation. Mais il y a très peu de chances de réussite. Rarement utilisée.

■ *entretien*

□ **Ensoleillement.** Supporte et aime le plein soleil. Toutefois, il est conseillé de le placer à la mi-ombre en été.

□ **Température.** Le Mélèze pousse jusqu'à 2 400 m. Il ne craint pas le froid. A besoin des climats de montagne.

□ **Ventilation.** Supporte bien le vent. A besoin d'être aéré.

□ **Céramique.** Il lui faut un pot profond, car sa terre a besoin d'eau et d'un bon drainage et sa croissance est rapide.

□ **Nettoyage.** Bien retirer les particules mortes de l'intérieur de la couronne. A l'automne, il perd ses aiguilles : secouer doucement l'arbre et balayer le sol.

□ **Croissance.** Elle est rapide, surtout celle du *Larix leptolepis*. Le Mélèze grandit vite et régulièrement.

□ **Rempotage.** Au printemps, en avril. Tous les 3 ans environ. Tailler la moitié des racines et mettre dans un pot de la taille supérieure au précédent.

□ **Terre.** Mélange composé de 1/3 de terreau, 1/3 de terre végétale et 1/3 de sable de rivière. Le Mélèze pousse dans des sols frais, humifères, profonds, argileux; il n'aime pas les sols crayeux.

□ **Taille.**
● *Pinçage.* Pincer les nouveaux départs des rameaux au printemps, puis tout au long de la croissance végétative. Retirer les pousses du tronc.
● *Taille des feuilles.* Ne se pratique pas.
● *Taille des branches.* Rabattre les rameaux qui s'étendent trop en taillant juste au-dessus d'une touffe d'aiguilles.
● *Taille de structure.* Se fait sur les jeunes sujets. La tête du Mélèze peut se tailler lorsque la hauteur désirée est atteinte. En hiver, lorsque les aiguilles sont tombées, tailler les branches qui dénaturent la silhouette de l'arbre, les branches et les rameaux abîmés.

□ **Ligature.** En général, le Mélèze pousse droit. Lorsque l'on veut le diriger : soit accentuer son aspect droit, soit le tordre, enrouler son tronc et son branchage de fil de cuivre au début de l'été. Retirer le fil

STYLES

Chokkan Shakan Tachiki Sharimiki Sekijôju Ishitsuki Sabamiki Sôkan

en automne. Recommencer tous les ans si nécessaire.

☐ **Arrosage.** Si le sol est bien drainé et perméable, arroser fréquemment le Mélèze, surtout en été. La terre doit être bien humidifiée car le Mélèze est un arbre des montagnes humides. Mais prendre garde, toutefois, à ne pas le noyer.

☐ **Vaporisation.** Le Mélèze dépérit dans un air trop humide. Il n'est donc pas nécessaire de le bassiner trop souvent. En été, de temps en temps, on peut pourtant le bassiner, plus pour le nettoyer que pour l'humidifier. Il aime les atmosphères sèches. Le *Larix leptolepis* supporte mieux l'humidité.

☐ **Engrais.** Donner de l'engrais organique à lente décomposition au printemps et à l'automne. Augmenter la dernière dose automnale. Ne pas donner d'engrais en juillet-août, ni à un Mélèze nouvellement rempoté ou en mauvais état.

■ *parasites et maladies*

☐ **Parasites**
- **Pucerons galligènes.** Voir p. 30.
- **Pucerons lanigères.** Voir p. 30.
- **Scolytes.** Voir p. 30.
- **Chenilles.** Voir p. 29.
- **Chenilles rouges.**
Symptômes. Aiguilles rongées. Présence de cocons soyeux sur les rameaux.
Remèdes. Pulvériser des insecticides contre les larves au printemps, contre les adultes en été.
- **Tordeuses (chenilles).** Voir p. 29.

☐ **Maladies**
- **Rouille.** Voir p. 31.
- **Pourridié.** Voir p. 31.
- **Dessèchement des pousses**
Symptômes. Les aiguilles jaunissent et tombent à la base des pousses, les rameaux se dessèchent.
Remèdes. Pulvériser des fongicides à base de soufre, manèbe, zirame, zinèbe...
- **Chancre : pezize du Mélèze (Dasyscypha willkommii).**
Symptômes. Apparition de lésions sur les branches, ce qui provoque des déformations et fait sécher les branches. Seul le Mélèze du Japon n'est pas sensible à cette maladie.
Remèdes. On n'a pas de traitement.

Mélèze d'Europe (*Larix decidua*).
Age ≃ 15 ans. Hauteur ≃ 55 cm. Style « Tachiki » (droit non classique).
Photo : juin.

 Kabudachi

 Sôju

 Sambon-Yose

 Gohon-Yose

 Nanahon-Yose

 Kyûhon-Yose

 Yose-Ue

 Kusamono

Picea
SAPIN
OU
ÉPICÉA

d'espèces, sont originaires de l'hémisphère Nord, des régions montagneuses pour la plupart. Le *Picea* est un conifère qui se distingue de l'*Abies* (Sapin) par une cime toujours pointue, des branches inclinées et des rameaux pendants. Les aiguilles sont en spirales épaisses, piquantes et vert clair. Les cônes pendent à l'extrémité des rameaux; ils ont des écailles minces qui ne se désarticulent pas à l'âge mûr.

Picea excelsa (Epicéa commun). Il est souvent confondu avec le Sapin. Sa silhouette est conique, ses branches descendent presque jusqu'au sol. On l'appelle encore Sapin rouge ou Sapin de Norvège, et Pesse dans les pré-Alpes. Il pousse jusqu'à 2 000 m. Ses aiguilles en spirale autour du rameau sont raides et piquantes, luisantes, vert foncé et persistantes. Les cônes pendent, fusiformes, minces et triangulaires avec leurs écailles rousses.
Picea glauca (Epinette blanche ou du Canada). Taille limitée, tronc droit effilé, branches longues et étalées et forme pyramidale. Les aiguilles sont vert-de-gris, les cônes petits, verts, puis bruns à maturité; forte odeur de résine.
Picea nigra (Epinette noire). Port conique, étroit et touffu. Aiguilles sombres, vert-bleu, cônes rouges, puis bruns.
Picea jezoensis (Epicéa de Yedo). Cette espèce peut atteindre 50 m de haut. Sa silhouette est caractérisée par une longue flèche. Aiguilles vert brillant sur la face supérieure et blanc argent sur la face inférieure. L'extrémité des rameaux est retournée sur elle-même. Les cônes rouges deviennent bruns.
Picea orientalis. Il peut atteindre 50 m. Le tronc est droit, la cime dense et pyramidale. Les aiguilles, très courtes, non piquantes et épaisses sont vert foncé. Les cônes violets deviennent bruns, avec des écailles fermes.

Famille des Pinacées. Longtemps classés avec les Pins, les Epicéas sont depuis plus d'un siècle un genre à part. Autrefois, on disait Sapinette ou Epinette, mot altéré du latin : *picea* : arbre à résine; *pix* : la poix. Les *Picea*, une cinquantaine

■ *obtention*

● *Par semis.* En général, les cônes sont cueillis entre septembre et janvier; les faire sécher. Pour le *Picea glauca*, cueillir les cônes à la fin août ou en septembre. Dès l'apparition des graines au bord des écailles, les prélever. Laisser les graines mûrir dans les cônes le plus longtemps possible. Faire prégermer les graines pendant une dizaine de jours, dans du sable humide. On peut les protéger en les saupoudrant de minium. Les semer en avril, quand elles commencent à germer, sur un sol frais. En général, les pousses apparaissent au bout de 3 semaines. Garder les jeunes plants sous verre, à l'ombre et dans un endroit humide. Retirer le verre en juin. Mettre en pot au printemps suivant.

● *Par bouturage.* Prélever les boutures des flèches de fin juin à début août. L'enracinement, difficile, peut demander jusqu'à 2 ans (surtout pour la variété

« *ohlendorffii* »). Tailler à l'aide d'un greffoir le long de la base des pousses de l'année. Il n'est pas nécessaire de retirer les aiguilles. Repiquer les boutures au chaud et à l'ombre.

● *Par marcottage.* Choisir des branches basses et souples. Retirer les aiguilles de la partie à enterrer. Inciser l'écorce sur quelques centimètres, pour favoriser l'enracinement. Enterrer la branche, maintenir le sol humide. Lorsque de nouvelles pousses apparaissent à la tête de la branche, l'enracinement a eu lieu. Tailler alors la marcotte et la replanter dans un pot de culture. Considérer comme un arbre nouvellement empoté et protéger des intempéries excessives.

● *Par greffage.* Surtout sur le *Picea glauca*. Mais en serre. Greffe d'été ou greffe d'hiver, cette méthode difficile concerne davantage les pépiniéristes, du fait des traitements antérieurs et postérieurs.

● *Par jeune plant.* Choisir un jeune plant

de pépinière au tronc déjà formé, au feuillage dense, aux nombreuses branches ramifiées. Dégager le bas du tronc. Empoter dans un pot, en étalant soigneusement les racines. Retirer les branches qui se croisent, se chevauchent ou sont parallèles. Epurer la silhouette et la diriger.

■ *entretien*

□ **Ensoleillement.** Les Epicéas aiment le plein soleil, mais aussi l'ombre.

□ **Température.** Beaucoup d'espèces entrent en période de végétation tôt dans la saison et craignent les gelées nocturnes, qui les font souffrir. De même, les risques de gelées tardives. Ces arbres aiment l'air frais.

□ **Ventilation.** Les Epicéas aiment bien le vent. Le *Picea jezoensis* l'aime particulièrement.

□ **Céramique.** Choisir une coupe peu

STYLES

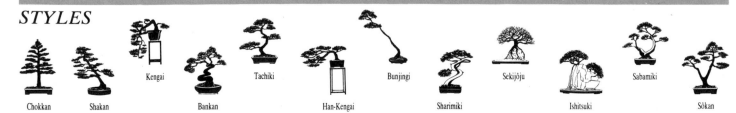

Chokkan   Shakan   Kengai   Bankan   Tachiki   Han-Kengai   Bunjingi   Sharimiki   Sekijôju   Ishitsuki   Sabamiki   Sôkan

profonde, car les racines de l'Epicéa s'enfoncent peu dans le sol.

☐ **Nettoyage.** Penser à retirer branchettes et aiguilles abîmées ou mortes à l'intérieur de la couronne. Nettoyer le sol de tout ce qui est mort.

☐ **Croissance.** Les *Picea glauca, jezoensis* et *orientalis* ont une croissance lente. Le *Picea excelsa* a une croissance lente en haute altitude, mais rapide en moindre altitude. Plus il pousse lentement, plus sa silhouette est effilée.

☐ **Rempotage.** Tous les 3 à 5 ans, en fonction de l'âge, au printemps (avril). Tailler un tiers du chevelu des racines. Rempoter dans un pot de taille légèrement supérieure au précédent.

☐ **Terre.** Préparer un mélange composé de 1/3 de terreau, 1/3 de terre végétale et 1/3 de sable de rivière. La plupart des espèces préfèrent un sol argileux, silico-argileux et argilo-calcaire. Les sols siliceux et calcaires ne leur conviennent pas et les sols glaiseux ne sont pas bons.

☐ **Taille.**
● *Pinçage.* En avril, pincer les nouvelles pousses des rameaux. Le pinçage se fait une seule fois dans l'année.
● *Taille des feuilles.* On ne coupe pas les aiguilles.
● *Taille des branches.* Bien rabattre les rameaux en ne laissant que peu de touffes d'aiguilles sur chaque branche, au printemps. Lors des tailles suivantes, rabattre les rameaux un peu moins court.

☐ **Ligature.** A la fin de l'automne ou au début de l'hiver, ligaturer le Picea. Retirer le fil de cuivre environ 9 à 10 mois plus tard. Recommencer tous les ans, jusqu'à ce que la forme souhaitée soit atteinte.

☐ **Arrosage.** Le sol doit être bien drainé. Arroser abondamment, puis laisser sécher. Le Picéa est habitué aux sols humides, mais ils ne doivent, en aucun cas, être détrempés.

☐ **Vaporisation.** Bassiner le feuillage autant que possible. Insister sur le bassinage au printemps et en été. Le Picea aime l'air très humide.

☐ **Engrais.** Au printemps et à l'automne, utiliser un engrais organique à lente décomposition. Augmenter la dernière dose automnale (octobre). Ne pas donner d'engrais en juillet-août, ni à un bonsaï en mauvais état ou qui vient d'être rempoté.

Epicéa de Yedo (*Picea jezoensis*). Age ≃ 10 à 40 ans. Hauteur ≃ 60 cm. Style « Yose-Ue ». Photo : avril. Forêt exceptionnelle, plantée sur un plateau de roche reconstituée (mélange de résine synthétique et poudre de roche).

■ *parasites et maladies*

☐ **Parasites**
● **Nématodes des racines.** Voir p. 30.
● **Araignées rouges.** Voir p. 28.
● **Grands charançons du Pin.**
Symptômes. Ecorce du collet et des branches rongée, apparition des tissus, écoulement de résine des plaies. Galeries creusées sous l'écorce, aiguilles et bourgeons rongés.
Remèdes. Tailler et détruire les parties envahies. Dès les premières attaques, utiliser des émulsions huileuses sur les jeunes sujets. Pulvériser des insecticides fin mars-début avril.
● **Scolytes.** Voir p. 30.
● **Callidies.**
Symptômes. Galeries aplaties à la base du tronc. Présence possible de coléoptères noirs.
Remèdes. Détruire les branches malades. Pulvériser des insecticides lors de la sortie des adultes.
● **Sirex.**
Symptômes. Galeries cylindriques dans le tronc et les branches maîtresses. Présence possible de guêpes indiquant des larves blanches.
Remèdes. Pulvériser des insecticides lors de la sortie des adultes.
● **Pyrales (chenilles).** Voir p. 29.
● **Tordeuses (chenilles).** Voir p. 29.
● **Bombyx (chenilles).** Voir p. 29.
● **Némates (chenilles vertes).**
Symptômes. Les aiguilles de l'année sont rongées et les nouvelles pousses déformées.
Remèdes. Pulvériser des insecticides lorsque les pousses s'allongent.
● **Pucerons.** Voir p. 30.
● **Chermes.**
Symptômes. Formation de galles sphériques ou épineuses à l'extrémité des nouveaux rameaux.
Remèdes. A la fin de l'hiver, pulvériser des insecticides d'origine minérale. Au début du printemps, pulvériser des insecticides d'origine organo-chlorée ou organo-phosphorée.

☐ **Maladies**
● **Brunissement des aiguilles.**
Symptômes. Les aiguilles se dessèchent et des grains noirs apparaissent sur leur face inférieure.
Remèdes. Utiliser des fongicides. Lors de plantation de forêt, éviter de planter trop serré.
● **Septoriose.**
Symptômes. Les aiguilles se dessèchent, les rameaux prennent la forme d'une crosse. Apparition de grains noirs sur les parties sèches.
Remèdes. Tailler et détruire les rameaux malades. Pulvériser des fongicides à base de cuivre ou de zinèbe.
● **Rouille.** Voir p. 31.
● **Chancre.**
Symptômes. Les racines pourrissent, les feuilles pâlissent, jaunissent et sèchent. Présence possible de poussière blanche sur le collet pourri.
Remèdes. Incorporer à la terre des fongicides à base de zinèbe. Eviter que l'eau ne stagne, donner un engrais équilibré.

Kabudachi Ikadabuki Sôju Gohon-Yose Kyûhon-Yose Yamayori Bonkei
Korabuki Netsunagari Sambon-Yose Nanahon-Yose Yose-Ue Tsukami-Yose Kusamono

Pinus
PIN

Famille des Pinacées. Plus de 80 espèces. Le Pinus est le genre le plus important des conifères. Le Pin préfère les régions montagneuses. Presque toutes les espèces sont originaires de l'hémisphère Nord (excepté le *Pinus insularis*). Arbre de haute taille, à la cime généralement conique. Ses rameaux longs, couverts d'écailles, portent des rameaux courts aux feuilles circulaires et persistantes réunies en faisceaux dans une gaine écailleuse. On distingue les Pins à deux, à trois ou à cinq aiguilles. Les cônes ou pignes ou pommes de pin sont de forme pyramidale, avec des écailles ligneuses.

Il existe en France plus de 26 espèces : le Pin sylvestre qui peut vivre 600 ans, le Pin maritime, le Pin à crochet, le Pin cembro, le Pin laricio, le Pin parasol, le Pin d'Alep sont indigènes. La plupart des espèces ont une forme conique et arrondie quand elles sont jeunes, et globuleuses et aplaties lorsqu'elles sont âgées. La forme des cônes varie avec les espèces et est un moyen de reconnaissance de l'espèce.

■ *obtention*

● *Par semis.* Récolter sur les cônes des graines ou pignons. Elles sont le plus souvent ailées (exceptés *Pinus cembra*, *koraiensis* et *parviflora*). La maturité et la germination des graines varient avec les espèces. De nombreuses espèces ouvrent leurs cônes quand les graines sont mûres, d'autres ont besoin d'être séchées pour laisser évacuer leurs graines.

Pin Mugo. Cueillir les cônes en décembre. Les laisser sécher puis les conserver au frais à l'ombre. Faire prégermer les graines et planter mi-avril. La germination se fait en deux mois.

● *Par bouturage.* Méthode peu utilisée car le racinage est très long. Se fait à la fin de l'hiver avec des boutures prélevées sur de jeunes sujets : de courts rameaux de deux ans. Tremper ces boutures dans une hormone d'enracinement avant de les planter.

● *Par marcottage simple.* Dénuder la partie à enterrer de la branche à marcotter. En tailler l'écorce sur trois centimètres pour permettre un meilleur enracinement. Enterrer et maintenir la terre humide. Lorsqu'apparaissent de nouvelles pousses au sommet de la branche, le racinage est fait. Séparer alors la marcotte de l'arbre et empoter. On peut également réaliser des marcottages aériens.

● *Par greffe en placage ou en fente.* En hiver et en serre, le Pin sylvestre est un excellent porte-greffe pour les conifères à deux aiguilles. Le *Pinus nigra* est recommandé comme porte-greffe pour les espèces à forte croissance.

● *Par jeunes plants de pépinière.* On peut trouver de nombreuses espèces de Pin dans des pépinières. Toujours bien regarder le tronc et la densité du ramage avant de faire un choix.

■ *entretien*

☐ **Ensoleillement.** Plein soleil. Les Pins ont généralement besoin de beaucoup de lumière et supportent mal l'ombrage.

☐ **Température.** Les Pins aiment la chaleur et poussent mieux dans les régions chaudes. Ils résistent très bien aux froids vifs de l'hiver et même aux gelées.

☐ **Ventilation.** Les Pins aiment le vent et s'épanouissent dans des situations aérées. Attention à la pollution néfaste. Le Pin noir est le plus résistant.

☐ **Céramique.** Les Pins ont besoin de sol profond et bien drainé. Choisir en conséquence une coupe assez profonde.

☐ **Nettoyage.** Les vieilles aiguilles du Pin jaunissent à l'automne. Les retirer à l'aide d'une pince. Toujours bien tailler l'intérieur de la couronne et retirer toutes les parties abîmées ou mortes. Nettoyer le sol de tout ce qui est mort. Brosser la mousse qui remonte du sol sur la base du tronc afin qu'elle ne se développe pas.

☐ **Croissance.** Généralement rapide : une dizaine de mètres en vingt ans. Le Pin mugo reste petit, il ne dépasse guère trois mètres. Certaines variétés naines (de rocailles) ont une croissance lente.

☐ **Rempotage.** En avril, tous les trois à cinq ans, dans un pot de taille supérieure au précédent. Tailler 1/3 des racines en prenant garde de ne pas blesser la racine maîtresse.

☐ **Terre.** 1/3 de terreau, 1/3 de terre végétale et 1/3 de sable de rivière. Les

STYLES

Chokkan · Shakan · Kengai · Bankan · Tachiki · Han-Kengai · Bunjingi · Sharimiki · Fukinagashi · Neagari · Sekijōju · Ishitsuki · Nejikan · Takozukuri · Sabamiki

Pins n'ont pas d'exigences particulières et s'adaptent à tous les sols. En général les races de montagnes poussant sur des sols siliceux sont élancées, au tronc droit, à la cime courte, alors que celles poussant sur des terrains calcaires ont des troncs courts et tordus. Les sols doivent être frais et humides pour certaines espèces, pauvres et secs pour d'autres; le Pin Mugo : sols froids et marécageux. En général éviter les sols trop calcaires (excepté le Pin noir) et donner un sol léger.

□ **Taille.**
● *Pinçage.* En avril, une fois par an, pincer entre le pouce et l'index les chan-

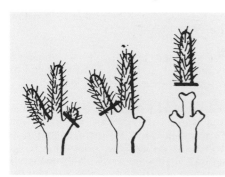

Taille des chandelles chez le Pin à aiguilles.

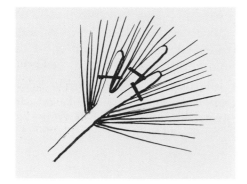

Couper les chandelles près de l'insertion, en égalisant les plus longues sur les plus courtes.

En octobre, tailler les branches trop longues.

Pin de Thunberg (*Pinus Thunbergii*). Age ≃ 70 ans. Hauteur ≃ 60 cm. Style « Shakan ». Photo : avril.

delles. En retirer environ les deux tiers.
● *Taille des aiguilles.* Retirer une fois par an au printemps toutes les nouvelles aiguilles après qu'elles se sont ouvertes et avant qu'elles n'aient durci, afin de conserver un feuillage dense et de petites aiguilles.

● *Taille des branches.* Couper les rameaux en octobre juste au-dessus d'une touffe d'aiguilles. Rabattre environ 1/3 de la longueur de la branche. Recommencer si nécessaire à l'automne.

□ **Ligature.** Ligaturer en automne et en hiver. Recommencer tous les ans si nécessaire. Ne pas coincer d'aiguilles entre le fil et l'écorce.

□ **Arrosage.** Arroser régulièrement et abondamment si le drainage est bon. Maintenir sec de temps en temps. Le Pin supporte les étés chauds et secs.

□ **Vaporisation.** Le Pin supporte un air sec. Il n'est pas nécessaire de le bassiner souvent. Le bassinage est surtout destiné à le nettoyer des dégâts de la pollution.

□ **Engrais.** Donner de l'engrais organique à lente décomposition du printemps à l'automne (octobre-novembre), excepté en juillet-août. Ne pas en donner à un arbre nouvellement rempoté ou à un arbre chétif.

■ *parasites et maladies*

□ Mêmes parasites que le Pin à cinq aiguilles.
□ Mêmes maladies que le Pin à cinq aiguilles. Voir p. 55.

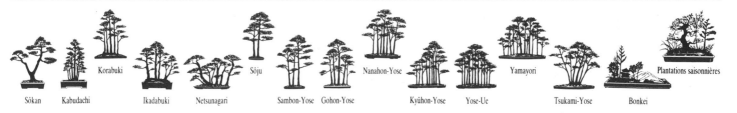

Sôkan Kabudachi Korabuki Ikadabuki Netsunagari Sôju Sambon-Yose Gohon-Yose Nanahon-Yose Kyûhon-Yose Yose-Ue Yamayori Tsukami-Yose Bonkei Plantations saisonnières

Pinus
pentaphylla
PIN À CINQ AIGUILLES

Famille des Pinacées. Originaire du Japon où il est connu sous le nom de « Goyo-Matsu ». Le *Pinus pentaphylla* est une variété de *Pinus parviflora*, qui signifie « à petites fleurs ». Dans la nature, il peut atteindre 25 m. Son tronc est érigé et tortueux. Sa silhouette pyramidale avec un feuillage dense quand l'arbre est jeune, devient irrégulière quand il est âgé; de même les branches de large envergure deviennent horizontales, prenant un aspect pittoresque à maturité. Les branches, peu nombreuses, sont recourbées à leur extrémité et tendent à se dépouiller en vieillissant; celles du haut se développent en couronne. Des boutons résineux apparaissent sur l'écorce des jeunes sujets. Les aiguilles sont réunies en faisceaux par 5, d'où l'appellation *pentaphylla*; elles sont persistantes, raides ou tordues, d'un bleu-vert, marginées de deux lignes couleur résine. C'est un Pin blanc. Les cônes deviennent brun foncé et restent accrochés à l'arbre environ 7 ans.

■ *obtention*

● *Par semis.* Les cônes mûrissent à 2 ans. Les récolter à ce moment en septembre-octobre. Les laisser sécher à la chaleur, où ils vont s'ouvrir. Récolter alors les pignons, les faire tremper dans de l'eau. Ceux qui coulent peuvent être plantés. Passer un fongicide sur les graines. Semer au printemps, après les avoir stratifiées dans du sable. On peut aussi les planter à la fin de l'automne : ainsi elles sont naturellement stratifiées pendant l'hiver. Après la germination, la pousse est très fragile. La rempoter au deuxième printemps.

● *Par marcottage simple.* Choisir une branche basse et souple. Retirer les aiguilles de la partie à enterrer. Inciser l'écorce. Enterrer. Maintenir humide. Sevrer la marcotte du pied mère dès que de nouvelles pousses apparaissent.

● *Par marcottage aérien.* Dénuder de ses aiguilles la partie de la branche à marcotter. Faire une entaille. La maintenir ouverte à l'aide d'une boule de sphagnum. Recouvrir la marcotte de mousse humide et enfermer le tout dans un sac en plastique clos aux extrémités. Dès que les racines apparaissent (au printemps de l'année suivante), sevrer la marcotte et l'empoter en la considérant comme un bonsaï nouvellement rempoté.

● *Par bouturage.* Difficile. A la fin de l'hiver, prélever des boutures sur de jeunes sujets. Choisir des rameaux courts, de 2 ans. Tremper les boutures dans des hormones d'enracinement avant de les planter.

● *Par greffage.* En placage ou en fente. En hiver et en serre. On peut greffer ensemble un Pin noir et un Pin blanc pour accroître la croissance de ce dernier, qui pousse lentement.

■ *entretien*

☐ **Ensoleillement.** Plein soleil. Demande beaucoup de lumière pour une bonne croissance. Quelques cultivars nains demandent un peu d'ombre pendant les mois d'été. Au soleil, les aiguilles seront petites et les entre-nœuds courts.

☐ **Température.** Résiste aux grands froids comme à la chaleur. Aime les situations fraîches.

☐ **Ventilation.** Supporte le vent, mais protéger les variétés aux aiguilles fines des vents desséchants.

☐ **Céramique.** A besoin d'un sol profond, donc choisir une coupe assez profonde. Le *Pinus pentaphylla* donne prise au vent par ses aiguilles, et un pot profond le maintient et l'empêche de basculer. On

STYLES

Chokkan   Shakan   Kengai   Bankan   Tachiki   Han-Kengai   Bunjingi

Pin à cinq aiguilles (*Pinus pentaphylla*). Age ≃ 200 ans. Hauteur ≃ 70 cm. Photo : mai. Bien que proche d'un style « Shakan », cet arbre exceptionnel est d'un style non classique appelé « Main de Bouddha »; la forme tout à fait particulière de l'arbre (la courbe du tronc et l'avancée de la couronne supérieure) évoque, en effet, la **main protectrice** de Bouddha; placé à l'entrée des jardins l'arbre de ce « style » est signe de bienvenue. Il en existe de rares spécimens.

Sharimiki   Fukinagashi   Neagari   Sekijôju   Ishitsuki   Nejikan   Takozukuri   Sabamiki

Pinus pentaphylla
PIN À CINQ AIGUILLES

Pincement manuel des bourgeons d'un Pin; il suffit ici de les couper à leur base avec les ongles.

rencontre très souvent ce bonsaï dans des pots bleu «cobalt» ou bruns.

□ **Nettoyage.** Retirer délicatement entre le pouce et l'index les vieilles aiguilles qui jaunissent à l'automne. Tailler l'intérieur du feuillage; retirer ce qui est mort ou abîmé à l'intérieur du feuillage ou sur le sol.

□ **Croissance.** Elle est particulièrement lente chez les Pins blancs du Japon.

□ **Rempotage.** Tous les 3 à 5 ans, dans une coupe de la taille supérieure à la précédente et toujours relativement profonde. En mars, tailler 1/3 des racines.

Retirer les vieilles racines. Ne pas les laver et conserver un peu de l'ancienne terre pour favoriser le redémarrage. Protéger 3 semaines après le rempotage.

□ **Terre.** 1/3 de terreau, 1/3 de terre végétale et 1/3 de sable de rivière. Un bon drainage est nécessaire. Aucune exigence en ce qui concerne le sol.

□ **Taille.**
● *Pinçage.* En avril, pincer de 2/3 la ou les chandelle(s) avant qu'elle(s) ne s'ouvre(nt), entre le pouce et l'index. Si la couronne est dense, retirer complètement un bourgeon sur trois. En revanche, si on veut l'épaissir, conserver les trois bour-

geons. Pincer d'abord les bourgeons qui poussent le plus lentement. Le pinçage peut se faire sur 3 semaines. Terminer par les bourgeons dont la croissance est la plus rapide. Cela égalisera les aiguilles.
● *Taille des branches.* En octobre, tailler les rameaux qui ont davantage grandi. Couper 1/3 de la branche au-dessus d'une grappe d'aiguilles, sans couper les aiguilles.

□ **Ligature.** Ligaturer en octobre et jusqu'en mars. Laisser le fil de cuivre sur les branches jusqu'à la fin de l'été. Si le fil semble s'incruster dans l'écorce, le retirer. Si, l'arbre est blessé, nettoyer la plaie avec du mastic cicatrisant.

□ **Arrosage.** Ne pas donner trop d'eau pour un meilleur développement. Un excès d'eau fait souffrir le *Pinus pentaphylla*. Pour obtenir des aiguilles plus petites, limiter l'arrosage au printemps. Arroser davantage les arbres plantés sur roche.

□ **Vaporisation.** Bassiner le feuillage en été. Cela rafraîchira le bonsaï et délogera les parasites qui pourraient se trouver dans le feuillage.

□ **Engrais.** Du printemps à l'automne, avec un arrêt en juillet et août, donner de l'engrais organique à lente décomposition. Peu à la fois, mais souvent : environ une fois par mois. Augmenter la dernière dose automnale et y adjoindre un peu de nitrate qui nourrira la terre. Ne pas donner d'engrais à un arbre nouvellement rempoté ou chétif.

Pinçage des chandelles des pins

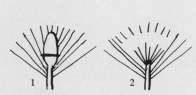

Pin à 1 chandelle. 1 - Pincer la chandelle aux 2/3 avant qu'elle ne s'ouvre (avril). 2 - Les aiguilles sortent plus courtes, drues et pointues.

Pin à 2 chandelles. 1 - Pincer aux 2/3 la chandelle la plus longue. 2 - Une semaine plus tard, tailler aux 2/3 l'autre chandelle. 3 - Les chandelles s'égalisent. 4 - Les aiguilles sortent plus petites et équilibrées.

Pin à 3 chandelles. 1 - Tailler la chandelle la plus courte aux 2/3. 2 - Tailler la chandelle moyenne une semaine plus tard aux 2/3. 3 - Tailler enfin la chandelle la plus grande aux 2/3. 4 - Les chandelles sont alignées. 5 - Les aiguilles sortent plus courtes et régulières.

Epilation manuelle des aiguilles de pin.
1 - En octobre, retirer à la main les vieilles aiguilles. 2 - L'arbre nettoyé est prêt à passer l'hiver.

STYLES

Sôkan   Korabuki   Kabudachi   Ikadabuki   Netsunagari   Sôju   Sambon-Yose   Gohon-Yose

Le pin à cinq aiguilles conserve sa ligature une dizaine de mois; elle doit donc être retirée afin qu'elle ne marque pas l'écorce, à plus forte raison qu'elle ne s'incruste pas dans le bois. Retirer le fil de cuivre est une opération délicate : on voit ici les différentes phases, et en particulier (à gauche) l'utilité de la pince pour couper ce fil.

■ *parasites et maladies*

□ Parasites

● Charançons du Pin.

Symptômes. Nids dans les racines. Ecorce du collet et des grosses branches rongées; apparition des tissus; écoulement de résine des plaies; galeries creusées dans le bois. Aiguilles rongées.

Remèdes. Tailler et détruire les parties envahies. Dès les premières attaques, utiliser des émulsions huileuses sur les jeunes sujets. Pulvériser des insecticidés fin mars-début avril.

● Scolytes. Voir p. 30.

● Capricornes et buprestes.

Symptômes. Le tronc est rongé, présence de galeries dans le bois. Présence possible de coléoptères.

Remèdes. Pulvériser des insecticides à base de lindane ou de parathion en mars-avril.

● Hannetons des Pins.

Symptômes. Les aiguilles et les rameaux sont déformés et rongés. Végétation ralentie. Présence de gros coléoptères bruns.

Remèdes. Pulvériser des insecticides.

● Chrysomeles ou galeruques.

Symptômes. Les aiguilles sont rongées, les rameaux déformés; la croissance est ralentie. Présence de coléoptères jaunes.

Remèdes. Pulvériser des insecticides.

● Bombyx (chenilles). Voir p. 29.

N.b. Rare sur le Pin sylvestre.

● Processionnaires du Pin (chenilles).

Symptômes : Nids soyeux accrochés aux aiguilles; rameaux déformés; aiguilles rongées.

Remèdes : Détruire les nids en taillant et en brûlant les rameaux porteurs (Mettre des gants pour éviter urticaire et autres allergies). Dès les premières attaques, injecter du pétrole dans les bourses soyeuses. En septembre, appliquer un larvicide.

● Sphinx ou noctuelles (chenilles).

Symptômes. Les aiguilles sont rongées, le limbe est perforé par des chenilles sortant la nuit. La température élevée favorise leur développement.

Remèdes. Utiliser des boulettes de son, des brisures de riz ou des graines mélangées aux insecticides.

● Pyrales du tronc (chenilles).

Symptômes. Creux dans le tronc d'où s'écoule de la résine qui s'agglutine sur l'écorce.

Remèdes. Retirer l'amas de résine. Pulvériser des insecticides à base de lindane.

● Tordeuses des pousses (chenilles). Voir p. 29.

● Lophyres du Pin.

Symptômes. Présence d'un cocon brun sur le tronc, les branches, les aiguilles ou dans la terre. Les aiguilles sont rongées.

Remèdes. Dès les premières attaques, pulvériser des insecticides organo-phosphorés. Tailler les

rameaux envahis par les parasites.

● Pucerons lanigères. Voir p. 30..

● Cochenilles. Voir p. 29.

□ Maladies

● Maladie rouge du Pin.

Symptômes. Les aiguilles des branches basses jaunissent en hiver et se tachent de points noirs au printemps. Elles sèchent, rougissent et tombent. Ne pas confondre la maladie rouge du Pin avec un rougissement de l'extrémité des aiguilles, qui indique un déséquilibre entre l'alimentation et la transpiration de l'arbre.

Remèdes. Détruire les parties abîmées, éviter un excès d'humidité de la terre. Pulvériser préventivement des fongicides au printemps. De juillet à septembre, utiliser des fongicides de synthèse.

● Maladie des bandes rouges.

Symptômes. Les aiguilles sont tachées de jaune en automne. Au printemps, apparition de bandes rouges, croûtes sur les plaies.

Remèdes. En période végétative, pulvériser des fongicides à base de cuivre.

● Pourridié. Voir p. 31.

● Rouille. Voir p. 31.

N.B. Sur tous les pins sauf le Pentaphylla.

 Nanahon-Yose

 Kyûhon-Yose

 Yose-Ue

 Yomayori

Tsukami-Yose

 Bonkei

 Kusamono

 Plantations saisonnières

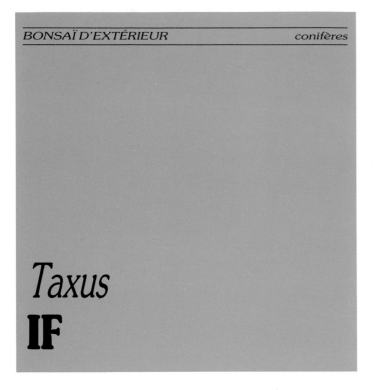

Taxus
IF

Famille des Taxacées. Originaire de l'hémisphère Nord : Europe, Amérique et Asie. Très grande longévité; l'If peut être plusieurs fois centenaire, parfois millénaire : en Allemagne, on connaît un If de 2 000 ans. Conifère de petite taille, environ 20 m, à l'envergure large. Jeune : tronc droit aux branches obliques remontantes peu fournies, à l'extrémité arrondie. En vieillissant, les branches s'élèvent jusqu'à former parfois un tronc parallèle. Le feuillage, persistant, aciculaire, brillant, vert foncé sur la face supérieure, vert moyen sur la face inférieure, avec une nervure saillante, ne pique pas. Feuillage toxique, surtout pour les chevaux. Les fruits dioïques fleurissent en mars-avril. Le *Taxus baccata* est le plus connu. Mais il existe aussi le *Taxus cuspidata*, originaire du Japon et de Corée. Ses feuilles plus larges sont pointues. Plus connu est le cultivar *T.C. « Nana »*.

■ *obtention*

● *Par semis.* Les fruits mûrissent entre août et octobre. Les cueillir dès qu'ils sont rouges, les libérer de leur enveloppe sous l'eau, les faire sécher, puis les stratifier jusqu'à l'automne suivant. Utiliser une hormone d'enracinement avant de les planter. La germination a lieu vers le mois de mai. Protéger les pousses du soleil et maintenir humide. Replanter les pousses au printemps suivant.

● *Par bouturage.* Prélever les boutures sur des pousses aoûtées en septembre. Les planter dans des caissettes placées en serre en hiver. Le racinage a lieu au printemps suivant. Pour des arbres de forme pyramidale, choisir une flèche pour bouture; pour des arbres étalés, choisir les rameaux latéraux.

● *Par marcottage.* Choisir une branche basse et souple. Dégarnir de ses aiguilles la partie à enterrer. Inciser l'écorce. L'enterrer et maintenir humide. Lorsque de jeunes pousses apparaissent, le racinage est bon. Sevrer la marcotte, la mettre en pot et l'abriter du soleil et du gel.

● *Par greffage.* En mars-avril, utiliser la greffe par placage. Au bout de quelques semaines, étêter légèrement le sujet. Dès que la greffe a pris, sevrer et planter.

● *Par jeunes plants de pépinière.* En fonction du style désiré, choisir un arbre pyramidal ou un arbre étalé au tronc bien formé, aux nombreuses ramifications, aux aiguilles dures et brillantes et au bon enracinement.

■ *entretien*

☐ **Ensoleillement.** S'accommode du soleil et supporte bien l'ombre.

☐ **Température.** Arbre de montagne d'altitude moyenne, il aime les températures de montagne. Ne craint pas la chaleur s'il est placé à la mi-ombre. Résiste au gel.

☐ **Ventilation.** Arbre utilisé pour les haies, il supporte parfaitement le vent.

☐ **Céramique.** L'If a tendance à avoir un tronc fort lorsqu'il est âgé. Il lui faut alors un pot de profondeur proportionnelle au diamètre du tronc. Jeune, il lui faut un pot relativement profond pour lui donner une meilleure résistance au vent.

☐ **Nettoyage.** Bien penser à nettoyer l'intérieur de l'arbre et retirer toutes les parties abîmées ou mortes. Nettoyer aussi la surface de la terre de tout ce qui est mort. En automne, retirer les aiguilles mortes.

☐ **Croissance.** Très lente.

☐ **Rempotage.** Au printemps, tous les 3-4 ans, dans un pot de la taille supérieure au précédent. Tailler un tiers des racines, retirer les racines blessées ou mortes. L'If a une reprise capricieuse après un rempotage. Conserver un peu de son ancienne terre.

☐ **Terre.** 1/3 de terreau, 1/3 de terre végétale et 1/3 de sable de rivière. L'If pousse bien dans tous les sols, mais aime les sols calcaires et s'épanouit dans les sols crayeux.

☐ **Taille.**
● *Pinçage.* Pincer les jeunes bourgeons des rameaux du printemps à l'automne. Si on désire obtenir des fruits, attendre la floraison pour pincer les bourgeons.
● *Taille des branches.* L'If est un arbre qui se taille facilement au printemps ou à

STYLES

Chokkan

Tachiki

Sabamiki

Fukinagashi

Sôkan

Kabudachi

Yose-Ue

If du Japon (*Taxus cuspidata*).
Age ≃ 70 ans. Hauteur : 40 cm. Style « Fukinagashi ».
Photo : mai.

l'automne. Tailler les rameaux qui dépassent la forme de l'arbre en coupant au-dessus d'une touffe d'aiguilles. Par la taille, on peut déjà bien former ce bonsaï qui se sculpte aisément.

☐ **Ligature.** Nécessaire pour former l'arbre en complément de la taille. Ligaturer de septembre à mars. Eviter de ligaturer quand l'arbre a de toutes nouvelles pousses.

☐ **Arrosage.** Il doit être modéré et régulier, pas trop abondant mais suffisant. Ne pas noyer les racines.

☐ **Vaporisation.** Nécessaire par temps chaud, surtout si l'arbre est exposé au soleil. Mais ne pas bassiner en plein soleil.

☐ **Engrais.** Comme la croissance est lente, l'apport d'engrais est important. Au printemps et à l'automne. Jamais en juillet-août, ni à un bonsaï nouvellement rempoté ou en mauvais état. Augmenter la dernière dose automnale.

■ *parasites et maladies*

☐ **Parasites**
● **Galle des bourgeons.**
Symptômes. Les bourgeons brunissent, deviennent globuleux et avortent.
Remèdes. Pulvériser des insecticides.
● **Charançons.**
Symptômes. Les aiguilles sont rongées, l'écorce des pousses sèche aux extrémités. L'arbre jaunit, sèche et dépérit. Les racines sont attaquées, la croissance s'arrête.

Remèdes. Pulvériser des insecticides à base de lindane de mai à juillet.
● **Tordeuses (chenilles).** Voir p. 29.
● **Cochenilles.** Voir p. 29.

☐ **Maladies**
● **Pourriture des racines et de la tige.** Voir p. 31.

Acer palmatum
ÉRABLE PALMÉ

Famille des Acéracées, originaire des régions tempérées froides de l'hémisphère Nord. L'Erable palmé est un arbre à feuilles caduques originaire du Japon, particulièrement séduisant du fait des teintes variées de son feuillage. En hiver, lorsqu'il est dénudé, il reste très beau par la répartition de sa ramure. Les feuilles sont oppo-sées et palmatilobées. Le fruit est une samare double, formée de 2 graines prolongées par une aile membraneuse. Le feuillage, généralement vert, peut être panaché vert-blanc ou vert-rose. Il peut être rose tyrien ou pourpre au printemps; à l'automne, il donne tous les tons de jaune, orange, rouge ou brun. L'été, l'Erable palmé a tendance à reverdir. Il existe de nombreuses variétés et cultivars.

Acer palmatum rubrum. Feuilles palmées en forme de main. Les bourgeons sont rouges. Il fait un automne précoce et son feuillage prend des teintes rouges ou jaunes. Il contient beaucoup de sucre, ce qui explique que son feuillage soit d'autant plus coloré qu'il y a plus de soleil.

Acer palmatum (« Asahi zuru »). Feuillage panaché de vert et blanc rosé.

Acer palmatum deshohjoh. Feuillage rouge sang au printemps, devenant vert de la fin du printemps à l'automne, avant de prendre des couleurs automnales éclatantes.

Acer palmatum seigen. Très proche de l'*Acer deshohjoh*, mais d'un rouge moins intense, plus rose.

Acer palmatum tamahime. Très petites feuilles vert clair, fonçant quelques semaines après leur éclosion.

Acer palmatum dissectum atropurpureum. Les feuilles, très finement divisées, donnent l'impression de lacets et sont toujours rouges.

Acer palmatum aureum. Les feuilles ont 5 lobes. Elles deviennent jaunes à l'automne, mais restent toujours marginées de rose.

Il existe tant de variétés et cultivars qu'ils ne peuvent être nommés dans cet ouvrage.

■ *obtention*

• *Par graines.* Après la chute des fruits, ramasser les graines. Les nettoyer et les étendre pour les faire sécher. Seules les graines dont l'embryon est vert sont bonnes; on le voit en incisant la graine. Débarrasser les graines de leurs ailes. Les conserver au sec. Avant de planter, en mars, les stratifier 3 jours dans du sable humide. Les planter sous châssis, en protégeant les jeunes pousses des gelées. Maintenir les pousses au sec en été. Lorsque les pousses ont 2 ans, les replanter au printemps.

• *Par marcottage simple.* Choisir un rameau jeune, le défolier sur la partie à enterrer. Le coucher sur sa longueur, dans un sillon, au début du printemps. Entailler au-dessus des yeux pour favoriser le racinage. Recouvrir de terre maintenue légèrement humide. Cette méthode est très longue (il faut attendre 2 ans), et elle n'est pas toujours concluante.

• *Par marcottage aérien.* En avril, entailler l'écorce sur le tronc ou la branche à marcotter avec un couteau propre et tranchant. Saupoudrer la fente d'hormone d'enracinement, la coincer avec une boule de mousse ou un gravier. Entourer la fente de sphagnum humide et envelopper le tout dans un sac en plastique hermétique. Recouvrir ce sac avec une toile ou un sac opaque, ou avec du papier d'aluminium, pour protéger des rayons directs du soleil et d'un excès de chaleur. De nouvelles racines apparaissent au printemps suivant. Tailler alors la marcotte, la mettre en pot précautionneusement et la placer à l'ombre.

• *Par bouturage.* En juin, prélever des boutures d'Erable (sur arbre ou sur bonsaï); les écorcer légèrement. Les planter dans 2/3 de tourbe et 1/3 de sable. Etêter la partie molle. Il est conseillé d'utiliser une hormone d'enracinement avant de planter. Préparer un très bon drainage pour éviter la stagnation de l'eau. Cette méthode donne de bons résultats.

• *Par greffage.* Toujours choisir un porte-greffe appartenant au même groupe (les variétés et cultivars sont, en effet, répartis en différents groupes) que la variété à greffer, à cause d'incompatibilités.

• *Greffe en écusson à l'extérieur.* Greffe en placage latéral, en serre froide.

• *Greffe en écusson sur des rameaux aoûtés.* Dès la mi-juin. Ne pas choisir un porte-greffe trop fort, afin que l'écorce ne recouvre pas les yeux; greffer sur le bois

STYLES

Shakan

Kengai

Tachiki

Han-Kengai

Sekijōju

Sōkan

Kabudachi

Ikadabuki

Netsunagari

Erable palmé (*Acer palmatum*). Var. « Deshohjoh ».
Age ≃ 15 ans. Hauteur ≃ 20 cm. Style « Shakan ».
Photo : avril.
D'avril à juin, les feuilles sont rouge sang. L'été, elles tendent à devenir vertes
pour prendre, à l'automne, des teintes orange feu chatoyantes.

de l'année. Si la première greffe a échoué, on peut encore recommencer en août.

● *Greffe en placage.* En août. Le porte-greffe doit être de l'épaisseur d'un crayon. Les greffons sont des rameaux aoûtés d'une année. Passer du mastic cicatrisant. Garder en serre à l'humidité. En 4 semaines, la greffe a pris. Aérer. Il faut attendre encore un an avant de couper le porte-greffe juste au-dessus du point de greffe.

● *Greffe anglaise.* Elle est possible au tout début du printemps si le porte-greffe et le greffon ont un œil qui tire la sève du côté opposé à la section, afin d'empêcher tout dessèchement.

■ *entretien*

□ **Ensoleillement.** Maintenir l'*Acer palmatum* à la mi-ombre. Il peut supporter un plus grand ensoleillement, à condition que la base de ses racines soit toujours humide. Le soleil direct peut griller l'extrémité des feuilles. Mais il a besoin de lumière.

□ **Température.** Protéger du gel au-dessous de -3°. Redoute les chaleurs sèches.

□ **Ventilation.** Protéger du vent, qui dessèche. Une bonne ventilation autour de l'arbre empêche le développement de l'oïdium en été.

□ **Céramique.** Planter ce bonsaï dans une coupe plate et allongée, pour permettre aux racines de s'étaler et de recevoir la chaleur en été. Généralement, la coupe est ovale, parfois elle est rectangulaire. Elle peut être brune, vert céladon, bleu clair, beige… Un très bon drainage est indispensable.

□ **Nettoyage.** Après la chute des feuilles,

| Sôju | Sambon-Yose | Gohon-Yose | Nanahon-Yose | Kyûhon-Yose | Yose-Ue | Yamayori | Tsukami-Yose | Bonkei |

Acer palmatum
ÉRABLE PALMÉ

retirer les feuilles mortes du sol ou de l'arbre. Au début de l'hiver, supprimer les branches mortes.

☐ **Croissance.** Lente.

☐ **Rempotage.** Au printemps, tous les 3 ans environ, tous les 2 ans pour les jeunes sujets. Tailler la moitié des racines. Si nécessaire, les laver à l'eau. Bien retirer les radicelles mortes ou abîmées et les vieilles racines.

☐ **Terre.** 2/3 de terre végétale et 1/3 de sable de rivière. Un sol trop alcalin gêne le développement de l'Erable palmé. Un sol calcaire, compact, sec, voire pierreux, convient.

☐ **Taille.**
● *Pinçage.* Tailler les bourgeons terminaux en ne laissant que 2 noeuds. Tailler

les bourgeons latéraux en ne laissant qu'un nœud. Attendre que les bourgeons repoussent pour retailler. Pincer les nouveaux bourgeons avant qu'ils ne deviennent trop minces permet de sculpter délicatement l'arbre sans laisser de cicatrices.
● *Taille des feuilles.* Tailler les feuilles permet d'obtenir un arbre au feuillage

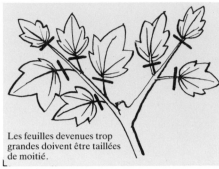

Les feuilles devenues trop grandes doivent être taillées de moitié.

Défoliation

dense, touffu et petit, et aux extrémités fines. Ne pas défolier un arbre l'année de son rempotage ni s'il est chétif. La défoliation se fait en juin; la taille des feuilles se fait pendant la période de végétation,

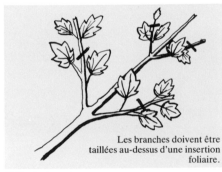

Les branches doivent être taillées au-dessus d'une insertion foliaire.

Taille des branches.

généralement un an sur deux.
● *Taille des branches.* En période de végétation, tailler les branches en ne laissant que 1 ou 2 paires de feuilles par rameau. Lorsqu'une branche pousse trop vite, la tailler et retirer les bourgeons et les feuilles sur la partie restante.
● *Taille de structure.* Elle se pratique en hiver, lorsque l'arbre est dénudé. Etudier sa silhouette. Tailler à ras du tronc de façon concave, avec la pince, les branches qui se chevauchent, qui poussent à la verticale du tronc ou qui sont parallèles. N'en laisser qu'une sur deux. Une bonne taille de structure donne une meilleure ramification au printemps.

☐ **Ligature.** La forme de l'Erable palmé est généralement donnée par la taille. Mais il peut être nécessaire de ligaturer. Protéger alors l'écorce avec du raphia, car elle est fragile et peut être cassée par le fil de cuivre. Ligaturer lorsque l'arbre est en pleine sève et retirer le fil au bout de 6 mois.

☐ **Arrosage.** L'Erable ne demande pas beaucoup d'eau à chaque arrosage. Il peut sécher entre deux arrosages. Il lui faut cependant une humidité constante à la surface des racines. Mais attention : un excès d'eau les fait tout de suite pourrir.

☐ **Vaporisation.** Le feuillage a besoin d'un air humide; il faut donc le bassiner fréquemment, surtout s'il est exposé à un vent sec ou au soleil.

☐ **Engrais.** Au printemps et à l'automne, donner de l'engrais organique à lente décomposition. Attendre 2 mois après un rempotage et ne pas donner d'engrais à un arbre affaibli.

Taille des feuilles d'un érable

Les feuilles de cet érable palmé (*Acer palmatum*) doivent être complètement pincées.

Pour éliminer le plus gros des feuilles, on utilise d'abord les ciseaux.

On achève le pincement de toutes les feuilles avec des ciseaux à feuilles.

■ *parasites et maladies*

☐ Parasites

● Erinoses.

Symptômes. Granulations rouges et vertes sur la face supérieure du feuillage, revers feutré beige, gris ou brun. Un duvet épais gaufre les feuilles qui se déforment. Apparition de galles.

Remèdes. Pulvériser des insecticides à base de parathion ou de lindane, et du soufre lors de grandes attaques.

● Scolytes. Voir p. 30.

● Cossus et zeuzères (chenilles). Voir p. 29.

● Géomètres (chenilles). Voir p. 29.

● Bombyx et noctuelles (chenilles). Voir p. 29.

● Cicadelles.

Symptômes. Feuillage taché de blanc dû à des piqûres. Le limbe se décolore, la croissance des tiges est ralentie, les feuilles peuvent tomber. Présence d'insectes verts au revers des feuilles.

Remèdes. Tailler les rameaux envahis. Pulvériser des insecticides de contact ou des insecticides organo-phosphorés systémiques.

● Cochenilles. Voir p. 29.

● Pucerons. Voir p. 30.

☐ Maladies

● Oïdium. Voir p. 31.

● Chancre.

Symptômes. Au niveau des cicatrices ou des fentes entre les ramifications : plaie qui se creuse, se boursoufle, se craquèle et fait mourir la branche. Les branches voisines se défendent en développant des bourrelets. Le chancre laisse voir le bois et des points rouges apparaissent.

Remèdes. Tailler et détruire les rameaux malades. Cureter les chancres. Badigeonner avec un fongicide. Recouvrir avec du mastic à greffer. Lors de la chute des feuilles, pulvériser des bouillies à base de fongicide.

● Maladie du corail.

Symptômes. Branches et rameaux sèchent brusquement. Un champignon se développe dans les tissus ligneux. Apparition de taches rouges et de lésions chancreuses sur les parties mortes.

Remèdes. Tailler puis détruire les parties malades. Badigeonner les plaies avec un fongicide cuprique.

● Balai de sorcières.

Symptômes. Les bourgeons se développent si vigoureusement que les branchages prennent un aspect buissonnant.

Remède. Tailler les rameaux malades.

● Maladie des taches noires de l'Erable ou taches d'encre.

Symptômes. Taches décolorées sur le limbe. Une croûte noire auréolée de jaune se développe au centre.

Remèdes. Détruire les feuilles mortes. Apporter de l'azote à l'engrais. Pulvériser préventivement des fongicides minéraux à base de cuivre. Recommencer lors de l'éclosion des bourgeons.

● Dessèchement des rameaux.

Symptômes. Les pousses et les jeunes rameaux sèchent. Des chancres se forment sur les rameaux.

Remèdes. Tailler et détruire les branches malades ou mortes.

● Cercosporiose.

Symptômes. Taches brunes sur les pousses des jeunes arbres. L'arbre dépérit petit à petit.

Remèdes. Pulvériser des fongicides à base de cuivre et de zinèbe.

● Verticilliose. Voir p. 31.

● Taches foliaires. Voir p. 31.

● Anthracnose.

Symptômes. Taches brique sur les feuilles et parfois sur le limbe. Dessèchement du feuillage.

Remèdes. Retirer les feuilles mortes. Pulvériser des fongicides à base de cuivre.

● Pourridié. Voir p. 31.

Erable palmé (*Acer palmatum*).
Age ≃ 12 ans. Hauteur ≃ 15 cm. Style « Tachiki ».
Photo : avril.
On observe la couleur vert tendre bordé de brun des jeunes feuilles.
Le bonsaï n'a pas encore son feuillage complet.

Taille d'une feuille d'érable. On utilise ici des ciseaux à feuilles spéciaux qui font partie de la panoplie de base.

Au bout de quelques semaines, une nouvelle génération de feuilles apparaît plus petites que les précédentes.

Acer trifidum
ÉRABLE TRIDENT
ou
Acer buergerianum
ÉRABLE DE BURGER

Famille des Acéracées, originaire des régions tempérées froides de l'hémisphère Nord. L'*Acer trifidum* est originaire de l'est de la Chine et peut atteindre 12 m. Son tronc vertical beige clair voit son écorce s'exfolier par plaques en vieillissant. Les feuilles en forme de trident sont vertes au printemps et en été et jaune-orange, voire rouges, à l'automne. Ses fruits (samares) sont ailés.

■ *obtention*

● *Par semis.* Récolter les graines, les nettoyer, les faire sécher et les semer à la fin de l'automne. On peut aussi les stratifier immédiatement et les conserver au frais. Planter au chaud. Protéger les jeunes pousses des risques de gelées. Replanter les pousses au printemps de leur deuxième année.

● *Par bouturage.* En juin, prélever des boutures, les écorcer légèrement, les planter dans 2/3 de tourbe et 1/3 de sable, après les avoir trempées dans une hormone d'enracinement. Tailler la partie molle de la tête. Préparer un très bon drainage, pour éviter une stagnation néfaste de l'eau. L'*Acer trifidum* s'enracine facilement.

● *Par marcottage aérien.* En avril, entailler l'écorce de la partie à marcotter avec un couteau propre et tranchant. Saupoudrer la marcotte d'hormone d'enracinement. Coincer la fente à l'aide d'une boule de mousse ou d'un caillou. Entourer la marcotte de sphagnum humide et envelopper l'ensemble dans un sac en plastique hermétique. De nouvelles racines apparaissent au printemps suivant.

Tailler la marcotte délicatement et la mettre en pot. Le nouvel arbre reste fragile une année.

● *Par marcottage simple.* Méthode plus longue et qui donne moins de résultats. Procéder comme d'habitude.

■ *entretien*

☐ **Ensoleillement.** Supporte le plein soleil. Toutefois, dans les régions très ensoleillées, placer à la mi-ombre l'été.

☐ **Température.** A protéger impérativement du gel. Ne redoute pas la chaleur.

☐ **Ventilation.** Ne redoute pas le vent. A besoin d'une bonne circulation d'air autour de lui. Planté au Japon comme arbre d'ornement le long des avenues, il résiste bien à la pollution.

☐ **Céramique.** A besoin d'un pot assez profond, sauf lorsqu'il est planté sur roche ou en groupe. La céramique peut être rectangulaire ou ovale. Elle est souvent couleur de terre.

☐ **Nettoyage.** Bien faire tomber toutes les feuilles à la fin de l'automne, et débarrasser le sol des feuilles et branchages morts pour éviter toute attaque de parasites ou de maladies. Brosser délicatement le tronc.

☐ **Croissance.** Les arbres jeunes ont une croissance rapide. Elle se ralentit avec l'âge.

On distingue parfaitement les ligatures sur cet *Acer trifidum*, ici en hiver.

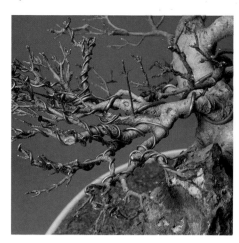

STYLES

Chokkan

Shakan

Kengai

Bankan

Tachiki

Han-Kengai

Bunjingi

Neagari

Sekijóju

Ishitsuki

Sôkan

Kabudachi

□ **Rempotage.** Tous les 2 ou 3 ans, dans un pot de taille supérieure au précédent. Tailler entre la moitié et les deux tiers du chevelu des racines. Bien retirer toutes les racines abîmées ou mortes.

□ **Terre.** 2/3 de terre végétale et 1/3 de sable de rivière. Tout sol calcaire, sec et pierreux convient. Eviter un sol trop alcalin.

□ **Taille.**
• *Pinçage.* Pincer les bourgeons terminaux en ne laissant que 2 nœuds par rameau. Lorsque de nouveaux bourgeons apparaissent, recommencer.
• *Taille des feuilles.* Tailler les feuilles qui ont tendance à devenir trop grandes du printemps à l'automne. Cet arbre est très rarement défolié.
• *Taille des branches.* Bien couper les rameaux, généralement sur un tiers de leur longueur, pour conserver sa forme à l'arbre.
• *Taille de structure.* Bien rabattre les branches avant le départ de végétation, en février, pour obtenir une meilleure ramification. Retirer les branches qui déparent l'arbre.

□ **Ligature.** La forme de l'Erable trident est essentiellement donnée par la taille. Mais il peut être nécessaire de ligaturer l'arbre pour perfectionner certains styles. La ligature se fait alors en juin-juillet-août, en protégeant l'écorce avec du raphia, pour ne pas casser les branches.

□ **Arrosage.** Abondant du printemps à l'automne. Réduire la fréquence et la quantité en hiver.

□ **Vaporisation.** Bassiner le feuillage au printemps et en été, mais jamais en plein soleil. Le bassinage permet de débarrasser le feuillage d'éventuels parasites.

□ **Engrais.** De mars à novembre, avec une interruption en juillet-août, utiliser un engrais organique à lente décomposition. Attendre 6 semaines après un rempotage, et ne pas donner d'engrais à un arbre en mauvais état.

Érable trident (*Acer trifidum*).
Age ≃ 18 ans.
Hauteur ≃ 40 cm.
Styles « Yóse-Ue » et « Sekijôju ».
Photo : mai. Il est difficile de trouver un style prédominant à cette plantation : un groupe d'érables (« Yóse-Ue ») a été planté sur une roche, de telle manière que les racines soient exposées sur cette roche (« Sekijóju »).

■ *parasites et maladies*

Mêmes parasites et mêmes maladies que l'*Acer palmatum*.
Voir p. 61.

Korabuki   Ikadabuki   Netsunagari   Sôju   Sambon-Yose   Gohon-Yose   Nanahon-Yose   Kyühon-Yose   Yose-Ue   Yamayori   Tsukami-Yose   Bonkei

Famille des Bétulacées. Originaire des régions tempérées et froides de l'hémisphère Nord. On le trouve surtout en Asie orientale et en Amérique du Nord. Il existe une quarantaine d'espèces. Cet arbre aux feuilles caduques, élégant, vit environ 100 ans.

Betula
BOULEAU

Le Betula verrucosa tire son nom des verrues blanches sur ses rameaux. Quand ses rameaux sont retombants, surtout lorsqu'il est âgé, on l'appelle le Bouleau pleureur. Son feuillage est abondant, triangulaire, petit, au bord doublement denté, vert. La face inférieure est jaune vif à l'automne. Des chatons éclosent en avril-mai. L'écorce spécifique est brun doré quand il est jeune; elle devient plus tard blanc argent, et se détache en minces feuillets.

■ *obtention*

● *Par semis.* Ramasser la graine entre août et novembre. Elle est mûre lorsque les cônes sont jaunes, mais elle ne mûrit pas d'un coup. Etaler les graines, les faire sécher en les brassant. Lorsqu'elles sont sèches, les conserver dans un sac au frais et à l'air. Les semer à la fin mars sur un sol humide. Recouvrir le semis de branchage pour éviter que les graines ne s'envolent. Maintenir le sol humide. La germination commence au bout de 4 semaines. Arroser en fonction des besoins les nouvelles pousses levées au bout de 8 semaines. Retirer les branches et éviter que les semences ne sèchent. Au printemps suivant, rempoter.

● *Par greffage.* Très rarement utilisée, le point de greffe restant visible très longtemps. Ne se fait que lorsqu'on veut obtenir une nouvelle variété ou qu'on ne peut pas obtenir un bonsaï par un autre moyen.
● *Greffage par approche.* En juin, par greffage de rameaux âgés.
● *Greffage en écusson.* Soit en août-septembre avec deux écussons, soit fin mai-début juin, quand le porte-greffe est en pleine végétation.
● *Par jeunes plants de pépinière.*

■ *entretien*

□ **Ensoleillement.** Aime les endroits ensoleillés, demande beaucoup de lumière.

□ **Température.** Le Bouleau s'épanouit dans des lieux chauds et secs et résiste très bien au froid.

□ **Ventilation.** Préfère les emplacements abrités et dégagés aux emplacements venteux, mais ne redoute pas le vent.

□ **Céramique.** Choisir un pot peu profond ou plat, de couleur marron ou bleue.

□ **Nettoyage.** Retirer toute partie morte. Bien veiller à ce que la mousse ne remonte pas sur le tronc. Retirer tous les départs sur le tronc.

□ **Croissance.** Rapide.

□ **Rempotage.** Tous les 2 ans, dans un pot de la taille supérieure au précédent. Tailler entre la moitié et les deux tiers des racines. Conserver une partie de l'ancienne terre lors du rempotage pour une meilleure reprise.

□ **Terre.** 1/2 de terre végétale, 1/4 de sable de rivière et 1/4 de terreau. Aime les sols meubles, légers, frais et pousse aussi sur les sols acides, pauvres, sablonneux ou rocheux.

□ **Taille.**
● *Taille des pousses.* De mars à novembre, pendant la période de végétation. Après que chaque rameau a émis trois à cinq nœuds, tailler avec des ciseaux en n'en laissant qu'un ou deux.
● *Taille des branches.* En période de végétation, lorsque le Bouleau commence à perdre sa structure, retailler assez court ses branches. Tailler au-dessus d'une insertion foliaire.
● *Taille de structure.* Ne se fait qu'au début, lorsque l'on crée l'arbre. Ensuite, à éviter, car le Bouleau n'aime pas être taillé.

□ **Ligature.** La forme est surtout donnée par la taille des pousses. Lorsqu'il est nécessaire de le ligaturer pour obtenir certains styles, protéger l'écorce avec du raphia. Ligaturer au printemps et en été.

□ **Arrosage.** Dans l'ensemble, les Bouleaux ont besoin d'un arrosage léger et fréquent. Les variétés *pubescens, japonica, tauschii* ont besoin de davantage d'eau que le Bouleau verruqueux.

□ **Vaporisation.** Préfère l'air sec. Il n'est

STYLES

Shakan

Tachiki

Sôkan

Kabudachi

Ikadabuki

Netsunagari

Sôju

pas nécessaire de bassiner, excepté par grandes chaleurs.

☐ **Engrais.** Du printemps à l'automne, donner de l'engrais organique à lente décomposition avec une interruption en juillet-août. Ne pas donner d'engrais pendant 2 mois après un rempotage, ni à un arbre en mauvais état.

■ *parasites et maladies*

☐ **Parasites**

● **Cigarier des arbres d'ornement.**

Symptômes. Feuilles et pousses rongées. Présence d'œufs dans les nervures. Le limbe s'enroule en forme de cigare.

Remèdes. Retirer et détruire les feuilles enroulées. Pulvériser des insecticides organo-phosphorés ou organo-chlorés à l'apparition des insectes adultes.

● **Scolytes.** Voir p. 30.

● **Sésies (chenilles).**

Symptômes. L'écorce du tronc et des branches est rongée, percée de trous d'où partent des galeries. Sciures amoncelées sur ces trous. Présence de chenilles.

Remèdes. Enfoncer un fil de fer dans les galeries pour détruire les chenilles.

● **Géomètres (chenilles).** Voir p. 29.

● **Bombyx laineux (chenilles).** Voir p. 29.

☐ **Maladies**

● **Oïdium.** Voir p. 31.

● **Cloque.**

Symptômes. Boursouflures blanches sur les feuilles qui se déchirent et se dessèchent.

Remèdes. Détruire les feuilles mortes. Pulvériser des bouillies à base de cuivre et de zirame au printemps et à l'automne.

● **Balai de sorcières.**

Symptômes. Les bourgeons se développent de façon importante, les ramifications et les branchages prennent un aspect buissonnant.

Remèdes. Tailler puis détruire les rameaux malades.

● **Taches foliaires.** Voir p. 31.

● **Chancre.**

Symptômes. Au niveau des cicatrices et des fentes entre les ramifications, des plaies se creusent, se boursouflent, se craquèlent et font mourir les branches. Les branches voisines se défendent en développant des bourrelets. Des points rouges apparaissent sur le bois.

Remèdes. Tailler et détruire les rameaux malades. Cureter les chancres. Badigeonner les plaies avec un fongicide; recouvrir de mastic cicatrisant. Pulvériser des bouillies à base de fongicides lors de la chute des feuilles.

● **Pourridié.** Voir p. 31.

Bouleau noir (*Betula nigra*). Age ≃ 10 ans. Hauteur ≃ 25 cm. Style « Kabudachi ». Photo : mai.

Sambon-Yose   Gohon-Yose   Nanahon-Yose   Kyûhon-Yose   Yose-Ue   Yamayori   Tsukami-Yose

Carpinus
CHARME

Famille des Corylacées. Originaire des régions tempérées de l'hémisphère boréal : Europe, Asie centrale et orientale, nord de l'Himalaya. Sa longévité est d'environ 200 ans et sa hauteur de 20 m. Arbre au tronc cannelé, droit, à l'écorce sinueuse, il a de nombreuses branches longues et fines, un sommet ovale et étroit. Les feuilles, caduques, alternes-ovales, doublement dentées, gaufrées ne sont pas ramifiées. Des chatons en avril-mai, des fruits mûrs en octobre. Il en existe de nombreuses variétés.

Carpinus japonica. Feuilles allongées, très gaufrées, vert foncé dessus, brun-rouge dessous. Fruits en grappe.
Carpinus laxiflora. Petites feuilles vernissées légèrement coriaces, tronc gris-beige, lisse, noueux et rugueux à la base sur les sujets « Yamadori » venant de Corée.

■ *obtention*

● *Par semis.* Récolter la graine à maturité et semer tout de suite. S'il est impossible de semer, stratifier la graine et la planter en février suivant. La germination aura lieu à la mi-mai. Lorsqu'on sème (en février) une graine sèche, elle peut passer un an avant de germer. Protéger les nouvelles pousses des gelées tardives.

● *Par bouturage.* Au printemps, lors de la taille. Tailler un rameau. L'écorcer légèrement. Tremper dans une hormone d'enracinement, étêter et planter dans un mélange sable-tourbe. Protéger du froid.

● *Par marcottage aérien.* Au printemps, sur une branche assez fine.

● *Par greffage.* Lorsqu'on ne peut pas obtenir le Charme par les autres méthodes, on pratique la greffe anglaise ou en incrustation, en janvier, sur des rameaux de 2 ans, en serre.

● *Par jeunes plants de pépinière.* Donne de très bons résultats : le Charme supporte bien d'être taillé et rabattu.

■ *entretien*

□ **Ensoleillement.** Arbre de taillis, le Charme n'aime pas beaucoup le plein soleil de l'été, mais il supporte bien le

Charme du Japon (*Carpinus japonica*).
Age ≃ 50 ans. Hauteur ≃ 60 cm.
Style « Tachiki » Photo : octobre.
Symphonie de couleurs
chez ce remarquable Charme du Japon.

soleil des autres saisons. Notons cependant que les jeunes sujets ont besoin d'ombrage.

□ **Température.** Résiste aussi bien aux gelées qu'à la chaleur.

□ **Ventilation.** Supporte le vent (l'arbre est souvent employé pour des haies).

□ **Céramique.** Pas de besoins particuliers, s'accommode de pots très plats lorsqu'il est planté en forêt.

□ **Nettoyage.** Retirer les feuilles mortes des branches et du sol à l'automne. Ne pas laisser la mousse envahir la base du tronc.

□ **Croissance.** Très lente.

□ **Rempotage.** Au début du printemps. Tous les 2 ou 3 ans, dans un pot de la taille supérieure au précédent. Tailler une bonne moitié des racines. Retirer les racines mortes ou abîmées.

□ **Terre.** 2/3 de terre végétale et 1/3 de sable de rivière. Le Charme préfère une terre argileuse, fraîche et humide; il supporte le calcaire et peut pousser dans de mauvais sols.

STYLES

Shakan

Tachiki

Han-Kengai

Sekijôju

Nejikan

Sôkan

□ **Taille.**
• *Taille des branches.* Avec des ciseaux, réduire chaque branchage à 1 ou 2 paires de feuilles après qu'il en a émis 4 ou 5.
• *Taille de structure.* A la fin de l'hiver, faire une bonne taille de propreté et d'entretien pour discipliner les branches et obtenir une ramification ordonnée. Le Charme supporte bien les tailles.

□ **Ligature.** La forme est surtout donnée par la taille. Si nécessaire, ligaturer au printemps et en été.

□ **Arrosage.** Abondant, surtout du milieu du printemps au milieu de l'automne. Mais il doit y avoir un bon drainage pour éviter toute stagnation de l'eau. La terre doit être humide, mais pas trempée.

□ **Vaporisation.** Bassiner le feuillage en été pour nettoyer l'arbre de la pollution et d'éventuels parasites.

□ **Engrais.** Au printemps et à l'automne, donner un engrais organique à lente décomposition. Pas d'engrais en juillet-août. Attendre 2 mois après un rempotage. Pas d'engrais à un arbre en mauvais état.

Charme (*Carpinus carpinoides*).
Age ≃ 40 ans.
Hauteur ≃ 60 cm.
Style « Tachiki ».
Photo : mars.
L'apparition des inflorescences a précédé de très peu celle des feuilles. La couleur gris-blanc vernie du tronc est spécifique de la variété.

■ *parasites et maladies*

□ **Parasites**
• **Araignées rouges.** Voir p. 28.
• **Géomètres (chenilles).** Voir p. 29.
• **Bombyx (chenilles).** Voir p. 29.

□ **Maladies**
• **Oïdium.** Voir p. 31.
• **Taches foliaires.** Voir p. 31.

  Kabudachi

 Sôju

 Sambon-Yose

  Gohon-Yose

 Nanahon-Yose

  Kyûhon-Yose

 Yose-Ue

Famille des Ulmacées. Originaire des régions tropicales ou sub-tropicales pour la plupart des espèces : une quinzaine d'espèces est originaire des zones tempérées de l'hémisphère Nord. On recense environ 70 espèces.

Celtis
MICOCOULIER

Celtis sinensis. Grandes feuilles caduques ovales, brillantes, vert foncé. Donne des fruits rouges décoratifs et comestibles. De port étalé, il peut atteindre une vingtaine de mètres.

Celtis australis (Micocoulier de Fabregnier). Croît sur le pourtour de la Méditerranée, atteint environ 25 m. Son tronc est court et cannelé, son sommet touffu et arrondi. Les branches inférieures sont horizontales. Il peut atteindre 600 ans. Les feuilles, caduques, longues, pointues, sont asymétriques, obliques et lisses à leur base, sinon dentées. Vert foncé dessus, grises et molles en dessous. Fruits de couleur violette, mûrs en octobre.

■ *obtention*

● *Par semis.* Récolter la graine quand elle est mûre. La stratifier pendant un an. Planter au printemps. La germination est très irrégulière. Maintenir le sol humide jusqu'à la germination.

● *Par bouturage.* En été, sur de jeunes rameaux étêtés et trempés dans une hormone d'enracinement.

● *Par marcottage aérien.* Ecorcer la partie à marcotter. Entailler pour favoriser le racinage et maintenir la fente entrouverte. Entourer de sphagnum humide. Recouvrir d'un sac en plastique hermétique. Maintenir humide. Sevrer quand l'enracinement est fait. Mettre en pot et protéger du gel.

■ *entretien*

□ **Ensoleillement.** Plein soleil.

□ **Température.** Ne supporte pas les gelées (excepté le *Celtis occidentalis*). Aime la chaleur.

□ **Ventilation.** Supporte bien les emplacements aérés, mais sans vent fort ou dominant.

□ **Céramique.** Un pot assez profond : le Micocoulier a besoin de sol profond.

□ **Nettoyage.** Bien retirer les feuilles mortes en automne. Dégager la mousse qui pourrait envahir le tronc.

□ **Croissance.** Très lente : il pousse de 3 m en 20 ans.

□ **Rempotage.** Au début du printemps, tous les 3 ans, dans un pot de la taille supérieure au précédent. Tailler entre un tiers et la moitié des racines et retirer les racines mortes, abîmées ou âgées.

□ **Terre.** 2/3 de terre végétale et 1/3 de sable de rivière. Prospère dans les sols légers, riches, frais, mais ni humides ni glaiseux. La terre peut être calcaire, sèche, rocailleuse.

□ **Taille.**
● *Taille des pousses.* Du printemps à la fin de l'été. Attendre que les nouvelles pousses aient 3 ou 4 nœuds, les couper aux ciseaux pour n'en laisser qu'un ou deux. Eliminer les pousses futures.

● *Taille des rameaux.* Rabattre les rameaux trop allongés afin d'obtenir une bonne ramification. Tailler aux aisselles des feuilles; se formeront deux nouveaux départs auxquels on ne laisse qu'une paire de feuilles.

● *Taille des branches.* En mars-avril, avant que la végétation ne démarre.

□ **Ligature.** Du printemps à l'automne, en protégeant les branches avec du raphia. Travailler la forme essentiellement par la taille des pousses, des rameaux et des branches.

□ **Arrosage.** Abondant en période chaude. Bien laisser sécher la terre entre deux arrosages. N'aime pas les sols humides.

□ **Vaporisation.** On peut bassiner le feuillage en même temps que l'on arrose l'arbre.

□ **Engrais.** Du printemps à l'automne, donner un engrais organique à lente décomposition, de préférence en boulettes ou liquide. Ne pas apporter d'engrais en juillet-août, ni à un arbre chétif. Attendre 2 mois après un rempotage. Un bon apport d'engrais durcit les branches et les rend plus fortes.

STYLES

Chokkan

Tachiki

Sôkan

Kabudachi

Sôju

Micocoulier (*Celtis australis*).
Age ≃ 20 ans.
Hauteur ≃ 18 cm.
Mélange rare de 2 styles
ici « Chokkan » et « Hôkidachi ».

■ *parasites et maladies*

□ Parasites
- **Acariens.** Voir p. 28.
- **Scolytes.** Voir p. 30.
- **Bombyx (chenilles).** Voir p. 29.
- **Pucerons verts et galligènes.** Voir p. 30.

□ Maladies
- **Virus de la mosaïque.**

Symptômes. Le limbe est strié de jaune, les nervures présentent des mosaïques. Les vieilles feuilles jaunissent et tombent. La maladie est plus ou moins violente selon le climat et la région.

Remèdes. Aucun.

N.B. Lutter contre de possibles nématodes ou d'autres parasites. Nettoyer les outils. Les insecticides freinent l'extension mais ne guérissent pas du virus. Ce virus n'est pas fréquent sur les Micocouliers.

- **Graphiose.**

N'atteint que le *Celtis australis*.

Symptômes. Les feuilles jaunissent, les nervures brunissent, les rameaux flétrissent. Les feuilles tombent et les rameaux se recourbent. Les bourgeons sont secs et cassants.

Remèdes. Utiliser des fongicides systémiques.

N.B. Si l'emplacement n'est pas correct et si l'arrosage est insuffisant ou excessif, le Micocoulier peut présenter des feuilles jaunes et avoir des champignons.

Sambon-Yose

Gohon-Yose

Nanahon-Yose

Kyûhon-Yose

Yose-Ue

Fagus
HÊTRE

Famille des Fagacées. Originaire des régions tempérées de l'hémisphère Nord. Arbre à feuilles caduques. La longévité du Hêtre est d'environ 250 ans, mais peut atteindre 500 ans dans des circonstances exceptionnelles. Le Hêtre est un arbre rustique. Son écorce est lisse et gris cendré. Ses bourgeons allongés sont pointus. Le feuillage vert tendre au printemps devient foncé en été et roux en automne. Les feuilles restent partiellement attachées à l'arbre pendant l'hiver. Elles ne tombent que lorsque les nouvelles pousses éclosent, au printemps. On dit que ce sont des feuilles marcescentes. Les faînes, ou fruits, sont comestibles et apparaissent surtout sur les sujets âgés. Il existe une quinzaine d'espèces connues. Toutes ces espèces peuvent être travaillées en bonsaï. Les plus connues sont :

Fagus sylvatica (Hêtre commun). A des feuilles oblongues, dentées, avec des nervures saillantes.
Fagus crenata. Originaire du Japon. Il a un fût plus allongé, un tronc plus blanc et un feuillage plus petit.
Fagus purpurea (Hêtre pourpre). Présente un feuillage rouge-brun et résiste mieux à une atmosphère sèche. C'est une variété horticole agréable à travailler en bonsaï.
Fagus pendula (Hêtre pleureur). Ses branches retombent très naturellement.

■ *obtention*

● *Par semis.* La graine se sème en automne. Sa période de germination est très courte. Si l'on n'a pas pu planter les graines à l'automne, on peut les stratifier dans du sable sec pour les garder jusqu'au printemps, où il faudra alors les semer. On les plante à 2,5 cm de profondeur, dans un mélange de tourbe et de sable de rivière (éviter de semer dans un mélange trop acide), à l'intérieur d'une cagette, sans trop tasser afin de permettre à l'air de circuler.

● *Par greffage.* La méthode de greffage utilisée pour le Hêtre est la greffe par approche. Dans cette technique, on ne supprime pas tout de suite le greffon, qu'on laisse rattaché à la plante mère jusqu'à ce qu'ils ne forment plus qu'un. Le greffon et le porte-greffe peuvent provenir du même arbre. Faite au début du printemps, la greffe aura pris à la fin de l'automne. On sépare alors greffon et porte-greffe en coupant celui-ci le plus près possible du point d'attache, ceci pour éviter un renflement trop important. On enduit la coupe de mastic cicatrisant afin de permettre à la cicatrice de s'atténuer plus vite. Cela évite l'installation de parasites et de maladies. Après la greffe, on protège le Hêtre du vent et du gel et on le considère comme un arbre nouvellement rempoté.

● *Par jeunes plants de pépinière.* Dans les pépinières, il est possible de trouver de jeunes Hêtres dont le tronc est intéressant. Au printemps, on travaille les sujets en bonsaï en taillant les branches et les racines et en les mettant en pot. Il faudra les travailler pendant 2 ou 3 ans avant qu'ils ne soient vraiment bonsaï.

■ *entretien*

□ **Ensoleillement.** Le Hêtre supporte le plein soleil mais, en été, surtout dans les régions méditerranéennes, il est préférable de le placer dans un endroit légèrement ombragé.

□ **Température.** Dans le midi de la France, le Hêtre pousse naturellement en altitude car c'est là qu'il trouve un peu de fraîcheur. C'est un arbre qui redoute les grosses chaleurs. On le trouve surtout dans les régions au climat océanique et montagnard. Il craint les hivers très rigoureux et les gelées printanières. Au-dessous de -5°, il faut donc protéger les racines et le pot en les recouvrant de laine, de paille ou de feuilles mortes, ou encore en enterrant l'arbre avec son pot jusqu'à la base du tronc. On peut aussi le rentrer dans une pièce froide, même peu lumineuse, pendant les périodes de grand froid. Cependant, comme toutes les espèces rustiques, le Hêtre bonsaï résiste aux températures de nos climats.

□ **Ventilation.** Le Hêtre à l'état naturel est utilisé pour former des haies. Il supporte donc bien le vent. Cependant, il faut protéger les tout jeunes sujets de moins de 5 ans et les arbres rempotés d'un vent violent. →

STYLES

Chokkan   Shakan   Tachiki   Sôkan   Kabudachi   Korabuki   Netsunagari   Sôju   Yose-Ue   Tsukami-Yose

Hêtre crénelé (*Fagus crenata*). Age ≃ 150 ans. Hauteur ≃ 55 cm. Style « Tachiki » (bien que le départ du tronc soit « Chokkan »
la cîme présente les caractéristiques d'un « Tachiki »). Photo : Avril.
On peut observer les feuilles marcescentes de l'année précédente et les jeunes pousses de ce Hêtre vénérable.

Fagus
HÊTRE

□ **Céramique.** Pour des raisons esthétiques, on ne donne pas au Hêtre un pot décoré; le pot ne doit pas être trop plat; les solitaires âgés demandent un pot d'une profondeur de 4 à 8 cm. En revanche, les forêts peuvent être plantées sur une coupe plate ou même sur un simple plateau.

□ **Nettoyage.** Les feuilles du Hêtre sont marcescentes. Retirer les feuilles décrochées des branches au pied du bonsaï, en laissant les autres sur l'arbre. En effet, retirer tous les éléments morts ou abîmés évite que les maladies ou les parasites ne s'installent et, de plus, aère l'arbre, son feuillage et son sous-sol.

Le hêtre présente la particularité de perdre difficilement ses vieilles feuilles.

□ **Croissance.** Le feuillage du Hêtre a une croissance très lente. On le laisse donc pousser jusqu'à la fin du printemps avant de le tailler.

□ **Rempotage.** Le rempotage se fait toujours au printemps, au moment de la reprise de végétation, avant l'éclosion de nouvelles pousses. Il a lieu tous les 2 ou 3 ans, en fonction de l'âge de l'arbre. Les

Hêtre crénelé (*Fagus crenata*).
Age ≃ 50 ans. Hauteur ≃ 65 cm. Style « Chokkan ».
Photo : mars.
On observe :
- L'apparition des jeunes feuilles.
- L'ensemble de la ligature.
- L'implantation d'un jeune arbre, au pied de l'arbre principal, destinée à rééquilibrer la base de l'enracinement.

sujets âgés (plus de 50 ans) se rempotent tous les 4 ou 5 ans. Après avoir taillé entre la moitié et les deux tiers du chevelu des racines, on dispose l'arbre dans un pot de taille supérieure au précédent.

□ **Terre.** Le mélange terreux utilisé pour les Hêtres est composé à parts égales de terre végétale et de sable. Le Hêtre préfère les sols argilo-siliceux, frais et filtrants, mais il pousse aussi bien dans des sols calcaires ou pierreux; il faut éviter les sols compacts et humides.

□ **Taille.** Parallèlement au rempotage et à la taille des racines, on pratique une taille des branches et des feuilles.
● *Pinçage.* Les nouvelles pousses du Hêtre sont très vigoureuses et doivent être pincées. Le Hêtre n'émet pas de bourgeons secondaires. Les entre-nœuds tendent à être de plus en plus espacés et les tailles risquent alors de devenir visibles. C'est pourquoi il faut pincer les jeunes pousses quand elles sont encore tendres en laissant 1 ou 2 feuilles. Cette opération se fait à la fin du printemps, quand les feuilles mortes de l'année précédente sont tombées, chassées par ces nouvelles pousses.
● *Taille des feuilles.* Cette opération plus délicate se fait en été, sur un arbre en bonne santé. Elle ne s'effectue que tous les 2 ans. Elle fatigue l'arbre mais, après cette taille, le Hêtre fera un automne encore plus beau avec des feuilles plus petites, issues d'un deuxième printemps artificiellement recréé. On peut aussi défolier complètement l'arbre, mais pas pendant l'année du rempotage.
● *Taille des branches.* Elle doit toujours être légère et s'effectue de préférence à la

suite d'un rempotage. Le Hêtre est un arbre dont la croissance est lente; il ne se taille donc qu'une fois dans la saison. On taille en biais, en laissant 2 ou 3 feuilles par branchage, juste au-dessus d'une insertion foliaire, ce qui favorisera une bonne ramification des nouveaux rameaux.
● *Taille de structure.* Cette taille particulière se fait en hiver, quand on a un bon aperçu de la silhouette de l'arbre. Avec une bonne scie à bonsaï, on coupe la branche maîtresse, qui dénature l'aspect esthétique de l'arbre. On doit mettre un peu de mastic cicatrisant sur chaque coupe de branche pour éviter les parasites et les maladies.

□ **Ligature.** Le bonsaï est donc sculpté par la taille des branchages, mais aussi par la ligature lorsque l'on veut donner un style défini à l'arbre. On ligature le Hêtre entre le printemps et l'automne, pendant une durée maximale de 3 mois, car le bois nouveau du Hêtre est très tendre et la pression du fil de cuivre risque de blesser l'arbre au niveau des branches et des racines. On coupe le fil de cuivre avec une pince à fil de fer, sans blesser l'arbre; si l'écorce est entaillée, passer du mastic cicatrisant. L'écorce du Hêtre étant fragile, il vaut mieux enrober le fil de cuivre avec du raphia ou du papier. Tant que la forme désirée n'est pas obtenue, on recommence l'opération en évitant toujours de coincer le feuillage entre le fil et l'écorce.

□ **Arrosage.** L'arrosage du Hêtre doit être abondant de la fin du printemps à la

Hêtre crénelé (*Fagus crenata*). Détail de l'éclosion des nouvelles feuilles; on notera le fil de fer qu'on a enrobé de papier afin de ne pas blesser la branche.

fin de l'été. On diminue les arrosages à la fin de l'été et en automne. Attention aux excès d'eau en hiver. Jamais d'eau en cas de gel.

☐ **Vaporisation.** Le Hêtre est un arbre qui aime particulièrement l'air humide : il a donc besoin d'être bassiné du début du printemps à la fin de l'été. Si l'arbre est petit ou s'il fait très sec, on peut même bassiner matin et soir. Il est également préférable de recréer une atmosphère humide en arrosant tout autour de l'arbre; ainsi, l'eau, en s'évaporant, apporte une humidité nécessaire à l'arbre tout entier.

☐ **Engrais.** L'engrais peut être en boulettes, en poudre ou liquide. On donne de l'engrais du début du printemps, après l'éclosion des bourgeons, à la fin de l'automne, lorsque l'arbre se met en repos de végétation. On ne donne pas d'engrais en juillet-août, ni à un bonsaï chétif ou nouvellement rempoté.

Hêtre crénelé (*Fagus crenata*). Age : de 15 à 30 ans.
Hauteur ≃ 70 cm. Style « Yóse-Ue ».
Photo : décembre.
Photographiée en hiver, cette forêt
conservera son feuillage automnal jusqu'au printemps.

■ *parasites et maladies*

☐ **Parasites**
● **Capricornes.**
Symptômes. Les branches se dessèchent à la suite de galeries creusées dans l'écorce. Présence possible de coléoptères noirs.
Remèdes. Tailler les branches envahies.
● **Orchestes.**
Symptômes. Des trous circulaires sur les feuilles s'agrandissent. Le limbe est rongé par des coléoptères.
Remèdes. Pulvériser des insecticides.
● **Bombyx.** Voir p. 29.
● **Pucerons.** Voir p. 30.
● **Cochenilles.** (essentiellement sur le tronc et les branches maîtresses). Voir p. 29.
● **Cecidomyies.**
Symptômes. Les jeunes pousses sont déformées. Le feuillage envahi de petits asticots se crispe. Apparition de galles vertes puis rouges, dures, sur le feuillage.

Remèdes. Pulvériser des insecticides systémiques.

☐ **Maladies**
● **Oïdium.** Voir p. 31.
● **Chancre.**
Symptômes. Des chancres cerclés de bourrelets avec des grains rouges se forment sur les branches. La partie supérieure des branches malades, meure.
Remèdes. Cureter et désinfecter les chancres. Au débourement à la chute des feuilles, pulvériser des fongicides à base de cuivre.
● **Chancre du Hêtre.**
Symptômes. Sur l'écorce des nouvelles pousses, un anneau noir se forme et détruit tout le feuillage dans la partie supérieure.
Remèdes. Tailler et détruire les branches malades.
● **Pourridié.** Voir p. 31.

Famille des Fagacées. Originaire des zones tempérées de l'hémisphère Nord, des Tropiques, d'Amérique du Sud (Colombie) et du Sud-Est asiatique. On compte 250 espèces.

Quercus
CHÊNE

Chêne pédonculé. Chêne blanc qui mesure 40 m de haut. Il vit au moins 400 ans et peut être millénaire. Le tronc droit, épais et court se divise en grosses branches sinueuses, coudées, épaisses. Sommet irrégulier. Feuillage caduc en touffes, avec 4 ou 5 paires de lobes avec deux oreillettes à la base, vert foncé, légèrement bleuté, glabre: Les glands sont mûrs en automne.
Chêne rouvre. Chêne noir qui atteint 40 m. Tronc droit, cylindrique, avec une flèche. Branches moins sinueuses. Le feuillage est homogène avec 7 ou 8 paires de lobes, arrondi à l'extrémité, sans oreillettes à la base, vert clair, luisant, roux à l'automne. Il peut rester attaché à l'arbre en hiver. Les glands sont mûrs à la fin de l'automne.
Chêne pubescent. Ne dépasse pas 20 m de haut. Tronc court, tortueux, sommet irrégulier; longévité moins grande. Feuillage caduc aux lobes irréguliers, face inférieure grise, feuilles marcescentes. Glands globuleux portés par un pédoncule.

■ *obtention*

● *Par semis.* Récolter les glands mûrs pour la plupart en octobre. Les faire sécher un peu en les retournant de temps en temps. Puis les conserver en silos (comme les pommes de terre) ou dans du sable très légèrement humide. Semer en mars-avril, après les gelées, à 6 cm de profondeur. La germination a lieu en 6 semaines. Lorsque les graines ont levé, les protéger des oiseaux. Rempoter au printemps suivant.

● *Par bouturage.* Choisir des rameaux de 1 à 3 ans. Tremper les boutures dans une hormone d'enracinement. Maintenir les boutures au chaud tant qu'elles n'ont pas raciné.

● *Par marcottage aérien.* Procéder comme habituellement. /**Voir 1ᵉ partie**/. Envelopper la marcotte d'une double feuille plastique, face intérieure en polyéthylène et face extérieure en aluminium, ce qui réduit la déperdition d'humidité et maintient plus de chaleur.

● *Par jeunes plants de pépinière.* Choisir des sujets dont la racine pivotante n'est pas trop profonde et le système radiculaire bien développé.

■ *entretien*

☐ **Ensoleillement.** Le chêne pédonculé a besoin de beaucoup de lumière, alors que le Chêne rouvre est davantage un arbre de futaie et doit être placé à la mi-ombre en été. Placer de préférence le Chêne pubescent au nord, mais il a besoin de beaucoup de lumière. Emplacement à la mi-ombre en été, soleil aux autres saisons.

☐ **Température.** Résiste au gel et aime la chaleur. Redoute les gelées tardives. Le Chêne rouvre aime les climats doux et humides.

☐ **Ventilation.** Supporte le vent, mais peut casser lors de vents très violents.

☐ **Céramique.** La racine maîtresse s'enfonce profondément: choisir une coupe profonde.

☐ **Nettoyage.** Si au printemps, lors de la sortie des nouvelles feuilles, il subsiste de vieilles feuilles sèches, les retirer délicatement. Ne pas laisser les mousses envahir la base des racines et du tronc.

☐ **Croissance.** Le Chêne rouvre grandit moins vite que le Chêne pédonculé qui, comme le Chêne pubescent, a déjà une croissance lente.

☐ **Rempotage.** Au printemps, tous les 3 ans, dans un pot de la taille supérieure au précédent. Tailler la moitié du chevelu des racines. Attention à ne pas blesser le pivot, qu'il faut néanmoins réduire chez les jeunes sujets.

☐ **Terre.** 1/3 de terre végétale, 1/3 de sable de rivière et 1/3 de terreau. Le Chêne rouvre s'épanouit dans une terre meuble bien drainée et relativement sèche. Le Chêne pubescent pousse dans une terre sèche, calcaire, peu fertile. En général, sol fertile, profond, terrain de bois.

☐ **Taille.**
● *Taille des pousses.* Laisser démarrer les boutons. Les couper aux ciseaux dès qu'ils fanent et, en été, avant que les nouvelles pousses ne soient aoûtées.
● *Taille des rameaux.* Réduire en coupant avec des ciseaux: ne laisser qu'une ou deux paires de feuilles. Couper quand les rameaux ont émis environ 4 ou 5 paires de feuilles.
● *Taille de structure.* Avant le départ de la végétation, supprimer les branches qui s'entrecroisent. Si elle est bien faite lorsque l'arbre est jeune, son utilité disparaîtra peu à peu.

☐ **Ligature.** Si nécessaire, ligaturer le

STYLES

Shakan

Tachiki

Han-Kengai

Sekijôju

Sôkan

Kabudachi

Chêne du printemps à l'automne. Mais façonner le plus possible la silhouette en taillant.

☐ **Arrosage.** Bien arroser au printemps et en été et laisser sécher la terre entre deux arrosages. Un bon drainage est nécessaire. La terre peut être plus humide en surface.

☐ **Vaporisation.** Bassiner en été : l'eau nettoie les feuilles de la pollution et d'éventuelles attaques de parasites.

☐ **Engrais.** Au printemps et à l'automne, donner un engrais organique à lente décomposition. Ne pas donner d'engrais en juillet-août, ni après un rempotage ni à un arbre en mauvais état.

Chêne pédonculé (*Quercus robur*). Age ≃ 15 ans. Hauteur ≃ 25 cm. Style « Tachiki ». Photo : juin.

■ *parasites et maladies*

☐ **Parasites**

● **Hannetons**
Symptômes. Racines rongées qui abritent des hannetons dans un nid. Feuilles découpées et mangées.
Remèdes. Répandre des insecticides sur la terre en automne pour détruire les larves. Au printemps, pulvériser des insecticides contre les adultes.

● **Buprestes.**
Symptômes. Ecorce perforée d'où partent des galeries. Branches desséchées. Présence de coléoptères gris argent.
Remèdes. Tailler puis détruire les branches envahies.

● **Scolytes.** Voir p. 30.

● **Capricornes.**
Symptômes. Ecorce perforée d'où partent des galeries. Branches desséchées. Présence de coléoptères bruns.
Remèdes. Tailler puis détruire les branches envahies.

● **Lucanes.**
Symptômes. Tronc rongé par de gros vers blancs. Présence possible de coléoptères bruns. Ces insectes n'attaquent que les arbres qui vont mourir.
Remèdes. Aucun.

● **Orchestes.**
Symptômes. Feuillage rongé par des larves et

limbe rongé par des coléoptères.
Remèdes. Pulvériser des insecticides.

● **Cossus (chenilles).** Voir p. 29.
● **Bombyx et processionnaires (chenilles).** Voir p. 29.
● **Géomètres (chenilles).** Voir p. 29.
● **Tordeuses (chenilles).** Voir p. 29.
● **Mineuses (chenilles).** Voir p. 29.
● **Pucerons.** Voir p. 30.
● **Cynips.**
Symptômes. Galles chevelues vert-rouge sur les tissus de l'arbre, habitées par des larves. Galles rondes en forme d'artichaut sur les rameaux.
Remèdes. Tailler les rameaux envahis. Ne demande aucun traitement chimique.

☐ **Maladies**

● **Fonte des semis.**
Symptômes. Les bourgeons éclosent avec un champignon qui les fait s'affaisser. Pourriture humide au collet. L'arbre semble fondre en s'affaissant, puis meurt.
Remèdes. Eviter une stagnation de l'eau, trop d'humidité; placer l'arbre à l'air.

● **Oïdium** Voir p. 31.

● **Cloque.**
Symptômes. Cloques vertes, puis brunes sur le

feuillage. En cas d'attaque tombent.
Remèdes. Pulvériser des bouillies à base de cuivre.

■ **Chancre.**
Symptômes. Au niveau des cicatrices et des fentes entre les ramifications, des plaies se creusent, se boursouflent et se craquèlent; les branches meurent. Les branches voisines développent des bourrelets de défense. Apparition de points rouges sur le bois.
Remèdes. Tailler et détruire les rameaux malades. Cureter les chancres. Badigeonner les plaies avec un fongicide. Recouvrir de mastic cicatrisant. Pulvériser des bouillies à base de cuivre lors de la chute des feuilles.

● **Maladie du corail.**
Symptômes. Un chancre sur les rameaux et les branches qui sèchent et meurent. Apparition de grains rouges sur les parties mortes.
Remèdes. Tailler et détruire les rameaux malades. Traitement chimique déconseillé.

● **Taches foliaires.** Voir p. 31.

● **Anthracnose.**
Symptômes. Taches rousses irrégulières granuleuses sur le feuillage. Les jeunes rameaux se dessèchent.
Remèdes. Pulvériser des bouillies à base de cuivre sur le feuillage.

● **Pourridié.** Voir p. 31.

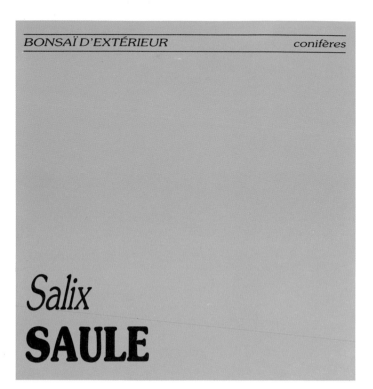

Salix
SAULE

Famille des Salicées. Originaire des régions froides et tempérées de l'hémisphère Nord. Arbre de petite taille qui peut être centenaire. Des chatons (inflorescences) apparaissent au début du printemps ou en été, en fonction des variétés.

Salix alba. Le plus grand, au feuillage gris-blanc. Tronc droit très ramifié. Cime ample. Le *Salix nigra* est un hybride.
Salix babylonica. Saule pleureur. Les rameaux flexibles pendent jusqu'au sol. Originaire de Chine, du Japon, de Corée. De petite taille (une dizaine de mètres). Feuilles lancéolées, longues, légèrement dentées, vert foncé dessus, vert glauque dessous. Des chatons sortent avec les feuilles, grêles et jaunes. Il existe de nombreuses variétés à petites feuilles que l'on peut utiliser en bonsaï.

■ *obtention*

● *Par semis.* La graine mûrit en mai-juin et germe tout de suite après le semis. Dès la récolte, semer dans un sol humide, sableux de préférence. Garder la pousse deux années avant de la rempoter.

● *Par bouturage.* Bouturer en juin des pousses herbacées. Les planter dans un mélange tourbe-sable maintenu humide.

● *Par marcottage simple.* Maintenir la terre sableuse humide. L'enracinement se fera rapidement. Sevrer la marcotte et la mettre en pot. En mai-juin.

■ *entretien*

☐ **Ensoleillement.** Aime les situations ensoleillées. En été, placer à la mi-ombre mais à la lumière.

☐ **Température.** Peu exigeant, s'accommode de températures fraîches. Eviter les trop fortes chaleurs.

☐ **Ventilation.** S'épanouit dans les endroits aérés. Ne craint pas le vent.

☐ **Céramique.** Choisir une coupe moyennement plate lorsque l'arbre s'élève. Lorsqu'il est en cascade ou semi-cascade, une poterie profonde est nécessaire. Toujours prévoir un bon drainage.

☐ **Nettoyage.** Bien nettoyer l'intérieur de la couronne en été. Retirer toutes les parties mortes sur l'arbre et la terre à l'automne. Brosser le tronc.

☐ **Croissance.** Généralement rapide. La croissance des mâles est plus faible que celle des femelles.

☐ **Rempotage.** Au début du printemps et au début de l'été, 2 fois par an, après avoir taillé la moitié des racines , rempoter dans un pot de la taille supérieure au précédent. Préparer un bon drainage.

Formation d'un saule. 1. Bouturer. 2. Rempoter et laisser le fond du pot dans une bassine d'eau. 3. Ligaturer les longues pousses en hiver; les rameaux étant très souples, on peut les plier entre eux de façon à les maintenir vers le haut. 4. a) Ancienne motte. b) Drainage. c) Ajouter de la terre. 5. Tailler les rameaux. 6. Rempoter au printemps.

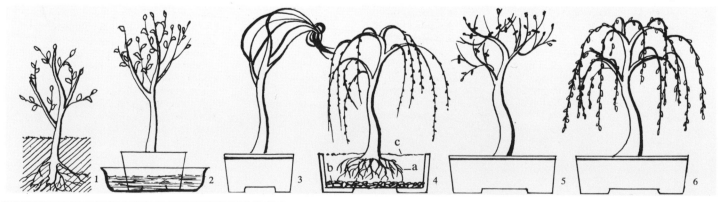

STYLES

Kengai   Tachiki   Han-Kengai   Hôkidachi   Sekijôju   Ishitsuki   Sôkan   Kusamono

□ **Terre.** 1/3 de terre végétale, 1/3 de sable de rivière et 1/3 de terreau. Il a besoin d'un sol humide, marécageux, léger, frais.

□ **Taille.**
● *Taille des pousses.* Au tout début du printemps, faire une taille des pousses avant que la sève ne circule.
● *Taille des rameaux.* Tailler en ne laissant qu'un œil à bois. Couper au moment du rempotage les longs nouveaux départs. Retailler à la fin de l'automne.

□ **Ligature.** Au printemps et en été. Envelopper le fil de cuivre de raphia pour protéger les branches. On peut former l'arbre par suspension de poids. Après avoir ligaturé, diriger délicatement les branches à la main.

□ **Arrosage.** Abondant si le drainage est bien effectué. Garder toujours humide. En été, il peut être nécessaire de faire tremper l'arbre dans une bassine d'eau.

□ **Vaporisation.** Bien bassiner l'arbre, qui demande une hygrométrie élevée. Cela le préservera des parasites et nettoiera son feuillage de la pollution. Vaporiser souvent lors de la végétation.

□ **Engrais.** Au printemps et en automne. Donner un engrais organique à lente décomposition. Pas d'apport d'engrais en juillet-août, ni dans les six semaines qui suivent un rempotage ni à un arbre chétif.

Saule (*Salix babylonica*).
Age ≃ 15 ans. Hauteur ≃ 35 cm.
Style « Hokidachi ». Photo : octobre.

■ *parasites et maladies*

□ **Parasites**
● **Erinoses.**
Symptômes. Duvet blanc au printemps, rouge en été sur le limbe. Feuillage déformé. Les chatons ont l'aspect de galles vertes.
Remèdes. Tailler les rameaux envahis par les galles. Pulvériser des acaricides.
● **Capricornes.**
Symptômes. Ecorce perforée d'où partent des galeries, rongées par des larves blanches. L'arbre dépérit. Présence de coléoptères.
Remèdes. Tailler les branches envahies. Enfoncer un fil de fer dans les galeries pour détruire les adultes.
● **Cossus et zeuzères (chenilles).** Voir p. 29.
● **Charençons.**
Symptômes. Branches et rameaux creusés par des larves blanches. Extrémités de l'arbre desséchées. Présence possible de coléoptères.
Remèdes. Pulvériser des insecticides à base de lindane.
● **Bombyx, Tenthrèdes, Tenthrèdes galligènes, Chrysomèles (chenilles).**
Symptômes. Les feuilles sont rongées par des larves ou des chenilles. Présence possible de coléoptères.

Remèdes. Pulvériser des insecticides à base de parathion ou de lindane.
● **Galles en rosette.**
Symptômes. Les petites feuilles aux extrémités des pousses sont en forme d'artichaut et abritent des vers minuscules.
Remèdes. Tailler et brûler les rameaux envahis. Pulvériser des insecticides à base de parathion.
● **Pucerons.** Voir p. 30.
● **Cochenilles.** Voir p. 29.

□ **Maladies**
● **Oïdium** Voir p. 31.
● **Chancre.**
Symtômes. Au niveau des cicatrices et des ramifications, des plaies se creusent, se boursouflent et se craquèlent. Les branches meurent. Les branches voisines émettent des bourrelets de défense. Points rouges sur le bois.
Remèdes. Tailler et brûler les rameaux malades. Cureter les chancres. Badigeonner de fongicides à base de cuivre. Recouvrir de mastic à cicatriser. Pulvériser des bouillies fongicides à base de cuivre lors de la chute des feuilles.

● **Tavelure du Saule.**
Symptômes. Taches noires au revers des feuilles. Les rameaux sèchent et se recourbent. Les taches partent des nervures, puis s'élargissent.
Remèdes. Tailler et brûler les parties malades. Au début du printemps, pulvériser préventivement un mélange cuivre-zinèbe.
● **Croûtes noires.**
Symptômes. Croûtes épaisses sur les feuilles.
Remèdes. Retirer les feuilles malades et mortes, pulvériser des fongicides à base de cuivre.
● **Anthracnose.**
Symptômes. Taches rondes et brunes sur les feuilles. Lésions sur les nervures. Les feuilles s'enroulent. Les taches des rameaux se transforment en chancre.
Remèdes. Tailler les parties malades. Pulvériser un fongicide à base de cuivre.
● **Chancre noir.**
Symptômes. Taches brunes sur les nervures des feuilles. Lésions sur les rameaux. Les feuilles s'enroulent et tombent.
Remèdes. Tailler les parties malades. Pulvériser des fongicides à base de cuivre au début du printemps et à la chute des feuilles.
● **Rouille.** Voir p. 31.

Famille des Ulmacées. Originaire des régions tempérées de l'hémisphère Nord. On répertorie 18 espèces. Arbre à feuilles généralement caduques, alternes, dissymétriques à la base, dentées. Des fleurs minuscules rouges ou jaunes. Des fruits mûrs en mai (samares ailées).

Ulmus
ORME

Ulmus parvifolia. Espèce à toutes petites feuilles luisantes vert foncé, différentes des autres, plus dures, qui peuvent, selon le climat, être persistantes ou tomber tardivement après avoir pris une couleur d'automne pourpre ou orange. Il fleurit très tard (septembre) et a généralement une cime arrondie.

Certains Ormes originaires du sud de la Chine et de Taïwan peuvent être considérés comme des bonsaï d'intérieur en France, notamment dans la moitié Nord et dans les régions montagneuses. Observer néanmoins un certain repos de végétation en hiver.

Ormes de Chine (*Ulmus parvifolia*). De gauche à droite. Age ≃ 15, 20 et 10 ans. Hauteur ≃ 15, 22 et 8 cm. Styles « Hôkidachi », « Nejikan », « Hôkidachi ». Photo : janvier.

■ *obtention*

● *Par semis.* Les graines des Ormes sont mûres en juin, celles de l'*Ulmus parvifolia* en septembre-octobre. Pour les premières, les planter après la récolte. Pour les secondes, les laisser sécher, les mettre dans un endroit sec pendant l'hiver, les stratifier environ 3 semaines au printemps avant de les planter.

● *Par marcottage aérien.* En juin. /**Voir 1ʳᵉ partie**/.

● *Par bouturage.* En juin, utiliser une hormone de bouturage, planter dans un mélange composé de 2/3 de tourbe et de 1/3 de sable de rivière. Conserver une humidité atmosphérique élevée.

● *Par jeunes plants de pépinière.* On peut trouver des espèces d'Ormes qui n'attrappent pas la maladie (*U. carpinifolia, U. parvifolia*) et qui donnent de beaux bonsaï.

■ *entretien*

☐ **Ensoleillement.** Aime le plein soleil, a besoin d'une grande luminosité.

☐ **Température.** Eviter les climats trop froids. Sa résistance au gel est limitée.

☐ **Ventilation.** Supporte bien le vent. A besoin d'une bonne circulation d'air autour de sa couronne.

☐ **Céramique.** Choisir une céramique un peu profonde, car les Ormes préfèrent les sols profonds. Les bleus, les céladons, les ivoires vont bien à l'Orme.

☐ **Nettoyage.** Retirer le feuillage mort à l'automne. Bien tailler nettement les branchettes de la ramure. Brosser le tronc.

☐ **Croissance.** Rapide.

☐ **Rempotage.** Entre le début du printemps et l'été, tous les 2 ou 3 ans, dans un pot de la taille supérieure au précédent. Tailler entre la moitié et les deux tiers des racines.

☐ **Terre.** 2/3 de terre végétale et 1/3 de sable de rivière. Se développe bien dans des sols frais et humides, profonds et fertiles.

☐ **Taille.**
● *Taille des pousses.* Tailler pendant la période de végétation les nouvelles pousses, en ne gardant qu'une ou deux paires de feuilles.
● *Taille des rameaux.* A chaque insertion foliaire se forment des ramifications. Laisser pousser et pincer les bourgeons, puis retailler en ne laissant qu'une paire de feuilles. De cette façon, on favorise la ramification fine de l'Orme.
● *Taille des feuilles.* On peut défolier l'Orme en juin, lorsqu'il est bien raciné et en parfaite santé. Il aura un feuillage

STYLES

Chokkan

Shakan

Kengai

Tachiki

Han-Kengai

Hôkidachi

Sekijôju

dense et petit, une bonne ramification et fera un bel automne.

• *Taille de structure.* A la fin de l'hiver, quand on a un bon aperçu de la silhouette de l'arbre, retailler assez court les rameaux, et tailler les branches maîtresses qui pourraient déparer l'arbre.

☐ **Ligature.** Fin juin. Retirer le fil de cuivre en octobre. On ligature rarement les Ormes, seulement les branches maîtresses lorsque l'arbre est jeune, la forme étant essentiellement donnée par les tailles successives.

☐ **Arrosage.** L'orme aime les sols humides. Arroser abondamment en été, réduire en automne et diminuer encore en hiver.

☐ **Vaporisation.** En été, bien bassiner le feuillage pour recréer une bonne hygrométrie. A besoin d'un air humide.

☐ **Engrais.** Donner un engrais organique à lente décomposition au printemps et en automne. Pas d'apport d'engrais en juillet-août, ni pendant 6 semaines après un rempotage ni à un arbre défolié ou chétif.

Orme de Chine (*Ulmus parvifolia*) Age ≃ 18 ans.
Hauteur ≃ 22 cm. Style « Tachiki ».
Photo : juin.
Les nouvelles pousses vert tendre sont à tailler.

■ *parasites et maladies*

☐ **Parasites**
• **Araignées rouges.** Voir p. 28.
• **Scolytes.** Voir p. 30.
• **Erinoses.**
Symptômes. Sur les feuilles, duvet épais qui rougit en été. Apparition de granulations vertes, rouges ou noires. Feuillage déformé.
Remèdes. Pulvériser du soufre sur les jeunes sujets. En cas d'attaque importante, pulvériser des acaricides.
• **Galéruques.**
Symptômes. Le limbe est perforé, seules les

nervures subsistent. L'arbre peut roussir.
Remèdes. Pulvériser des insecticides de contact.
• **Géomètres (chenilles).** Voir p. 29.
• **Bombyx (chenilles).** Voir p. 29.
• **Pucerons verts et pucerons galligènes.** Voir p. 30.

☐ **Maladies**
• **Croûtes noires.**
Symptômes. Les croûtes brunes sur les feuilles

peuvent entraîner leur chute prématurée.
Remèdes. Tailler les feuilles malades.
• **Cloque.**
Symptômes. Des cloques vert-de-gris sur le feuillage entraînent son dessèchement, son noircissement et sa chute.
Remèdes. Pulvériser des fongicides à base de cuivre.
N.B. A notre connaissance, les *Ulmus parvifolia* n'attrapent pas la graphiose, et nous n'avons jamais rencontré cette maladie sur aucun Ulmus ni Zelkova travaillé en bonsaï.

Nejikan

Ishitsuki

Sôkan

Kabudachi

Sôju

Sambon-Yose

Bonkei

Zelkova
ZELKOVA

Famille des Ulmacées. Originaire de Crète (*Zelkova cretica*), du Caucase (*Zelkova crenata*), de Chine (*Zelkova sinica*) et du Japon (*Zelkova acuminata*). *Zelkova acuminata* ou *serrata*, arbre à feuilles caduques acuminées au sommet, dentées, vertes, orange à l'automne, peut dépasser 30 m. Tronc divisé en longues tiges érigées et divisées en un grand nombre de branches dressées et ramifiées. Cime ovale.

■ *obtention*

• *Par semis.* Semer la graine dans le cours de l'été où elle a été récoltée. Humidifier le semis, protéger du gel de l'hiver et empoter au printemps. Si l'on n'a pas semé en été, stratifier les graines et les planter au printemps. Empoter l'année suivante.

• *Par bouturage.* En juin. Ecorcer légèrement la bouture. La tremper dans une hormone d'enracinement, l'étêter et la planter dans un mélange sable-tourbe.

• *Par marcottage aérien.* On utilise cette méthode, lorsqu'on ne peut obtenir le Zelkova par semis ou bouture. Pratiquer le marcottage au mois de juin.

• *Par jeunes plants de pépinière.* Le *Zelkova serrata* ne se trouve pas facilement en France.

Comment réaliser une forme en balai à partir d'un jeune plant.

1 - Jeune plan issu de graines ou bouture. 2 - Quand le tronc a atteint une taille suffisante, tailler la racine principale.
3 - Elaguer le tronc. 4 - Couper les branches. 5 - Tailler les racines.
6 - Tailler les rameaux. 7 - 1 ou 2 mois avant la montée de la sève, attacher les branches en forme de balai à l'aide de raphia.

STYLES

Chokkan   Hôkidachi   Sekijôju   Ishitsuki   Sôkan   Kabudachi   Gohon-Yose   Nanahon-Yose   Kyûhon-Yose   Yose-Ue   Bonkei

■ *entretien*

□ **Ensoleillement.** Plein soleil. En été, le placer à la mi-ombre.

□ **Température.** A besoin de situations chaudes. Protéger du gel les arbres plantés dans des céramiques plates.

□ **Ventilation.** Supporte très bien le vent. A besoin d'une circulation d'air autour du feuillage.

□ **Céramique.** La plupart des Zelkovas sont travaillés en forme de balai, dans des coupes extra-plates, émaillées extérieurement dans les tons de bleu, de céladon, de beige ou des coupes non émaillées couleur de terre.

□ **Nettoyage.** Bien tailler l'intérieur de la couronne pour lui permettre de recevoir air et soleil. Retirer les feuilles mortes et les brindilles mortes du sol et sur l'arbre.

□ **Croissance.** Rapide, surtout dans de bonnes conditions de sol et de luminosité.

□ **Rempotage.** Tous les deux ou trois ans, au début du printemps. Tailler la moitié des racines et rempoter dans une coupe de la taille supérieure à la précédente. Préparer un bon drainage.

□ **Terre.** 2/3 de terre végétale et 1/3 de sable de rivière. Les Zelkovas préfèrent

Orme du Japon (*Zelkova serrata « makino »*).
Age ≃ 70 ans. Hauteur ≃ 45 cm.
Style « Hôkidachi ».
Photo : août.

des sols forts, avec de l'argile tendre, ou des sols argilo-siliceux frais.

□ **Taille.**
● *Taille des pousses.* Du printemps à l'automne, tailler pour ne garder que 2 ou 3 feuilles par rameaux. Retirer les nouvelles pousses.
● *Taille des rameaux.* Retailler après chaque ramification les nouveaux rameaux, en ne laissant qu'une ou deux paires de feuilles pour obtenir une bonne ramification.
● *Taille des feuilles.* En juin, on peut

Ci-contre : ce *Zelkova serrata* a besoin d'être taillé, sa végétation devenant exubérante.

En bas, à gauche : la taille est effectuée méthodiquement avec des ciseaux.

Ci-dessous : une fois taillé, l'arbre a retrouvé ses proportions harmonieuses. L'opération pourra être entreprise plusieurs fois pendant la période de végétation.

défolier un Zelkova bien raciné et en bonne santé.
● *Taille de structure.* En hiver, tailler les branches maîtresses qui dénaturent l'arbre et égaliser les rameaux.

□ **Ligature.** Il est rare de ligaturer les Zelkovas. Toutefois, cette technique est possible après que les bourgeons se sont ouverts, jusqu'en octobre. Ligaturer les branches et les diriger à la main. La forme du Zelkova est surtout donnée par la taille.

□ **Arrosage.** Plus abondant en été. Laisser sécher entre deux arrosages. Réduire au printemps et en automne. Peu d'eau en hiver.

□ **Vaporisation.** Bassiner le feuillage en été pour le nettoyer de la pollution et éviter les parasites ou les maladies.

□ **Engrais.** Au printemps et en automne, donner de l'engrais organique à lente décomposition. Attendre 6 semaines après un rempotage. Pas d'apport d'engrais en juillet-août, ni à un arbre chétif.

■ *parasites et maladies*

Mêmes parasites et mêmes maladies que l'Ulmus.
Voir p. 79.

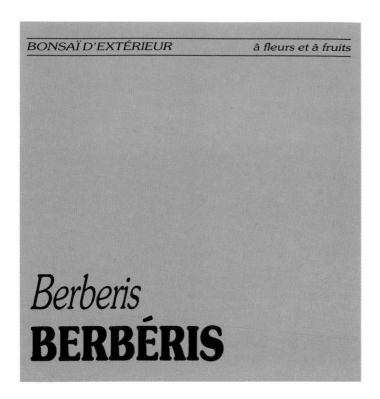

Berberis
BERBÉRIS

Famille des Berbéridacées. Originaire de l'Europe, du Nord de l'Afrique et de l'Amérique, d'Asie centrale et orientale. Arbuste qui ne dépasse pas 3,50 m, au feuillage caduc, semi-persistant ou persistant selon les espèces. Le feuillage persistant est vert, celui des caducs est pourpre ou vert avec des tons d'automne flamboyants. La forme des feuilles, généralement ovales, est plus ou moins arrondie. Elles sont bordées d'épines ou lisses. Le Berbéris est épineux. Les fleurs sont jaunes, les fruits sont des baies de teintes vives et variées.

Berberis thunbergii. Originaire d'Asie. Port compact. Les feuilles, caduques, sont rouges ou pourpres. Les fleurs, jaunes, sont bordées de rouge en mai, orangées en automne. En hiver, il porte des baies rouges.
Berberis darwinii. Originaire d'Amérique du Sud. Le feuillage, vert foncé, est persistant. Cette espèce fleurit en avril-mai, en grappes pendantes jaune d'or marquées de rouge. En automne, elle porte des fruits pourpres.
Berberis verruculosa. Port dressé, rameaux couverts de verrues et d'épines. Le feuillage, persistant, est compact et brillant, les fleurs jaune d'or et les fruits noirs à l'automne.

■ *obtention*

● *Par semis.* Nettoyer la graine après la récolte et la stratifier. Semer au printemps. La germination est très rapide. Les pousses lèvent rapidement. Mettre en pot tout de suite.

● *Par bouturage.* Bouturer au début de l'été avec des rameaux herbacés. Les espèces à feuilles persistantes se bouturent en août-septembre avec des rameaux aoûtés, afin qu'ils ne pourrissent pas. Retirer les piquants pour bouturer, tailler les feuilles mais laisser les yeux. Les persistants sont plus longs à raciner. Attendre le printemps suivant pour empoter.

● *Par marcottage aérien.* Au printemps.

● *Par jeunes plants de pépinière.*

■ *entretien*

□ **Ensoleillement.** Le Berbéris aime le soleil. Il a besoin de lumière pour que son feuillage prenne ses couleurs éclatantes.

Placer les espèces persistantes à la mi-ombre.

□ **Température.** Le *Berberis darwinii* ne vit que dans les régions méditerranéennes ou dans la zone atlantique. Les autres Berbéris aiment la chaleur et résistent moyennement au gel.

□ **Ventilation.** Aucune contre-indication.

□ **Céramique.** Le Berbéris pousse dans des sols peu profonds. Il n'est donc pas nécessaire de le planter dans des céramiques très creuses, mais les coupes très plates ne lui conviennent pas. Penser à harmoniser la couleur de la poterie avec celle du feuillage et des fleurs.

□ **Nettoyage.** Retirer les feuilles mortes de l'arbre et du sol. Supprimer certains fruits s'ils sont trop abondants et les enlever dès qu'ils sont fanés.

□ **Croissance.** Variable selon les espèces. Le *Berberis verruculosa* grandit très lentement. Le *Berberis thunbergii* a une croissance assez rapide, contrairement au *Berberis darwinii.*

□ **Rempotage.** Au début du printemps, tous les ans ou tous les deux ans, dans un pot de la taille supérieure au précédent.

Tailler entre le tiers et la moitié des racines.

□ **Terre.** Mélange à parts égales de terre végétale et de terreau. Le Berbéris pousse dans tous les sols, mêmes très secs et peu profonds, mais il craint les sols humides.

□ **Taille.**
● *Taille des rameaux.* Tailler après la floraison : le Berbéris fleurit sur les pousses de l'année précédente issues du bois de deux ans. Si l'on taille trop tôt, on empêche la floraison.
● *Taille des branches.* Rabattre les branches qui ont beaucoup poussé. Jusqu'en septembre, réduire les nouvelles pousses.

□ **Ligature.** Possible tout au long de l'année. Ne laisser le fil de cuivre que quelques mois.

□ **Arrosage.** Plus abondant par temps chaud. Bien laisser sécher la terre entre deux arrosages. Le Berbéris craint l'humidité.

□ **Vaporisation.** En été, bassiner légèrement le feuillage pour humidifier l'air environnant. Ne pas bassiner quand le Berbéris est en fleur.

STYLES

Shakan   Kengai   Bankan   Tachiki   Han-Kengai   Sekijōju

Berberis atropurpureum.
Age ≃ 10 ans. Hauteur ≃ 20 cm.
Style « Tachiki ».
Photo : juin.

☐ **Engrais.** Attendre la fin de la floraison pour donner de l'engrais; il fleurit au printemps, jusqu'en octobre-novembre. Donner un engrais organique à lente décomposition. Ne pas donner d'engrais en juillet-août et attendre de 6 à 8 semaines après un rempotage. Ne pas donner d'engrais à un arbre chétif.

■ *parasites et maladies*

☐ **Parasites**
● **Tenthrèdes.**
Symptômes. Feuilles rongées par des chenilles blanches tachées de jaune. Présence possible de guêpes.
Remèdes. Pulvériser des insecticides à base de lindane.
● **Pucerons.** Voir p. 30.

☐ **Maladies**
● **Oïdium.** Voir p. 31.
● **Verticilliose.** Voir p. 31.

Ishitsuki

Sôkan

Kabudachi

Ikadabuki

Netsunagari

Bonkei

Kusamono

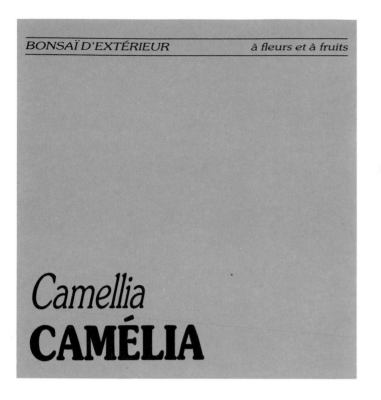

Camellia
CAMÉLIA

Famille des Théacées. Originaire de Chine, du Japon et des Philippines. Arbuste longtemps considéré comme un arbuste d'orangerie. Pousse en pleine terre. Le feuillage est vert, épais et luisant. Les fleurs sont parfumées ou non, blanches, roses ou rouges.

Camellia japonica. Atteint environ 10 m en Europe. Feuilles ovales, brillantes, vert foncé. Fleurs de mars à mai, rouges, blanches ou roses pour les variétés à pétales arrondis (de 5 à 7), généralement simples, inodores.

Camellia reticulata. Atteint environ 5 m en Europe. Port irrégulier. Ne se ramifie que par la taille. Feuilles longues, étroites, réticulées, vert foncé. Grandes fleurs (de 15 à 20 pétales) en forme d'entonnoir, roses, rouges, violettes, inodores.

Camellia sasanqua. Atteint 3 à 7 m. Port lâche. Petites feuilles vert plus clair que les autres espèces, pointe émoussée, nervure velue, oblongues. Fleurs en janvier-février (de 6 à 8 pétales), dans la région nantaise fleurs en novembre-décembre, blanches ou roses, parfumées.

■ *obtention*

● *Par semis.* Plonger les graines dans l'eau. Ne planter que celles qui coulent après les avoir fait tremper 24 heures dans de l'eau chaude pour ramollir la gousse que l'on retire là où la graine doit germer. Effectuer le semis en serre chaude. La germination est rapide.

● *Par bouturage.* En janvier-février par boutures de tête ou de tiges avec 3 feuilles, ou en juillet-août avec des rameaux aoûtés. Plonger dans une hormone à bouturer pendant 24 heures et planter dans 1/3 de terre de bruyère et 2/3 de sable. Garder au chaud. Enracinement en 6 semaines.

● *Par marcottage aérien.* Au printemps.

● *Par jeunes plants de pépinière.*

■ *entretien*

☐ **Ensoleillement.** A besoin de lumière pour fleurir. Préférer un emplacement mi-ombragé. Eviter les brusques changements d'ensoleillement.

☐ **Température.** Eviter les brusques changements de température. Supporte le gel jusqu'à -12°, à condition qu'il ne se prolonge pas. Retirer la neige du feuillage qui serait brûlé. Préfère un temps doux. A besoin de chaleur pour fleurir. Le *Camellia sasanqua* est plus résistant au froid.

☐ **Ventilation.** Placer à l'abri du vent, mais dans un endroit régulièrement aéré.

☐ **Céramique.** Assortir la céramique aux fleurs du Camélia. Choisir une coupe de taille et de profondeur moyennes où le Camélia s'épanouira dans un sol constant, qui gardera chaleur et humidité douces.

☐ **Nettoyage.** Retirer les feuilles mortes et les fleurs fanées, surtout les blanches qui brunissent et enlaidissent l'arbre.

☐ **Croissance.** Arbuste à croissance lente.

☐ **Rempotage.** Tous les ans, à la fin du printemps : en mai-juin, quand les rameaux achèvent leur croissance et que les boutons sont formés. Dans un pot de la taille juste supérieure au précédent. Tailler légèrement les racines.

☐ **Terre.** La moitié de terre de bruyère, 1/4 de terreau et 1/4 de tourbe. Le sol doit être acide. La terre peut être argileuse. On doit y trouver de la terre de gazon, de la terre de couche, de la tourbe et, éventuellement, du sable de rivière en très petite quantité.

☐ **Taille.**
● *Taille des rameaux.* Tailler les rameaux avec des ciseaux lorsque les fleurs ont fané et avant que les nouveaux bourgeons ne durcissent.

☐ **Ligature.** Peut se faire à tout moment sauf au début du printemps. Protéger les branches cassantes avec du raphia ou utiliser un fil de cuivre enveloppé de papier. Ne laisser ce fil que peu de mois.

☐ **Arrosage.** Bien arroser en été, surtout s'il fait sec et chaud. Diminuer l'arrosage en septembre. Laisser faner les rameaux par manque d'eau, pour favoriser la floraison. En revanche, maintenir humide lorsque le Camélia est en boutons, pour éviter qu'ils ne tombent.

☐ **Vaporisation.** Nécessaire. Bassiner le feuillage en été, sauf en plein soleil et lorsque le Camélia est en boutons. Ne pas vaporiser les fleurs : elles faneraient.

☐ **Engrais.** Supporte mal les engrais chimiques. Donner un engrais organique à lente décomposition. Le meilleur engrais est ses propres feuilles en décomposition.

STYLES

Shakan

Kengai

Tachiki

Han-Kengai

Bunjingi

■ *parasites et maladies*

☐ Parasites

● Charançons.

Symptômes. Racines et collet rongés par des larves. Feuillage dentelé; arbre jauni, desséché; arrêt de croissance.

Remèdes. Aux premières attaques, dépoter, retirer les larves et la terre contaminée, tailler les racines et rempoter avec une bonne terre. Pulvériser des insecticides de contact de mai à juillet.

● Cochenilles. Voir p. 29.

☐ Maladies

● Fumagine.

Symptômes. Croûtes noires sur les feuilles et les tiges. Dépôt poisseux.

Remèdes. Nettoyer les feuilles avec une éponge imbibée d'eau et d'alcool. Détruire les insectes, cause de la fumagine, avec des insecticides.

● Taches foliaires. Voir p. 31.

● Cloque.

Symptômes. Les feuilles et les nouvelles pousses épaississent puis se déforment.

Remèdes. Pulvériser des fongicides.

● Mosaïque.

Symptômes. Jaunissement du limbe. Des taches plus claires partent des nervures : les feuilles peuvent tomber. Les pétales se panachent.

Remèdes. Pas de traitement. Vérifier s'il n'y a pas de parasites.

● Chute des boutons.

Symptômes. Les boutons avortent et tombent, le bord des fleurs brunit.

Remèdes. Eviter les excès d'eau et de chaleur. Placer à la lumière, en évitant un soleil direct.

● Chlorose.

Symptômes. Les feuilles jaunissent autour du limbe et près des nervures. Les nouvelles feuilles sont décolorées et tombent.

Remèdes. Donner de l'azote, du fer, du magnésium et du zinc à la terre. Eviter les excès de calcium, de sodium, de froid, d'eau, les courants d'air et les gaz toxiques. Placer à la lumière.

● Brûlures.

Symptômes. Le limbe se décolore avant de sécher. Le feuillage est crispé et troué.

Remèdes. Ne pas vaporiser le feuillage au soleil. Eviter un soleil direct, le froid, les gelées tardives, l'engrais trop azoté, les produits de traitement, la pollution et les animaux. Disposer l'engrais loin du tronc, sans toucher aux feuilles. Bassiner le feuillage pour le nettoyer, et arroser au pied de l'arbre en fin de journée.

● Dessèchement des fleurs.

Symptômes. Taches brunes sur les pétales, entraînant la chute des fleurs. Formation de masses globuleuses.

Remèdes. Tailler les fleurs malades. Renouveler la terre sur le dessus.

Camélia (*Camellia*).
Age ≃ 15 ans. Hauteur ≃ 35 cm.
Style « Tachiki ». Photo : juillet.

Sekijôju

Sôkan

Kabudachi

Korabuki

Ikadabuki

Netsunagari

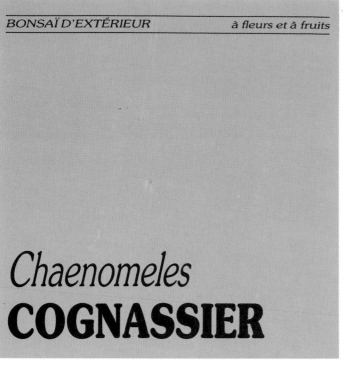

Chaenomeles
COGNASSIER

Famille des Rosacées. Originaire de Chine et du Japon. Arbuste à feuilles caduques, aux fleurs printanières éclatantes et aux fruits jaunes. Rameaux tortueux et épineux.

Chaenomeles lagenaria. Arbuste de 2 m, tortueux, épineux, aux feuilles vertes et brillantes, ovales, dentées et glabres. Fleurs en mars, rouge foncé, roses, parfois blanches. Fruits en octobre, jaunes, odorants et amères.

Chaenomeles japonica. Arbuste épineux aussi haut que large (environ 1 m). Port compact, étalé. Feuilles vertes, ovales et lisses. Fleurs en mars, rouges et brillantes. Fruits en octobre, ronds, jaune-vert, tachés de rouge, parfumés et incomestibles.

Chaenomeles sinensis. Arbuste de 60 cm, aux rameaux sans épines, à l'écorce écaillée. Feuilles oblongues, dentues, velues au printemps, écarlates à l'automne. Fleurs en mai, rose saumon ou blanches. Fruits en octobre, oblongs, durs, jaune foncé.

Chaenomeles superba. Résulte du croisement entre *Chaenomeles lagenaria* et *Chaenomeles japonica*. Il est moins courant en bonsaï.

■ *obtention*

● *Par semis.* Moudre les fruits après maturité. Nettoyer les graines. Les stratifier. Semer en mars. Germination rapide.

● *Par bouturage.* Bouturer en juin-juillet. Tremper la bouture dans une hormone d'enracinement. Enracinement assez lent.

● *Par marcottage simple.* En mai-juin-juillet, avec des rameaux de l'année. Laisser le racinage se faire. Sevrer au printemps suivant et empoter.

■ *entretien*

☐ **Ensoleillement.** A besoin de soleil et de lumière. Placer au sud. En plein été, peut être semi-ombragé.

☐ **Température.** Aime la chaleur; craint le gel.

☐ **Ventilation.** Protéger du vent, mais veiller à ce que l'arbre soit bien aéré et à ce que l'air circule.

☐ **Céramique.** Elle peut être décorée de motifs qui rappellent les fleurs du bonsaï, et sera peu à moyennement profonde.

☐ **Nettoyage.** En pleine fructification, retirer une partie des fruits et la totalité après maturité, pour ne pas fatiguer l'arbre.

☐ **Croissance.** Arbuste à croissance d'autant plus lente que le cognassier est rabattu tous les ans.

Cognassier (*Chaenomeles speciosa*).
Age : 10 à 15 ans.
Hauteur ≃ 30 cm.
Style « Ishitsuki ». Photo : avril.

☐ **Rempotage.** Tous les deux ans, au début du printemps, après la floraison, rempoter dans un pot de la taille supérieure au précédent. On peut aussi rempoter à l'automne (octobre), mais il faut le protéger des intempéries et du gel après le rempotage. Tailler environ la moitié des racines.

☐ **Terre.** Utiliser un mélange composé pour moitié de terre végétale, 1/4 de terreau et 1/4 de sable de rivière. Le Cognassier préfère une terre légère et nutritive avec très peu de calcaire.

☐ **Taille.**
● *Taille des rameaux.* Après la floraison, réduire à deux yeux les nouvelles pousses. Supprimer les pousses tardives.
● *Taille des branches.* En juin, tailler les vieilles branches et les rameaux courts. En septembre, bien rabattre l'arbre. Bien enlever tous les départs du tronc.

☐ **Ligature.** Du printemps à la fin de l'été. Laisser le fil environ quatre mois, puis le retirer en veillant à ne pas blesser l'arbre. Recommencer tous les ans, jusqu'à ce que la forme désirée soit obtenue.

☐ **Arrosage.** Régulier. Mais laisser sécher davantage avant la floraison, pour l'en-

STYLES

Shakan

Kengai

Bankan

Tachiki

Han-Kengai

Bunjingi

Neagari

courager. Le manque d'eau fait avorter les boutons et l'excès d'eau faner les fleurs.

☐ **Vaporisation.** Supporte la sécheresse de l'été. Ne pas bassiner sur les fleurs ni sur les fruits.

☐ **Engrais.** Peut à la rigueur s'en passer. N'en donner que très peu en période végétative, jamais en juillet-août, ni après un rempotage ni à un arbre chétif.

Cognassier (*Chaenomeles lagenaria*).
Age ≃ 20 ans. Hauteur ≃ 25 cm.
Style : indéfini selon la classification habituelle :
deux arbres donnant des floraisons différentes
ont été plantés dans le même pot. Photo : avril.

■ *parasites et maladies*

☐ **Parasites**
- Pucerons (**Aphis pomi**). Voir p. 30.

☐ **Maladies**
- **Moniliose.**
Symptômes. Les fleurs sèchent. Les rameaux porteurs se dessèchent à leur tour, puis meurent.
Remèdes. Tailler et détruire les rameaux malades. Au débourrement des bourgeons, pulvériser des fongicides à base de cuivre.
- **Crown-gall ou galle du collet.**
Symptômes. Apparition au collet et sur les racines supérieures d'une excroissance en forme de chou-fleur, blanche et molle, puis brune, lignifiée et craquelée. La pourriture survient et met l'arbre en péril. Possibilité de tumeurs secondaires.
Remèdes. Eviter de blesser l'arbre lors des soins; nettoyer les outils. Supprimer les tumeurs, cureter les plaies et y appliquer une solution alcoolisée. Appliquer des fongicides organo-mercuriques sur la terre, et détruire les éventuels parasites.
- **Feu bactérien.**
Symptômes. Les fleurs et les pousses sèchent et noircissent au printemps et en été, comme brûlées. Elles se recroquevillent et tombent.
Remèdes. Tailler et brûler les rameaux malades. Désinfecter les outils. Eviter les engrais azotés et les sols trop humides. Avant la floraison, passer des fongicides à base de cuivre. Renouveler pendant la végétation. En cas de forte attaque, utiliser des fongicides de synthèse.

Sekijôju

Ishitsuki

Sôkan

Kabudachi

Korabuki

Ikadabuki

Netsunagari

Yamayori

Tsukami-Yose

Bonkei

Plantations saisonnières

Cotoneaster
COTONÉASTER

Famille des Rosacées. Originaire des régions montagneuses tempérées d'Europe, d'Afrique du Nord et d'Asie, excepté le Japon. Arbustes étalés ou rampants, ou élancés, aux rameaux dressés. Feuillage caduc, persistant ou semi-persistant, selon les espèces. Petites fleurs blanches ou roses. Fruits rouges ou noirs.

Cotoneaster integerrima. Cotonéaster commun. Espèce pure. Arbre tortueux, atteignant 2 m, aux rameaux brun-rouge étalés et parfois rampants, aux feuilles caduques, ovales, vertes et glabres sur la partie supérieure, grises sur la partie inférieure, aux fleurs roses entre avril et juin, aux fruits rouges et brillants en août-septembre.

Cotoneaster horizontalis. Cette espèce originaire de Chine, aux branches horizontales disposées en arête de poisson, de large envergure, atteint 1 m de haut. Arbre aux feuilles arrondies vert foncé, flamboyantes à l'automne, persistantes une partie de l'hiver, aux fleurs blanc rosé fleurissant en mai-juin, aux fruits corail présents dès septembre et restant longtemps sur les rameaux.

Cotoneaster microphylla. Arbuste de très large envergure, aux branches mi-arquées, mi-étalées, aux feuilles vert brillant enroulées sur les bords, grises sur la partie inférieure. En mai, il produit des fleurs blanches et, en septembre-octobre, des fruits écarlates.

■ *obtention*

● *Par semis.* Récolter les fruits quand ils sont mûrs. Les laisser pourrir. Les brasser. Les stratifier dans du sable jusqu'en janvier. Les planter en pleine terre. Recouvrir de tourbe. Germination en avril. L'obtention par semis donne des plants qui mûrissent moins.

Cotonéaster (*Cotoneaster horizontalis*).
Détail des baies, dont les oiseaux sont friands.
Photo : octobre.

● *Par bouturage.* En plein été et en serre pour les espèces au feuillage persistant. De la fin juin à la fin juillet pour les espèces au feuillage caduc; l'enracinement se fait en 6 semaines. Les mettre en pot dans un mélange composé de 1/3 de terre de jardin, 1/3 de compost et 1/3 de sable et de tourbe. Rabattre les rameaux au printemps suivant, lors du rempotage.

● *Par marcottage aérien.* Lorsque les nouveaux bourgeons grossissent. Écorcer à l'endroit de la marcotte. Entourer de sphagnum et enfermer dans un plastique hermétique. Bien maintenir humide. Au bout de 3 à 4 semaines, des racines apparaissent. Sevrer la branche au bout de 2 mois et empoter.

● *Par jeunes plants de pépinière.*

■ *entretien*

□ **Ensoleillement.** Plein soleil. Le Cotonéaster apprécie les situations ensoleillées, mais peut pousser à la mi-ombre. Il s'étiole à l'ombre.

□ **Température.** Protéger du gel au-dessous de -3°. Supporte bien la chaleur.

□ **Ventilation.** Supporte le vent.

□ **Céramique.** L'arbre est rarement dans des coupes plates. Un bon drainage est nécessaire. Le pot, qui doit être de profondeur moyenne, peut être émaillé ou non.

Cotonéaster (*Cotoneaster horizontalis*).
Age : 10 ans. Hauteur ≃ 20 cm.
Style « Nejikan ». Photo : novembre - décembre.

□ **Nettoyage.** Retirer les feuilles mortes, les fleurs ou les fruits fanés. Si l'arbre est très fourni en fruits, retirer quelques baies pour éviter qu'il ne se fatigue.

□ **Croissance.** Assez rapide les premières années pour se ralentir lorsqu'il est élevé en pot.

□ **Rempotage.** Tous les ans, au printemps, avant que les nouvelles pousses n'éclosent. Tailler 1/3 des racines et rempoter dans un pot de la taille supérieure au précédent.

STYLES

Shakan

Kengai

Tachiki

Han-Kengai

Neagari

Sekijōju

Nejikan

□ **Terre.** Mélange composé pour moitié de terre végétale, 1/4 de terreau et 1/4 de sable de rivière. Peu exigeant quant à la nature du sol, le Cotonéaster prospère dans des terres fertiles, argilo-siliceuses et humifères; il préfère les sols secs et légers. La terre peut être sableuse et rocailleuse.

□ **Taille.**
● *Taille des pousses.* En juin. Réduire les nouvelles pousses à deux yeux. En septembre, tailler les rameaux allongés.
● *Taille des branches.* Tailler les branches en mars, avant la reprise de végétation. Tailler en même temps que l'on rempote pour garder une forme compacte à l'arbre.
● *Taille de structure.* Avant la mise en végétation, tailler les longues branches, les « gourmands » et les branches non nécessaires qui dénaturent la silhouette.

□ **Ligature.** Ligaturer le tronc et les branches avant que les bourgeons ne sortent. Protéger l'écorce avec du raphia. Ligaturer les nouvelles tiges.

□ **Arrosage.** Le Cotonéaster aime les sols secs. Donner peu d'eau. Bien laisser sécher entre deux arrosages, mais bien humidifier le sol à chaque arrosage.

□ **Vaporisation.** Bien bassiner le feuillage pour humidifier l'air environnant. Le Cotonéaster s'épanouit dans une atmosphère humide. Il apprécie peu le climat méditerranéen.

□ **Engrais.** Au printemps et à l'automne, donner un engrais organique à lente décomposition. Si besoin est, faire un apport de phosphate. Lorsqu'il porte des baies, donner de préférence de l'engrais liquide.

Cotonéaster (*Cotoneaster horizontalis*).
Age ≃ 10 ans. Hauteur ≃ 22 cm.
Style « Nejikan ».
Photo : mai - juin.

■ *parasites et maladies*

□ **Parasites**
● Pucerons (Aphis pomi). Voir p. 30.
● Pucerons lanigères. Voir p. 30.
● Cochenilles (diaspines et lécanines). Voir p. 29.

□ **Maladies**
● **Entomosporiose.**
Symptômes. Apparition de taches rouges, puis brunes sur le feuillage qui jaunit et tombe.
Remèdes. Retirer les feuilles malades. Pulvériser des fongicides à base de zinèbe.

● **Feu bactérien.**
Symptômes. Noircissement des nouvelles pousses, les feuilles sèchent, elles sont comme brûlées. Les parties malades se recroquevillent et tombent. Possibilité d'un champignon beige qui suinte à la base des parties malades.

Remèdes. Tailler et brûler les rameaux malades. Désinfecter les outils. Eviter les engrais azotés et les sols humides. Au printemps, passer des fongicides à base de cuivre. Renouveler pendant la végétation. En cas de forte attaque, utiliser des fongicides de synthèse.

● **Crown-gall ou galle du collet.**
Symptômes. Apparition au collet et sur les racines supérieures d'excroissances, en forme de chou-fleur, blanches et molles puis brunes, craquelées, lignifiées. Pourriture qui entraîne la mort de l'arbre. Possibilité de tumeurs secondaires.
Remèdes. Eviter de blesser l'arbre lors des soins. Nettoyer les outils. Supprimer les tumeurs, cureter les plaies et y appliquer une solution alcoolisée. Appliquer des fongicides organo-mercuriques sur la terre. Attention au risque de phytotoxicité. Chasser les parasites éventuels.

Ishitsuki

Sôkan

Kabudachi

Ikadabuki

Netsunagari

Bonkei

Kusamono

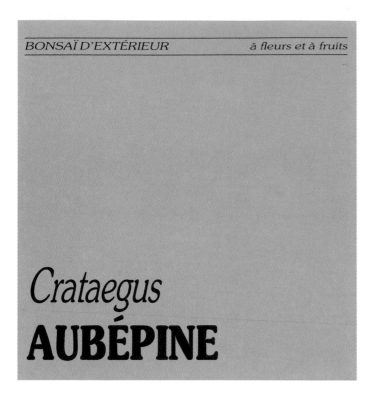

Crataegus
AUBÉPINE

Famille des Rosacées. Originaire principalement d'Amérique du Nord, d'Asie et d'Europe occidentale, cet arbre dépasse rarement 7 m. Il existe au moins 150 espèces de jardin. Petits arbres épineux, à feuilles caduques, dentées ou lobées. Des fleurs blanches, roses, parfois rouges, fleurissent au printemps et en été. Quelques espèces produisent des fruits comestibles rouges, orange, jaunes ou noirs.

Crataegus cuneata. Originaire du Japon. Arbuste à feuilles caduques dentées. Les fleurs sont blanches, roses au printemps. Les fruits sont rouges ou jaunes.

■ *obtention*

● *Par semis.* Récolter les fruits avant leur maturité et les laisser pourrir. Les stratifier dans du sable. Semer en pleine terre au deuxième automne. La germination a lieu en mai. Certains fruits peuvent ne pas germer la première année. Il faut alors attendre la 2e et parfois la 3e année.

● *Par marcottage aérien.* Au printemps.

● *Par greffage en écusson.* Garder une bonne homogénéité entre le porte-greffe et le greffon pour que la greffe prenne. Cette méthode est rarement usitée, car elle est difficile et laisse une boursouflure inesthétique.

■ *entretien*

☐ **Ensoleillement.** L'Aubépine aime le soleil et la lumière. Toutefois, en plein été, il faut la placer à la mi-ombre.

☐ **Température.** L'Aubépine supporte mal les grandes chaleurs, mais ne redoute pas le froid.

☐ **Ventilation.** Initialement arbuste de haie, l'Aubépine supporte bien le vent.

☐ **Céramique.** Choisir une coupe de profondeur moyenne, émaillée ou non. Elle peut être décorée en harmonie avec les fleurs de l'Aubépine.

☐ **Nettoyage.** Retirer quelques fruits des branches trop chargées pour éviter que l'arbre ne se fatigue. Après floraison et fructification, retirer les fleurs et les fruits fanés. Nettoyer le sol.

☐ **Croissance.** Arbuste de croissance moyenne.

☐ **Rempotage.** Une fois par an, au début du printemps ou au début de l'automne, après avoir taillé un bon tiers des racines, rempoter dans un pot de taille supérieure au précédent.

☐ **Terre.** La moitié de terre végétale, 1/4 de terreau et 1/4 de sable de rivière. L'Aubépine n'a pas d'exigences quant à la nature du sol. Il peut être pauvre, sec et rocailleux. Mais il faut éviter un sol très calcaire ou très argileux, très humide ou léger.

☐ **Taille.**
● *Pinçage.* Pincer les pointes des départs lorsque les feuilles des nouveaux rameaux commencent à durcir.
● *Taille des rameaux.* En juin-juillet, tailler le branchage bien court. En septembre, raccourcir à nouveau légèrement les longues branches. Les branches peuvent être taillées soit avant la floraison, soit après l'apparition des fruits.

☐ **Ligature.** Du printemps à l'automne. Protéger l'écorce avec du raphia. Commencer à ligaturer après que les nouvelles pousses ont durci.

☐ **Arrosage.** Donner beaucoup d'eau et souvent. Diminuer légèrement l'arrosage lorsque l'arbre est en fleurs pour éviter que les fleurs ne se fanent.

☐ **Vaporisation.** Ne pas bassiner quand l'arbre est en fleur. Par temps chaud et sec, bien vaporiser le feuillage.

☐ **Engrais.** Après la pousse, au printemps, et en automne. Diminuer l'apport d'engrais quand l'arbre est en fleur. Donner de préférence de l'engrais liquide en automne. Ajouter de la potasse et du phosphate lorsque l'arbre porte des fruits.

STYLES

Shakan

Kengai

Tachiki

Han-Kengai

Sekijòju

Aubépine (*Crataegus cuneata*).
Age ≃ 5 ans.
Hauteur ≃ 22 cm.
Style « Tachiki ».
Photo : octobre.

■ *parasites et maladies*

□ **Parasites**
- **Pucerons galligènes.** Voir p. 30.
- **Piérides.**

Symptômes. Limbe mordu, épiderme détruit, la surface foliaire est rétrécie. Présence de chenilles vertes et orange.

Remèdes. Détruire les œufs en les pressant dans la feuille. Dès les premières attaques, pulvériser des insecticides organo-phosphorés.
- **Hyponomeutes (chenilles).** Voir p. 29.

□ **Maladies**
- **Oïdium.** Voir p. 31.
- **Entomosporiose.**

Symptômes. Apparition de taches rouges, puis brunes qui se regroupent sur le feuillage. Les feuilles jaunissent et tombent.

Remèdes. Tailler et détruire les feuilles malades. Dès les premiers symptômes, vaporiser des fongicides à base de zinèbe.
- **Tavelure.**

Symptômes. Apparition de taches brun-vert sur les fruits, qui éclatent, et sur les feuilles et les pousses.

Remèdes. Détruire les feuilles malades en automne. Pulvériser des fongicides à base de cuivre.
- **Rouille.** Voir p. 31.
- **Feu bactérien.**

Symptômes. Fleurs et jeunes pousses sèchent et noircissent, comme brûlées. Les feuilles deviennent orange-brun et tombent. A la base, un champignon beige suinte.

Remèdes. Tailler et brûler les rameaux malades. Eviter l'engrais azoté et un sol trop humide. Désinfecter les outils. Avant la floraison, utiliser des fongicides à base de cuivre. Renouveler lors de la végétation.

Sôkan

Kabudachi

Ikadabuki

Netsunagari

Bonkei

Enkianthus
ENKIANTHUS

Famille des Ericacées. Originaire d'Asie orientale et de l'Himalaya.

Enkianthus campanulatus. Arbre atteignant 10 m au Japon et 3 m en France, au port raide, aux rameaux rouges, aux feuilles elliptiques, aiguës, dentées, vertes dessus, rouges dessous.
Enkianthus perrulatus. Espèce originaire du Japon, atteignant 2 m, au feuillage elliptique, ovale, aigu, vert brillant dessus, avec de longues nervures dessous, aux fleurs blanches en ombelles pendantes, qui éclosent avant le feuillage (avril-mai).

■ *obtention*

● *Par semis.* Difficile. Semer à la mi-mars, en serre, dans un mélange de terre de bruyère et de tourbe. Recouvrir légèrement les graines de terre tamisée. Maintenir humide et dans l'obscurité. Germination en 3 semaines. Mettre au jour dès la germination, en gardant humide. Attention aux champignons. Planter aussitôt en pot de culture avec un bon drainage. Tamiser finement la terre de bruyère sur le dessus. Maintenir au frais et à l'ombre tant que les pousses sont molles. Dès qu'elles ont durci, les exposer à l'air et à la lumière.

● *Par bouturage.* Prélever des boutures en août. Les faire raciner en serre, avec de la chaleur. Au printemps, mettre en pot avec un mélange à base de terreau.

● *Par marcottage.* En mars-avril, par marcottage simple, dans un sol frais. Dénuder la partie à enterrer. Maintenir le sol humide, au besoin en rajoutant à la terre du terreau de feuilles. Lorsqu'on voit des départs, les racines se sont formées. Séparer de l'arbre et remporter.

■ *entretien*

□ **Ensoleillement.** L'Enkianthus aime le plein soleil toute l'année. A besoin de lumière. Toutefois, en été, il faut le placer à la mi-ombre.

□ **Température.** Protéger du gel. L'Enkianthus apprécie les climats moyennement humides.

□ **Ventilation.** Pas d'exigence particulière, mais redoute les grands vents.

□ **Céramique.** Moyennement profonde. Céramique souvent non émaillée.

□ **Nettoyage.** Débarrasser l'arbre des feuilles qui ne tomberaient pas à la fin de l'automne.

□ **Croissance.** Arbuste à croissance lente.

□ **Rempotage.** Au début du printemps, tous les ans ou tous les 2 ans, après avoir taillé le tiers des racines, rempoter dans un pot de taille supérieure au précédent.

□ **Terre.** La moitié de terreau, 1/4 de terre végétale et 1/4 de sable de rivière.

L'Enkianthus aime beaucoup le terreau de feuilles; il ne supporte pas la chaux. Il a besoin d'un sol frais, humifère : un sol de forêt.

□ **Taille.**
● *Taille des rameaux.* A la fin de l'été, tailler les rameaux avec des ciseaux — une fois que les bourgeons floraux ont fané et avant que les nouvelles pousses ne soient trop dures.
● *Taille des branches.* En septembre, raccourcir les longues branches.

□ **Ligature.** Ligaturer l'Enkianthus du printemps à l'automne. Ne pas trop serrer, pour éviter l'engorgement de la sève et l'avortement des fleurs.

□ **Arrosage.** Arroser abondamment dès l'apparition des feuilles et jusqu'en automne; diminuer par la suite.

□ **Vaporisation.** Ne pas vaporiser l'arbre quand il est en fleur.

□ **Engrais.** Au printemps et à l'automne, donner un engrais organique à lente décomposition. Utiliser de préférence un engrais liquide lors de la floraison.

STYLES

Shakan   Tachiki   Han-Kengai   Sekijóju   Sókan   Kabudachi   Sóju   Sambon-Yose

Enkianthus (*Enkianthus perrulatus*).
Age ≃ 15 ans.
Hauteur ≃ 20 cm.
Style « Tachiki ».
Photo : avril.

■ *parasites et maladies*

□ **Parasites**
● **Pucerons.** Voir p. 30.
● **Cochenilles.** Voir p. 29.

□ **Maladies**
● **Fumagine.**
Symptômes. Croûtes noires sur les feuilles et les tiges. Dépôts poisseux.
Remèdes. Nettoyer le feuillage avec une éponge imbibée d'eau et d'alcool. Détruire les insectes avec des insecticides.

● **Chlorose.**
Symptômes. Les feuilles jaunissent autour du limbe et près des nervures, les nouvelles feuilles sont décolorées.
Remèdes. Donner de l'azote, du fer, du magnésium et du zinc à la terre. Eviter les excès de calcium et de sodium, de froid et d'eau. Eviter les courants d'air et les gaz toxiques. Placer à la lumière.
N.B. Arbre peu sujet aux parasites et aux maladies.

Ilex
HOUX

Famille des Aquifoliacées. Originaire de l'hémisphère Nord, d'Amérique du Sud, d'Australie et de Polynésie, cet arbuste a une grande longévité :

certains Houx dépassent 200 ans. Le Houx peut atteindre jusqu'à 15 m dans d'excellentes situations. Arbuste conique, à tige droite, aux branches étalées, redressées à leur extrémité, à la forme buissonnante et ramifiée dès la base. Son feuillage est persistant, ovale, découpé en lobes terminés en épines, vert foncé et brillant; le lobe disparaît avec l'âge et ne reste que l'épine terminale. Il peut être panaché de jaune ou marginé de blanc. Des fleurs apparaissent en mai-juin, petites, blanc rosé, parfumées. Les fruits, mûrs en septembre, rouge vif, brillants, en grappe, durent tout l'hiver et n'apparaissent que sur les arbres femelles.

Ilex aquifolium (Houx commun). Arbuste buissonnant de 5 m, au tronc droit souvent multiple, de forme pyramidale, au feuillage persistant, épineux, glabre, vert plus foncé sur le dessus. Les fruits apparaissent en septembre.
Ilex crenata. Arbuste de 5 m, au port raide, aux nombreuses branches, au feuillage abondant, crénelé, vert foncé, non épineux, aux fruits noirs.
Ilex serrata sieboldii. Arbuste compact, aux nombreuses ramifications, qui donne de nombreux fruits rouges, parfois corail à l'automne. Les fruits tiennent tout l'hiver. Au printemps, il donne de petites fleurs bleutées.

■ *obtention*

● *Par semis.* Prélever les fruits en novembre. Les mettre en tas et les laisser pourrir. Laver les graines, les sécher puis les stratifier dans du sable. Semer à l'automne ou au printemps suivant, dans un sol humifère et tourbeux maintenu humide, à la mi-ombre. La germination est lente et capricieuse, elle peut attendre 3 ans. Repiquer les nouvelles pousses après un an.

● *Par bouturage.* En juillet-août, sur les arbres à feuilles persistantes, bouturer dans un mélange composé de 2/3 de tourbe et 1/3 de sable, sous verre. Au printemps suivant, retirer le verre. Choisir de préférence des rameaux de l'année, pour un meilleur racinage.

● *Par marcottage simple.* Dans un sol tourbeux et frais, pendant 2 ans. Après sevrage, attention aux intempéries, car la marcotte est très fragile. Cette méthode donne de très bons résultats.

● *Par jeunes plants de pépinière.*

■ *entretien*

□ **Ensoleillement.** L'*Ilex crenata* supporte le plein soleil, même en été. Placer les autres variétés à la mi-ombre en été, les laisser au soleil aux autres saisons. Les placer à la mi-ombre si elles reçoivent beaucoup de lumière. Le Houx est un arbuste de sous-bois.

□ **Température.** Le Houx aime la chaleur humide. Il supporte mal les froids vifs. Le protéger au-dessous de -5°.

□ **Ventilation.** Il aime les situations abritées. Protéger des vents violents et froids.

□ **Céramique.** Choisir un pot de profondeur moyenne, de couleur terre émaillée ou non, ou bleu cobalt.

Houx à feuilles caduques (*Ilex sieboldii*). Age ≃ 30 ans. Hauteur ≃ 50 cm. Style « Kôrabuki ». Photo : octobre - novembre.

STYLES

Shakan

Kengai

Tachiki

Han-Kengai

Bunjingi

Sekijôju

Ishitsuki

□ **Nettoyage.** Retirer tous les départs du tronc. Enlever les fruits trop abondants ou qui restent trop longtemps sur l'arbre et le fatiguent.

□ **Croissance.** Le Houx a une croissance lente (environ 6 m en 10 ans).

□ **Rempotage.** Au début du printemps, avant l'éclosion des bourgeons, tous les ans ou tous les 2 ans, tailler entre le tiers et la moitié des racines et rempoter dans un pot de la taille supérieure au précédent.

□ **Terre.** Mélange à parts égales de terre végétale et de terreau. On dit que le Houx aime les sols acides, mais ce n'est pas exact. Il prospère dans un sol argileux, calcaire, léger, frais, voire sablonneux. Il lui faut une terre fertile.

□ **Taille.**
● *Pinçage.* Pincer certains nouveaux bourgeons qui commencent à se développer. Pincer aussi immédiatement toutes les pousses inutiles. En revanche, bien laisser se développer les autres pousses jusqu'à ce que les feuilles durcissent.
● *Taille des rameaux.* Tailler les rameaux de 3 à 6 cm. Tailler les seconds départs inutiles et laisser les autres se développer.
● *Taille des branches.* Tailler, lors du rempotage, les branches de l'année précédente pour sculpter l'arbre.
● *Taille de structure.* Lorsque l'on coupe une branche maîtresse, s'assurer que la coupe est bien concave. Passer du mastic cicatrisant.

□ **Ligature.** Du printemps à l'été. Ligaturer les jeunes rameaux avec du raphia et protéger les branches avec du raphia lorsqu'on enroule du fil de cuivre. En effet, les branches cassent facilement.

□ **Arrosage.** Donner davantage d'eau depuis l'éclosion des fleurs jusqu'au moment où les fruits apparaissent, afin d'obtenir une bonne fructification. Le reste du temps, bien humidifier le sol et le laisser sécher entre deux arrosages.

□ **Vaporisation.** Bien bassiner l'arbre. Le Houx nécessite une bonne humidité atmosphérique.

□ **Engrais.** Au printemps et à l'automne, donner un engrais organique à lente décomposition. En automne, le Houx demande un peu moins d'engrais qu'au printemps. Donc, diminuer la dose en gardant la même fréquence.

Houx à feuilles caduques (*Ilex sieboldii*).
Age ≃ 40 ans.
Hauteur : 60 cm.
Style « Kôrabuki ».
Photo : octobre - novembre.

■ *parasites et maladies*

□ **Parasites**
● **Tordeuses (chenilles).** Voir p. 29.
● **Mineuses (chenilles).** Voir p. 29.

□ **Maladies**
● **Taches foliaires.** Voir p. 31.
N.B. Si le Houx est placé dans de mauvaises conditions, sans luminosité, sans mouvements d'air, ou s'il a trop d'eau, il peut être envahi de champignons. Il faudra alors mettre des fongicides pour lutter contre la pourriture possible.

Sabamiki

Sôkan

Kabudachi

Korabuki

Ikadabuki

Netsunagari

Bonkei

Famille des Oléacées. Originaire des régions tropicales et subtropicales : pourtour de la Méditerranée, sud de l'Europe, Afrique du Nord et Asie occidentale. Arbustes érigés, souvent en liane, aux rameaux verts et anguleux, aux feuilles alternes ou opposés, aux fleurs blanches, jaunes ou roses, odorantes, et aux fruits noirs.

Jasminum
JASMIN

Jasminum nudiflorum (Jasmin d'hiver). Espèce originaire du nord de la Chine, aux rameaux verts arqués et retombants, pouvant atteindre 5 m, au feuillage caduc, ovale, étroit aux extrémités, pouvant apparaître en même temps que les fleurs dans le Midi. Les fleurs jaune vif apparaissent de novembre à mars sur les rameaux de l'année précédente.

■ *obtention*

● *Par bouturage.* Tailler les rameaux herbacés de l'été et les planter en juin-juillet. On peut encore les planter en automne. Placer les boutures en serre ou sous verre. Conserver la bouture en pot de culture 2 ans.

● *Par marcottage simple.* Au printemps.

● *Par jeunes plants de pépinière.*

Jasmin d'hiver (*Jasminum nudiflorum*). La floraison peut intervenir de début janvier à fin mars selon les régions et la rigueur de l'hiver. Photo : février.

■ *entretien*

□ **Ensoleillement.** Le Jasmin aime la lumière. Il a besoin d'une situation ensoleillée, mais ne doit pas recevoir les rayons directs du soleil. Placer à la mi-ombre en été.

□ **Température.** Supporte assez bien le froid, néanmoins il faut le protéger par grand gel.

□ **Ventilation.** Peu exigeant, mais préfère une situation légèrement abritée.

□ **Céramique.** Choisir de petits pots. La décoration doit être choisie en harmonie avec les fleurs.

□ **Nettoyage.** Tailler les racines qui partent des nœuds des branches dès qu'elles apparaissent et supprimer les rejets et drageons. Enlever les fleurs dès qu'elles sont fanées.

□ **Croissance.** Arbuste de croissance assez lente.

□ **Rempotage.** Au début du printemps, avant que les fleurs n'éclosent, ou en automne, après que les feuilles soient tombées. Une fois par an, de préférence au printemps. Tailler entre le tiers et la moitié des racines et rempoter dans un pot de la taille supérieure au précédent.

□ **Terre.** La moitié de terre végétale, 1/4 de terreau et 1/4 de sable de rivière. Peu exigeant pour le sol, le Jasmin d'hiver s'épanouit dans un sol léger et peu humide, meuble et nutritif.

□ **Taille.**
● *Pinçage.* Pincer tous les départs qui ne sont pas nécessaires et laisser pousser les

STYLES

Shakan

Kengai

Tachiki

Han-Kengai

Neagari

autres. Tailler les pousses fanées à 1 ou 2 paires de feuilles. Recommencer en juillet.

● *Taille des rameaux*. Tailler les rameaux que l'on aura laissé grandir et ne leur laisser que 2 ou 3 paires de feuilles. En septembre, tailler à nouveau en laissant 3 ou 4 paires de feuilles.

● *Taille de structure*. Tailler les branches maîtresses : les raccourcir ou les supprimer avant la floraison.

☐ **Ligature.** Ligaturer du printemps à l'été, en protégeant l'écorce avec du raphia. Ligaturer les jeunes rameaux avec du raphia. Les branches du Jasmin d'hiver sont cassantes.

☐ **Arrosage.** Beaucoup arroser la terre s'il est en plein soleil. Le Jasmin d'hiver demande beaucoup d'eau, mais il ne faut pas la laisser stagner au niveau des racines.

☐ **Vaporisation.** Bassiner le feuillage pendant les arrosages, mais éviter de bassiner pendant la floraison.

☐ **Engrais.** Utiliser un engrais organique à lente décomposition après la floraison. Pas d'engrais en juillet-août. Donner de l'engrais en septembre, en l'enrichissant de phosphate.

■ *parasites et maladies*

☐ **Parasites**
● **Tordeuses (chenilles).** Voir p. 29.

☐ **Maladies**
● **Phyllosticta.**
Symptômes. Le feuillage présente des taches desséchées sur lesquelles apparaissent des points noirs. Chute des feuilles malades.
Remèdes. Tailler les feuilles malades, pulvériser des fongicides à base de cuivre.
● **Mosaïque de l'anneau jaune du Jasmin.**
Symptômes. Le limbe jaunit. Des taches jaunes partent des nervures et s'étendent. Le limbe peut se déformer, les feuilles tombent.
Remèdes. Détruire les parties malades. Vérifier s'il n'y a pas de parasites.
N.B. Nous n'avons pratiquement jamais remarqué de maladies sur les Jasmins bonsaï. Si les boutons floraux avortent, si les fleurs se fanent trop vite, si les feuilles jaunissent ou tombent prématurément, il y a un problème de vaporisation, d'arrosage. Arbre qui craint la pollution.

Jasmin d'hiver (*Jasminum nudiflorum*).
Age ≃ 10 ans. Hauteur ≃ 18 cm. Style « Sekijôju ».
Photo : février.

Sekijôju

Ishitsuki

Sôkan

Kabudachi

Ikadabuki

Netsunagari

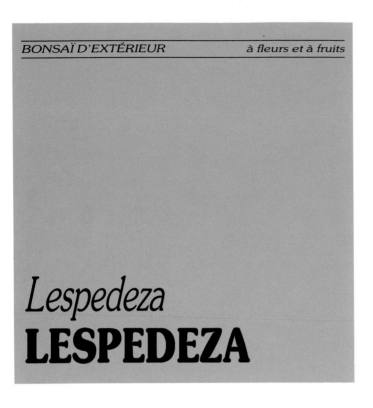

Lespedeza
LESPEDEZA

Famille des Léguminosacées. Originaire d'Amérique du Nord, d'Asie et d'Australie, le genre Lespedeza devrait s'écrire Cespedeza, en hommage à l'Espagnol Cespedez. Il y a eu erreur orthographique.

Lespedeza thunbergii. Originaire de Chine et du Japon, arbuste de 2 m de haut sur 2 m de large, aux rameaux arqués, aux feuilles elliptiques vert clair et soyeuses à la partie inférieure, aux fleurs en forme de papillon, en grappe, violet vif, éclosant en juillet-août-septembre, aux fruits ne renfermant qu'une seule graine.
Lespedeza bicolor. Originaire du Nord de la Chine, du Japon et de Mandchourie, arbuste de 3 m environ, aux rameaux anguleux, au feuillage vert foncé dessus, vert-de-gris dessous, aux fleurs pourpres et rouges à l'extrémité des rameaux, éclosant en août-septembre.

■ *obtention*

● *Par semis.* Seul le *Lespedeza bicolor* est obtenu par semis. Le semis se pratique en mai, en pleine terre, mais avec peu de résultats.

● *Par bouturage.* Tailler des rameaux en juin. Les planter dans un mélange à parts égales de tourbe et de sable. Bien les protéger pendant l'hiver. Les empoter au printemps suivant.

● *Par marcottage simple.* Au printemps, enterrer des branches jeunes du Lespedeza sur une grande longueur après les avoir défeuillées. Le racinage se fait facilement.

■ *entretien*

☐ **Ensoleillement.** Plein soleil. Le Lespedeza aime les emplacements ensoleillés.

☐ **Température.** Le Lespedeza aime les situations chaudes et craint le gel. Mais il peut repartir après une gelée, s'il a été taillé très bas à la fin de l'hiver. Le *Lespedeza bicolor* résiste au froid.

☐ **Ventilation.** Pas d'exigences spécifiques. Surveiller l'arrosage en cas d'emplacement très venteux.

☐ **Céramique.** De profondeur moyenne, les céramiques sont souvent émaillées, de couleur bleue.

☐ **Nettoyage.** Tailler les fleurs fanées dès qu'elles sont desséchées et enlever les petites branches mortes.

☐ **Croissance.** Assez lente.

☐ **Rempotage.** Au printemps, tous les ans. Tailler 1/3 des racines et rempoter dans un pot de la taille supérieure au précédent.

☐ **Terre.** Mélange à parts égales de terre végétale et de terreau. Le Lespedeza aime les terres de jardin, perméables et sableuses, légères et sèches.

☐ **Taille.**
● *Taille des rameaux.* Bien laisser pousser les rameaux assez longs, puis les tailler d'un bon tiers de leur longueur. Ne laisser que 2 ou 3 nœuds.
● *Taille de structure.* A la fin de l'hiver, quand tout risque de gelée est écarté, tailler très bas le Lespedeza pour qu'il reparte. Il ne faut pas que la souche gèle.

☐ **Ligature.** Ligaturer du printemps à la fin de l'été. Protéger les rameaux nouveaux avec du raphia.

☐ **Arrosage.** Eviter les excès d'eau. Le Lespedeza aime les sols secs. Arroser plus abondamment lors de la formation des bourgeons floraux.

☐ **Vaporisation.** En été, bassiner le feuillage pour humidifier l'air environnant et protéger d'éventuelles attaques de parasites.

☐ **Engrais.** Au printemps, donner plus d'engrais qu'à l'automne. Utiliser toujours un engrais organique à lente décomposition. A l'automne, lors de la floraison, préférer un engrais liquide dosé faiblement.

STYLES

Shakan

Kengai

Tachiki

Han-Kengai

Sekijôju

Ishitsuki

Sôkan

Kabudachi

Lespedeza (*Lespedeza bicolor*)
Age ≃ 12 ans. Hauteur ≃ 20 cm.
Style « Tachiki ». Photo : juillet.
Les fleurs violettes apparaissent
au début du mois de juillet
et demeurent jusqu'au milieu de l'été.

■ *parasites et maladies*

☐ **Parasites**
● **Pucerons.** Voir p. 30.

☐ **Maladies**
● Pas de maladies connues qui détruisent le Lespedeza. Si le bonsaï fait des feuilles jaunes et les perd prématurément, vérifier l'arrosage : il y a un risque d'excès ou de manque d'eau.

● **Rhizoctonia.**
Symptômes. L'arbre peut émettre une pourriture au collet ou sur les branches. Un feutre blanc d'aspect cotonneux peut survenir. L'arbre, alors, s'affaisse.
Remèdes. Eviter les engrais trop azotés, les excès d'eau. Placer dans un endroit aéré. Pulvériser des fongicides à base de Bénomyl.

Malus
POMMIER

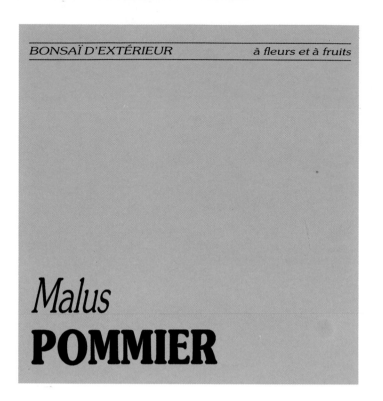

Famille des Rosacées. On compte au moins 25 espèces de Pommiers en Europe, en Asie et en Amérique du Nord. Le Pommier est l'arbre le plus connu : il existait déjà à l'époque néolithique. Beaucoup sont ornementaux.

Malus cerasifera (Pommier cerise). Originaire du Japon, arbuste de 5-6 m de haut, au feuillage vert ovale, aux fleurs blanches qui s'épanouissent en avril-mai. Les fruits sont de la taille d'une cerise, rouges ou jaunes, selon les cultivars.
Malus halliana. Originaire de Chine et du Japon, arbuste de 5 m de haut, au port étalé, au feuillage ovale, vert teinté de pourpre, aux fleurs roses, éclosant en mai, aux fruits comestibles tout petits, mûrs tardivement et qui restent sur l'arbre une bonne partie de l'hiver.
Malus sieboldii. Originaire des montagnes du Japon, cet arbuste de port gracieux mesure entre 7 et 10 m. Il a des boutons floraux rose foncé, des fleurs rose pâle, des fruits comestibles rouges ou jaunes, de très petite taille.
Malus himekokoh. Originaire du Japon, il porte des fruits au goût exquis, de la taille d'une petite clémentine.

■ *obtention*

● *Par semis.* Récolter les fruits mûrs, les laisser pourrir au frais. Laver les pépins, les sécher et les stratifier dans du sable. Semer à la fin de l'automne (novembre-décembre), dans un sol léger. La germination varie selon l'espèce. Les Pommiers ornementaux donnent des semis hétérogènes.

● *Par marcottage aérien.* Au printemps.

● *Par greffage.* C'est la technique la plus employée. A la mi-mars, on pratique la greffe en écusson, la greffe latérale, la greffe en fente ou la greffe par approche. Toutes donnent de bons résultats. Bien mastiquer pour atténuer le point de greffe par la suite. On peut greffer les Pommiers d'ornement sur les habituels porte-greffe fruitiers. →

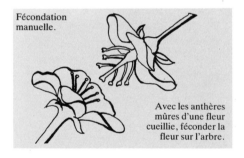

Fécondation manuelle.

Avec les anthères mûres d'une fleur cueillie, féconder la fleur sur l'arbre.

Pommier cerise (*Malus cerasifera*).
Détail de la floraison (mi-avril, mi-mai).
Fleurs et feuilles apparaissent à la même époque.

Pommier (*Malus halliana*).
Age ≃ 25 ans.
Hauteur ≃ 35 cm. Style « Tachiki ».
Photo : avril.
Début de la floraison. On observe la couleur rose foncé des boutons floraux non encore épanouis, et le ton rose clair des boutons ouverts. Noter la timide apparition des feuilles.

STYLES

Shakan

Kengai

Tachiki

Han-Kengai

Sekijôju

Sôkan

Kabudachi

Bonkei

Malus
POMMIER

□ Céramique. Les Pommiers ont besoin d'une céramique assez profonde. Elle peut être décorée en harmonie avec les fleurs, émaillée dans les bleus ou céladon, ou non émaillée, couleur terre.

□ Nettoyage. Retirer quelques pommes afin que l'arbre n'en porte pas trop. En cas de grande fructification, retirer un tiers des fruits pour éviter de fatiguer l'arbre. Enlever les feuilles qui ne sont pas tombées à l'automne car ce sont des nids à parasites.

□ Croissance. Assez rapide, même quand l'arbre est cultivé en pot.

□ Rempotage. Tous les ans, au printemps, au moment du débourrement. Tous les 2 ans pour les Pommiers âgés. Rempoter dans un pot de la taille supérieure au précédent après avoir taillé entre le tiers et la moitié des racines.

□ Terre. Une bonne quantité de terre végétale et de terreau (moitié-moitié) à laquelle on peut ajouter du sable et de la tourbe.

□ Taille.
● *Pinçage.* Pincer les extrémités des départs après croissance.
● *Taille des rameaux.* Après la floraison, tailler les rameaux à deux yeux (vers le mois de juillet). Supprimer les pousses tardives.
● *Taille des branches.* Lors du rempotage, tailler les branches.

■ *entretien*

□ Ensoleillement. Le Pommier aime le plein soleil toute l'année.

□ Température. Le Pommier résiste bien au gel et ne craint pas les grosses chaleurs.

□ Ventilation. Supporte le vent.

Pommier (*Malus himekokoh*).
Les fruits sont plus gros que ceux que produisent habituellement les espèces nanifiées, et excellents à déguster.

Taille de formation

1 - Tailler la jeune pousse en laissant de 3 à 5 nœuds. 2 - Les bourgeons se développent, permettant la ramification. 3 - Quand le pommier est développé, commencer à ligaturer et tailler. 4 - Tailler à nouveau pour favoriser les ramifications. 5 - Les bourgeons se développent. 6 et 7 - Année après année supprimer les départs du tronc et continuer à tailler. 8 - Le résultat donne un arbre à la ramification accomplie et harmonieuse.

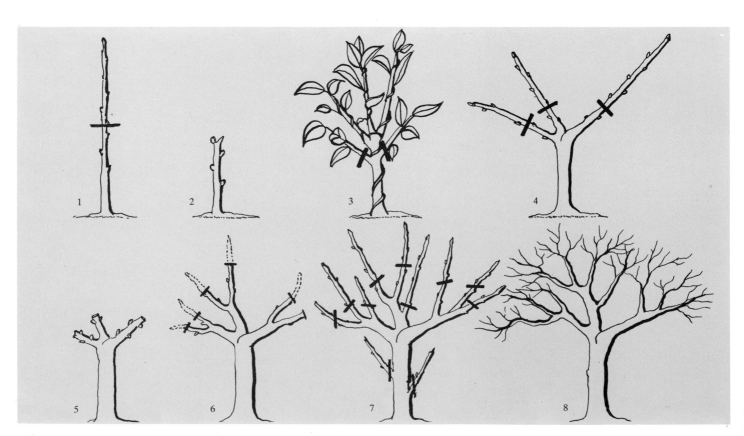

□ **Ligature.** Ligaturer du printemps à l'automne. Protéger l'écorce avec du raphia.

□ **Arrosage.** Arroser plus abondamment lors de la formation des bourgeons floraux, diminuer un peu l'arrosage quand l'arbre est en fleur et reprendre un arrosage abondant ensuite.

□ **Vaporisation.** Bassiner l'ensemble de l'arbre lorsque l'on arrose. Eviter de bassiner lors de la floraison. Se vaporise rarement.

□ **Engrais.** Au printemps, après la floraison, donner un engrais organique à lente décomposition sous forme liquide de préférence, ou en poudre. A l'automne, diminuer la fréquence et augmenter la dose.

Pommier cerise (*Malus cerasifera*).
Age ≃ 18 ans.
Hauteur ≃ 35 cm.
Style « Tachiki ».
Photo : octobre.
A la fin de l'automne, les fruits,
de la taille d'une cerise,
prennent une couleur rouge sang magnifique ;
leur saveur est assez acide.

■ *parasites et maladies*

□ **Parasites**
● **Araignées rouges.** Voir p. 28.
● **Cheimatobies.**
Symptômes. Bourgeons perforés, feuilles découpées dont il ne peut rester que les nervures. Les fruits peuvent être mordus. Présence de chenilles.
Remèdes. Appliquer des huiles jaunes à la fin de l'hiver pour détruire les œufs. Au printemps, utiliser des insecticides à base de lindane ou de parathion.
● **Hyponomeutes (chenilles).** Voir p. 29.
● **Mineuses (chenilles).** Voir p. 29.
● **Tordeuses (chenilles).** Voir p. 29.
● **Pucerons verts.** Voir p. 30.
● **Pucerons lanigères.** Voir p. 30.
● **Cochenilles.** Voir p. 29.

□ **Maladies**
● **Oïdium.** Voir p. 31.
● **Tavelure.**
Symptômes. Feuilles tachées irrégulièrement de vert-brun. Fruits tachés, décolorés et déformés.

Remèdes. Retirer soigneusement les feuilles et les fruits malades ou morts, et vaporiser des fongicides.
● **Chancre européen.**
Symptômes. Apparition de crevasses brunes sur les blessures ou les ramifications des branches. La crevasse grossit, se craquèle, encercle la branche qui sèche et meurt dans sa partie supérieure. Apparition de bourrelets de défense alentour. Granulations rouges sur le chancre.
Remèdes. Tailler et brûler les rameaux malades. Cureter le chancre. Badigeonner la plaie de fongicides cupriques et mastiquer. Pulvériser des fongicides à base de cuivre à la chute des feuilles.
● **Moniliose.**
Symptômes. Les fleurs se dessèchent, les branches dépérissent.
Remèdes. Tailler les rameaux malades. Au débourrement, pulvériser des fongicides à base de cuivre.
● **Feu bactérien.**
Symptômes. Les nouvelles pousses et les bourgeons noircissent, sèchent, comme brûlés, et se

recroquevillent. Les feuilles tombent et l'écorce se craquèle. Présence d'un champignon qui suinte.
Remèdes. Tailler et brûler les rameaux malades. Désinfecter les outils. Eviter les engrais azotés et les sols humides. Au printemps, utiliser des fongicides à base de cuivre. Renouveler en période de végétation.
● **Crown-gall ou galle du collet.**
Symptômes. Apparition d'excroissances en forme de chou-fleur, d'abord blanches et molles, puis brunes et craquelées sur le collet et les racines supérieures. Pourriture qui met l'arbre en péril. Possibilité de tumeurs secondaires.
Remèdes. Attention aux insectes. Désinfecter les outils. Supprimer les tumeurs, cureter et appliquer une solution à base d'alcool et de sodium. Passer une bouillie à base de fongicides organo-mercurés sur la terre.
● **Virus du bois caoutchouc.**
Symptômes. Les branches mollissent et se courbent vers le sol. Les fleurs ne tiennent pas, l'arbre a perdu sa vigueur.
Remèdes. Pas de traitement.

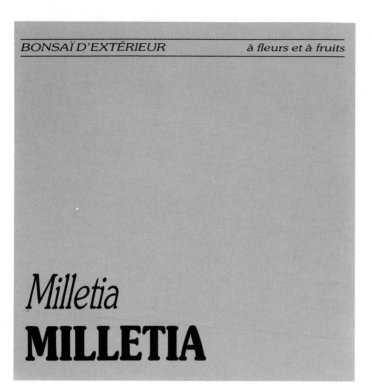

Milletia
MILLETIA

Famille des Léguminosacées. Originaire du Japon.

Milletia reticulata. Sorte de petite glycine, arbuste grimpant, d'une grande longévité, qui devient noueux en vieillissant, aux toutes petites feuilles vert foncé, brillantes et coriaces. Les fleurs violettes, claires ou foncées, apparaissent au début de l'été ou au milieu de l'été. Les rameaux sont souples, dressés vers le haut. C'est un arbuste bien ramifié, mais qui ne s'accroche pas comme la glycine.

■ *obtention*

● *Par semis.* Récolter la graine mûre en octobre dans sa gousse. Ouvrir la gousse. Au printemps, planter la graine au chaud. Peu de graines arrivent à germination et la pousse est lente.

● *Par bouturage.* Au printemps. Choisir un rameau de l'année et l'étêter. Faire raciner dans un mélange tourbe/sable, en plaçant à la chaleur et à l'abri des vents froids. Attention aux gelées tardives et nocturnes.

● *Par marcottage simple.* Au printemps. A l'automne, la marcotte émet des racines. La mettre en pot après l'avoir taillée et la garder au chaud jusqu'au printemps suivant.

● *Par greffage.* Greffe anglaise ou greffe en incrustation à pratiquer en serre, en février-mars. Bien ligaturer et bien mastiquer.

■ *entretien*

☐ **Ensoleillement.** Le Milletia apprécie le soleil.

☐ **Température.** Le Milletia aime la chaleur. Le protéger du gel.

☐ **Ventilation.** Le Milletia supporte le vent; il a besoin d'emplacements bien aérés.

☐ **Céramique.** Choisir des pots moyennement profonds ou profonds. Le Milletia ne peut pas se développer dans des pots plats. La céramique peut être décorée en harmonie avec les fleurs.

☐ **Nettoyage.** En automne, éviter que la mousse ne recouvre le bas du tronc; la gratter et l'enlever.

☐ **Croissance.** Très lente.

☐ **Rempotage.** Au début du printemps, tous les ans ou tous les 2 ans, tailler 1/3 des racines et rempoter dans un pot de la taille supérieure au précédent.

☐ **Terre.** Mélange à parts égales de terre végétale et de terreau. Un sol frais, léger et substantiel lui est favorable. Eviter les sols imperméables.

☐ **Taille.**
● *Taille des rameaux.* Tailler les rameaux avec des ciseaux après la floraison et avant l'apparition des pousses, tard dans l'été. Bien rabattre, en ne laissant que 3 yeux.
● *Taille des branches.* A l'automne, rabattre les branches assez court.

☐ **Ligature.** Au printemps et en été. Enrouler un fin fil de cuivre et diriger les branches et le tronc dans la forme souhaitée. Recommencer tous les ans.

☐ **Arrosage.** Bien arroser, même en hiver, sauf en cas de gel. L'été, bien mouiller l'arbre, au besoin le faire tremper.

STYLES

Shakan

Kengai

Tachiki

Han-Kengai

Sekijôju

Sôkan

Kabudachi

Milletia (*Milletia reticulata*)
Age ≃ 11 ans.
Hauteur ≃ 25 cm.
Style « Shakan ».
Photo : avril.
Les jeunes feuilles d'une couleur
vert-jaune viennent d'apparaître
et sont alors très fragiles.

Laisser faner entre deux arrosages pour le faire refleurir, ou bien le laisser tremper pendant un mois en plein été.

☐ **Vaporisation.** Bassiner l'arbre et autour de l'arbre pour humidifier l'air environnant.

☐ **Engrais.** Donner davantage d'engrais au printemps, avant la floraison. En automne, donner de préférence de l'engrais sous forme liquide, en moins grande quantité.

■ *parasites
et maladies*

☐ **Parasites**
● **Cochenilles.** Voir p. 29.

☐ **Maladies**
● **Mosaïque.**
Symptômes. Jaunissement du limbe. Des taches plus claires partent des nervures et s'étendent. Le limbe peut se déformer et les feuilles tomber.
Remèdes. Détruire les parties malades. Vérifier s'il n'y a pas de parasites. Pas de traitement.

Famille des Moracées. Originaire d'Asie. C'est l'arbre qui abrite les fameux vers à soie dont la culture remonte à l'an 2700 avant J.-C. Haut d'environ 15 m, il a une très grande longévité : il peut vivre 500 ans.

Morus
MÛRIER

Morus alba (Mûrier blanc). Espèce aux formes diverses selon les variétés, aux feuilles alternes, bordées de grosses dents, souvent lobées, vert clair et luisantes dessus, vernies dessous, jaune d'or en automne. Les fruits, blanc rosé, ronds, au goût fade, sont mûrs en août-septembre.

Mûrier (*Morus issaï*).
Age ≃ 10 ans. Hauteur ≃ 20 cm.
Style « Sekijōju ». Remarquez les racines aériennes
Photo : mai.

■ *obtention*

● *Par semis.* Récolter la graine en juillet-août. Broyer les fruits. Laver pour séparer la graine de la pulpe. Sécher et stratifier. Semer en avril-mai. La germination se fait en 3 semaines. Eloigner les graines les unes des autres lors du semis, et prendre garde aux vers blancs. Après germination, abriter en automne et en hiver.

● *Par bouturage.* Au printemps, choisir un rameau de l'année. L'étêter et le faire raciner dans un mélange à parts égales de tourbe et de sable. Protéger la bouture des éventuelles gelées et du vent froid.

● *Par marcottage aérien.* Au printemps.

● *Par greffage.* Pratiquer la greffe sur table en hiver, lorsqu'on ne peut pas obtenir le Mûrier par les autres méthodes. C'est un moyen d'obtention plus professionnel. La greffe en écusson se fait très tôt dans la saison, quand l'écorce du porte-greffe se détache facilement.

■ *entretien*

☐ **Ensoleillement.** Le Mûrier aime le plein soleil. Il a besoin de beaucoup de lumière.

☐ **Température.** Le Mûrier craint les gelées et le froid. Il préfère la chaleur.

☐ **Ventilation.** Le Mûrier supporte le vent.

☐ **Céramique.** Choisir des pots moyennement plats, de préférence vernissés, blancs, céladon, bleus, verts, beiges...

☐ **Nettoyage.** Enlever les fruits fanés de l'arbre s'ils ne tombent pas tout seuls.

☐ **Croissance.** Croissance lente : environ 3 m en 20 ans.

☐ **Rempotage.** Rempoter au printemps (avril), tous les ans. Tailler un bon tiers des racines et rempoter dans un pot de la taille supérieure au précédent. Et particulièrement bien drainer.

☐ **Terre.** La moitié de terre végétale, 1/4 de terreau et 1/4 de sable de rivière. Le Mûrier a besoin de sols légers et sableux, il n'aime pas les sols humides et lourds.

STYLES

Shakan   Kengai   Tachiki   Han-Kengai   Sekijōju   Sōkan   Kabudachi

Dans une terre trop fertile, il termine sa croissance tard en automne et souffre des gelées.

☐ **Taille.**
● *Pinçage.* Pincer les nouvelles pousses dès qu'elles ont un peu poussé en longueur.
● *Taille des rameaux.* Après la floraison, tailler les rameaux en ne laissant que deux yeux. A la fin de l'automne, retailler les longs rameaux en ne laissant que 2 ou 3 yeux.
● *Taille des branches.* Au début du printemps, avant le débourrement, tailler court les branches.

☐ **Ligature.** Au printemps et en été.

Entourer le fil de cuivre de raphia pour protéger l'écorce.

☐ **Arrosage.** Le Mûrier demande beaucoup d'eau. Il peut être nécessaire d'arroser 2 fois par jour au printemps et en automne. Toujours laisser sécher entre deux arrosages.

☐ **Vaporisation.** On peut bassiner le feuillage en même temps que l'on arrose. Ne pas bassiner en pleine floraison (courte).

☐ **Engrais.** Donner davantage d'engrais au printemps. A l'automne, lorsque l'arbre est en fruits, préférer un engrais liquide. Engrais organique à lente décomposition.

Mûrier (*Morus issaï*).
Age ≃ 10 ans. Hauteur ≃ 20 cm.
Style « Sekijôju ».
Photo : mai.

■ *parasites et maladies*

☐ **Parasites**
● **Cochenilles.** Voir p. 29.
N.B. Le bombyx du Mûrier ou ver à soie n'est pas nocif.

☐ **Maladies**
● **Pourridié.** Voir p. 31.

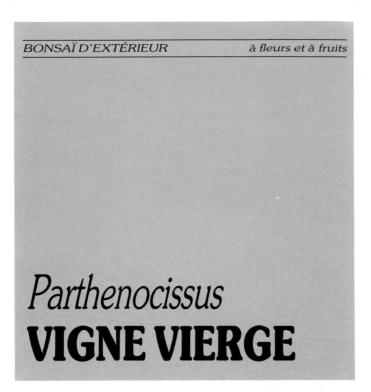

Parthenocissus
VIGNE VIERGE

Famille des Vitacées. Originaire d'Amérique du Nord et d'Asie, c'est un arbuste sarmenteux, grimpant, avec des disques terminaux (les ventouses), une floraison et une fructification discrètes et une écorce qui ne s'exfolie pas.

Parthenocissus tricuspidata. C'est la Vigne vierge la plus répandue. Cet arbuste-liane très ramifié, aux tiges grêles, au feuillage caduc, ovale, vert lustré en été, qui devient jaune d'or et orange à l'automne, porte des fleurs en juillet-août et des fruits en septembre-octobre, bleu foncé, ronds et petits.

Vigne vierge (*Parthenocissus*). Age ≃ 8 ans. Hauteur ≃ 12 cm.
Style « Tachiki ». Photo : octobre.

■ *obtention*

● *Par semis.* Récolter les fruits mûrs. Les laisser pourrir et récolter la graine. La stratifier et la planter au printemps dans un mélange sable-tourbe. Attention : le fruit ne mesure guère plus de 8 mm. La graine est minuscule.

● *Par bouturage.* Tailler des rameaux sans feuilles, avec au moins 3 yeux. Au printemps, les planter profondément, en ne laissant émerger qu'un œil. Les yeux enterrés poussent vigoureusement et vite. Si l'on plante plusieurs boutures ensemble, éviter qu'elles ne s'emmêlent. A l'automne, rabattre les boutures. Rempoter au printemps suivant. Garder le sol frais, mais abriter des gelées.

● *Par marcottage simple.* Au printemps, dans une terre humifère et fraîche.

● *Par greffage.* En incrustation, en serre, de janvier à mars. Choisir des greffons d'un an. Retirer les yeux du bas du porte-greffe. Il n'est pas nécessaire de mastiquer la greffe. Il vaut mieux l'envelopper de bouillie argileuse pour l'empêcher de sécher.

● *Par jeunes plants de pépinière.*

STYLES

Shakan

Kengai

Tachiki

Han-Kengai

Sekijôju

Sôkan

Kabudachi

Vigne vierge (*Parthenocissus*).
Age ≃ 10 ans.
Hauteur ≃ 20 cm.
Style « Kengai ».
Photo : octobre.

■ *parasites et maladies*

□ **Parasites**
● **Cochenilles.** Voir p. 29.

□ **Maladies**
● **Mildiou.**
Symptômes. Taches jaunes sur le dessus des feuilles. Au revers, poussière blanche. Chute prématurée des feuilles.
Remèdes. Tailler et détruire les feuilles malades. Pulvériser des fongicides à base de cuivre.
● **Black-rot.**
Symptômes. Apparition de taches brun-rouge sur les feuilles. Formation de points noirs sur ces taches.
Remèdes. Retirer et tailler les feuilles malades. Pulvériser des fongicides à base de cuivre.

■ *entretien*

□ **Ensoleillement.** La Vigne vierge aime le plein soleil. Il lui faut beaucoup de lumière pour que son feuillage d'automne soit flamboyant. Dans les régions très ensoleillées, placer à la mi-ombre l'été.

□ **Température.** Supporte la chaleur et assez bien le gel.

□ **Ventilation.** En plein vent, certains rameaux risquent de casser.

□ **Céramique.** Planter de préférence dans un pot relativement profond. Les poteries émaillées dans les bleus, décorées ou non, sont d'un très bel effet.

□ **Nettoyage.** Eviter le développement de mousses à la base du tronc. La Vigne vierge résiste bien à la pollution.

□ **Croissance.** Rapide. Grande ramification.

□ **Rempotage.** Rempoter tous les ans, au début du printemps, dans un pot de taille supérieure au précédent. Tailler 1/3 des racines.

□ **Terre.** Mélange à parts égales de terre végétale et de terreau. Aime les sols profonds et peu humides et n'a pas d'exigences particulières : une bonne terre de jardin convient.

□ **Taille.**
● *Taille des rameaux.* Après la floraison, attendre que les nouvelles pousses aient atteint environ 5 yeux pour rabattre aux ciseaux à 1 ou 2 nœuds.

● *Taille des feuilles.* Tailler les feuilles des arbres en bonne santé à la fin du printemps ou au début de l'été (juin). Donner alors moins d'eau.

□ **Ligature.** Au printemps et en été. Eviter de ligaturer si les feuilles sont encore molles. Attendre un peu.

□ **Arrosage.** Arroser abondamment, mais laisser sécher entre deux arrosages. Nécessite un très bon drainage, pour éviter toute stagnation de l'eau.

□ **Vaporisation.** On peut bassiner le feuillage et le branchage lorsqu'on arrose l'arbre. Ne pas vaporiser après une défoliation ni lorsque l'arbre est en fleur.

□ **Engrais.** Au printemps et en automne, donner un engrais organique à lente décomposition, de façon régulière.

Prunus amygdalus

AMANDIER

Famille des Rosacées. Originaire des montagnes de l'Asie centrale et occidentale, c'est un arbre d'environ 12 m, au tronc épais, aux branches noueuses, divisées, coudées, aux feuilles vertes, luisantes, oblongues, finement dentelées. Les fleurs apparaissent avant les feuilles, parfois en décembre-janvier, plus souvent en février-mars. Elles sont blanches, rose clair ou rose tyrien. Les fruits sont gris-vert, avec deux graines : les amandes, comestibles chez les arbres cultivés (*P. sativa*) et toxiques chez les arbres sauvages (*P. amara*).

Prunus (*Prunus amygdalus « Amento »*). Ce détail, pris en juin, montre les jeunes fruits. Ces petites « pêches de vigne » arrivent à maturité fin août-début septembre, sans que soit modifiée la couleur verte de leur peau. Elles sont délicieuses.

■ *obtention*

● *Par semis.* Récolter la graine en automne. La stratifier dans un endroit sec et la semer au printemps. Protéger du gel la première année.

● *Par marcottage aérien.* En mai-juin-juillet.

● *Par greffe en écusson.* En été. Laisser la greffe toute l'année sans intervenir. Rabattre la tige d'un an à la fin de l'hiver. L'œil supérieur d'où part le prolongement du tronc doit être situé du côté opposé au point de greffe, pour pouvoir atténuer la courbe éventuelle et la boursouflure par la suite. Rabattre l'œil sous l'œil supérieur, qui devient un « gourmand » en se développant.

● *Par jeunes plants de pépinière.*

■ *entretien*

☐ **Ensoleillement.** L'Amandier aime le plein soleil et la lumière.

☐ **Température.** L'Amandier aime la chaleur et craint le froid. Il faut le protéger en hiver.

☐ **Ventilation.** Supporte le vent.

☐ **Céramique.** Choisir une coupe relativement profonde, car l'Amandier aime les sols profonds.

☐ **Nettoyage.** Retirer tous les rejets qui partent du tronc. Enlever les fleurs fanées de l'arbre.

☐ **Croissance.** Lente.

☐ **Rempotage.** Tous les ans, soit au début du printemps, soit après la floraison, tailler un bon tiers du chevelu des racines et rempoter dans un pot de la taille supérieure au précédent.

☐ **Terre.** 1/2 terre végétale et 1/2 terreau. L'Amandier se développe bien dans des sols calcaires, secs et profonds.

☐ **Taille.**
● *Taille des rameaux.* Après que les fleurs se fanent et avant que les pousses

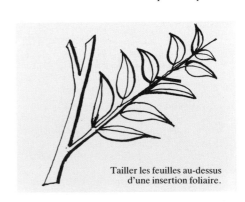

Tailler les feuilles au-dessus d'une insertion foliaire.

STYLES

Shakan

Tachiki

Han-Kengai

Sôkan

Kabudachi

Korabuki

ne durcissent, tailler avec des ciseaux les rameaux à 2 ou 3 yeux.

● *Taille des branches.* Laisser les branches à croissance lente, qui ont déjà les bourgeons de l'année suivante, et tailler les longues branches à la fin de l'été. En octobre, retailler légèrement toutes les branches de l'arbre.

☐ **Ligature.** Au printemps et en été. Veiller, en plaçant le fil de cuivre, à ne pas blesser l'arbre ni arracher les futurs boutons floraux.

☐ **Arrosage.** Arroser plus abondamment juste avant la floraison et réduire l'arrosage pendant que l'arbre est en fleur.

☐ **Vaporisation.** Ne pas bassiner l'arbre quand il est en fleur. Après la floraison, le bassiner tandis qu'on l'arrose.

☐ **Engrais.** Au printemps et en automne, donner un engrais organique à lente décomposition. Ne pas donner d'engrais à un arbre en fleur. Augmenter un peu la dose à la fin de l'automne, pour préparer l'arbre à l'hiver et lui permettre une belle floraison, toujours précoce dans la saison.

■ *parasites et maladies*

☐ **Parasites**
● **Cochenilles.** (Diaspines et lecanines). Voir p. 29.
● **Tordeuses (chenilles).** Voir p. 29.
● **Araignées rouges.** Voir p. 28.

☐ **Maladies**
● **Pourriture.** Voir p. 31.
● **Rouille.** Voir p. 31.
● **Tavelure.**
Symptômes. Taches grises bordées de rouge sur le feuillage, les fruits et les boutons floraux. Fleurs et fruits sèchent et avortent.
Remèdes. Tailler les feuilles et les rameaux malades. Pulvériser des fongicides à base de zinèbe.

Cerisier à fleurs (*Prunus subhirtella*).
Age ≃ 50 ans. Hauteur ≃ 60 cm.
Style « Kôrabuki ».
Photo : avril.
Très beau spécimen de prunus,
couvert de petites fleurs blanches pendantes.

Nous avons voulu illustrer cette famille par une variété autre que celle décrite,
car les prunus sont très nombreux et leurs soins très souvent identiques.

Prunus Mume
ABRICOTIER

Famille des Rosacées. Originaire de Chine et de Corée, très cultivé au Japon, cet arbre d'environ 12 m a une cime arrondie, une écorce gris-vert, un feuillage ovale, caduc, finement dentelé. Les fruits jaunes ou verdâtres sont peu comestibles. En février-mars-avril, il porte des fleurs blanches, rose clair ou foncé, ou rouges. La variété « Rosea-plena » fleurit en février-mars.

■ *obtention*

● *Par bouturage.* Au printemps, tailler un rameau d'un an, l'étêter et le planter dans une bonne terre de jardin allégée de sable. L'année suivante, mettre cette nouvelle pousse en pot et la tailler. Recommencer pendant 2 ou 3 ans.

● *Par marcottage aérien.* Au printemps.

● *Par greffage.* En été, greffe en écusson.

■ *entretien*

☐ **Ensoleillement.** L'Abricotier aime le plein soleil.

☐ **Température.** L'Abricotier aime la chaleur. Il craint le gel pour ses branches, mais supporte le froid.

☐ **Ventilation.** Cet arbre a besoin d'être exposé dans un endroit aéré.

☐ **Céramique.** Choisir une coupe moyennement profonde, avec un bel émaillage qui mette en valeur les fleurs de l'arbre.

☐ **Nettoyage.** Retirer l'excès de fruits pour ne pas fatiguer l'arbre. En automne, après la chute des feuilles, bien retirer toutes les feuilles mortes. Enlever les départs du tronc.

☐ **Croissance.** Rapide et vigoureuse.

☐ **Rempotage.** Tous les ans, au printemps, après la floraison. Tailler 1/3 des racines et mettre dans un pot de la taille supérieure au précédent. Un bon drainage est nécessaire.

☐ **Terre.** Mélange à parts égales de terre végétale et de terreau. On peut adjoindre un peu de sable au mélange terreux. L'Abricotier aime les sols calcaires, secs et profonds.

☐ **Taille.**
● *Pinçage.* Pincer les nouveaux bourgeons trop abondants et les départs inutiles dès leur apparition. Pincer les départs sur les rameaux pour éviter que les branches ne s'allongent trop. Le pinçage s'effectue juste avant que les feuilles ne durcissent.
● *Taille des rameaux.* Pincer l'extrémité des rameaux de façon ordonnée pour que les branches poussent fines et ne se cassent pas en hiver et qu'elles donnent des fleurs au printemps suivant. La taille des rameaux se fait après la floraison; pour obtenir de bons résultats, il faut un travail très minutieux.
● *Taille des branches.* Lors du rempotage, examiner la silhouette de l'arbre et tailler les branches inutiles. Tailler une fois par an, en ne laissant que 2 ou 3 feuilles par branche après la floraison.

Abricotier (*Prunus Mume*).
Âge ≃ 7 ans. Hauteur ≃ 10 cm.
Style « Tachiki » Photo : juin.

STYLES

Shakan

Kengai

Bankan

Tachiki

Han-Kengai

Bunjingi

Sharimiki

Sekijõju

Ishitsuki

Sabamiki

Sõkan

Abricotier (*Prunus Mume*).
Âge ≃ 120 ans.
Style « Sharimiki ».
Photo : juin.
Remarquable spécimen dont le tronc,
en partie mort, a été sculpté, ciselé,
pour le faire paraître encore plus vieux.

□ **Ligature.** De la fin du printemps à l'automne. Protéger les branches cassantes avec du raphia. Il n'est pas toujours nécessaire d'enrouler les branches avec du fil de cuivre. On peut les diriger par suspension de poids et former le tronc à l'aide du serre-joint, cela de concert avec la taille.

□ **Arrosage.** Dès que la surface de la terre est sèche. Arroser abondamment lorsque l'arbre bourgeonne, et en été.

□ **Vaporisation.** Ne pas bassiner l'arbre quand il est en fleur. Lors des arrosages de l'été, mouiller le feuillage. Jamais en plein soleil.

□ **Engrais.** Après la floraison et jusqu'à l'automne, donner un engrais organique à lente décomposition. Après la floraison et avant juillet, donner de préférence de l'engrais liquide. En automne, donner de l'engrais solide ou en poudre.

■ *parasites et maladies*

□ **Parasites**
● **Scolytes.** Voir p. 30.
● **Bombyx (chenilles).** Voir p. 30.
● **Tordeuses (chenilles).** Voir p. 30.
● **Cochenilles diaspines et lécanines.** Voir p. 29.
● **Araignées rouges.** Voir p. 28.

□ **Maladies**
● **Rouille.** Voir p. 31.
● **Pourriture.** Voir p. 31.
● **Crown-gall ou galle du collet.**
Symptômes. Excroissance en forme de chou-fleur, d'abord molle et blanche, puis brune et craquelée sur le collet et les racines supérieures.

Pourriture mettant en péril la vie de l'arbre. Possibilité de tumeurs secondaires.
Remèdes. Attention aux insectes et aux blessures lors des soins. Désinfecter les outils. Supprimer les tumeurs. Cureter. Appliquer une solution d'alcool et de sodium. Passer sur la terre une bouillie à base de fongicides organo-mercurés.
● **Oïdium.** Voir p. 31.
● **Maladie criblée.**
Symptômes. Taches marron bordées de rouge sur le feuillage, qui sèche et tombe après s'être perforé. Rameaux tachés et déformés.
Remèdes. Tailler les rameaux malades. En avril-mai, utiliser des fongicides de synthèse.

Kabudachi

Ikadabuki

Netsunagari

Sôju

Sambon-Yose

Gohon-Yose

Nanahon-Yose

Kyûhon-Yose

Yose-Ue

Bonkei

Plantations saisonnières

Grenadier (*Punica granatum*).
Age ≃ 20 ans. Hauteur ≃ 25 cm.
Style « Tachiki ».
Photo : juin.

Punica granatum
GRENADIER

Famille des Punicacées. Originaire d'Asie orientale et occidentale et du pourtour du bassin méditerranéen, le Grenadier est aujourd'hui cultivé jusqu'au sud des Etats-Unis et en Amérique du Sud. Le genre ne comprend que deux espèces : *Punica protopunica* et *Punica granatum*. Le *Punica granatum* est un arbuste cultivé pour ses fleurs ou pour ses fruits. Il atteint 7 m. Il a un port irrégulier, des branches légèrement épineuses, des rameaux grêles, des feuilles caduques, oblongues, luisantes et glabres. De juin à septembre, il porte des fleurs aux pétales chiffonnés, rouge écarlate. En septembre-octobre, il porte des fruits jaune orangé, rougeâtres, renfermant plusieurs graines comestibles.

■ *obtention*

● *Par semis.* Récolter les fruits mûrs. Les laisser pourrir. Récolter les graines à l'intérieur. Les laver. Les sécher. Les stratifier dans du sable et semer au printemps, au chaud. Le semis est valable dans le midi de la France seulement.

● *Par bouturage.* En juin-juillet. Toujours bien humidifier la bouture et l'aérer. Empoter au printemps suivant. Protéger du froid et du gel.

● *Par marcottage aérien.* Au printemps.

● *Par jeunes plants de pépinière.*

■ *entretien*

□ **Ensoleillement.** Le Grenadier aime le plein soleil et a besoin de lumière. L'exposer à la mi-ombre en plein été.

□ **Température.** Le Grenadier craint le froid et le gel. Semblables aux arbres d'orangerie, il aime la chaleur.

□ **Ventilation.** Ne craint pas le vent. A besoin d'un emplacement aéré.

□ **Céramique.** Des pots moyennement profonds sont préférables.

□ **Nettoyage.** Retirer quelques fleurs des branches trop chargées; si l'arbre donne des fruits, les retirer avant qu'ils ne tombent tout seuls, pour ne pas fatiguer l'arbre.

□ **Croissance.** Assez rapide lorsque l'arbre est jeune.

□ **Rempotage.** Tous les ans ou tous les 2 ans, au printemps, quand les feuilles commencent à s'ouvrir. Tailler un bon tiers des racines et rempoter dans un pot de taille supérieure au précédent.

□ **Terre.** Mélange à parts égales de terre végétale et de terreau. On peut apporter du sable au mélange terreux. Aime les terres argileuses.

□ **Taille.**
● *Pinçage.* Au début du printemps et à la fin de l'automne, rabattre les départs à 2 yeux.
● *Taille des rameaux.* Après la floraison, tailler les rameaux en ne laissant que 2 yeux. Laisser grandir. Lorsque le rameau atteint environ 8 cm, retailler en ne laissant qu'un œil.

□ **Ligature.** Ligaturer de la fin du printemps à l'été. Protéger les branches cassantes avec du raphia. Recommencer tous les ans.

□ **Arrosage.** Un bon drainage est nécessaire. Arroser abondamment en été, légèrement en hiver. Ne pas laisser l'arbre se dessécher.

□ **Vaporisation.** Bassiner l'arbre en dehors de l'époque de floraison. Si possible, l'exposer à la rosée nocturne.

□ **Engrais.** Au printemps, donner un engrais organique à lente décomposition. Lors de la floraison, en automne, apporter un peu d'engrais liquide.

■ *parasites et maladies*

□ **Parasites**
● **Pucerons verts.** Voir p. 30
● **Araignées rouges.** Voir p. 28.

□ **Maladies**
● **Rouille.** Voir p. 31.
● **Oïdium.** Voir p. 31.
● **Tavelure.**
Symptômes. Apparition de lésions brunes chancreuses sur les rameaux. Les feuilles tachées de noir jaunissent et tombent. Les fruits, nécrosés de noir, se craquèlent.
Remèdes. Tailler les feuilles jaunes. Retirer les fruits malades. Tailler les rameaux malades. Pulvériser des bouillies à base de cuivre ou de Zirame.

STYLES

Shakan

Kengai

Tachiki

Han-Kengai

Bunjingi

Sekijôju

Nejikan

Sôkan

Kabudachi

Ikadabuki

Netsunagari

Sôju

Sambon-Yose

115

Pyracantha
PYRACANTHA

Famille des Rosacées. Cinq espèces sont originaires d'Asie. La sixième (*Pyracantha coccinea*) est originaire d'Europe et ressemble beaucoup au Cotonéaster.

Pyracantha angustifolia. D'origine chinoise, c'est un arbuste de 4 m environ, de forme étalée, parfois prostrée. Ses feuilles semi-persistantes, oblongues, peuvent être légèrement dentées à la pointe, vert foncé et brillantes au-dessus, grisâtres en dessous. Il fleurit en mai-juin. Les fruits présents à partir d'octobre, rouge brique à orange, tiennent tout l'hiver jusqu'en mars.

Pyracantha (*Pyracantha angustifolia*). Age ≃ 12 à 25 ans.
Hauteur ≃ 60 cm. Style « Yose-Ue ». Photo : août - septembre.

■ *obtention*

● *Par semis.* Récolter les graines peu avant leur maturité et les semer en pleine terre. La germination a lieu au printemps suivant. On peut aussi stratifier les graines une année et semer au printemps suivant. La germination est capricieuse et les arbres obtenus à partir de graines mettent 5 ans avant de donner des fleurs et des fruits.

● *Par bouturage.* Au début de l'été, prélever les rameaux porteurs de fruits en hiver. Les étêter et les planter. Le racinage est rapide. Rempoter au printemps suivant.

● *Par marcottage.* Au printemps. Préférer le marcottage simple, en gardant la terre bien humide.

● *Par jeunes plants de pépinière.*

■ *entretien*

☐ **Ensoleillement.** Le Pyracantha aime la lumière et ne craint pas le plein soleil. On peut toutefois le placer à la mi-ombre en plein été.

STYLES

Shakan

Kengai

Tachiki

Han-Kengai

Hôkidachi

Sekijôju

□ **Température.** Le Pyracantha aime la chaleur et craint le gel. Ses régions préférées sont le Sud-Est, le littoral du Sud-Ouest et le sud de la Bretagne.

□ **Ventilation.** Supporte le vent, mais à condition d'être arrosé abondamment.

□ **Céramique.** Planter dans un pot moyennement profond et émaillé.

□ **Nettoyage.** Retirer toutes les feuilles jaunes pour éviter les parasites. S'ils sont trop nombreux, enlever les fruits après fructification.

□ **Croissance.** Elle est plus rapide en pleine terre. En pot, elle est assez lente.

□ **Rempotage.** Au printemps, tous les 2 ans. Tailler des racines et rempoter dans un pot de la taille supérieure au précédent. La transplantation est difficile. Garder un peu de l'ancienne terre pour une meilleure reprise des racines.

□ **Terre.** Mélange à parts égales de terre végétale et de terreau. Le Pyracantha aime les sols profonds, frais, légers et meubles. Il faut un bon drainage.

□ **Taille.**
● *Taille des rameaux.* Après la floraison, et avant que les nouvelles pousses ne durcissent, tailler aux ciseaux les rameaux (en été). En automne, retailler les pousses tardives.
● *Taille des branches.* A la fin de l'hiver, raccourcir les branches en vue de former l'arbre.

□ **Ligature.** Le Pyracantha peut se ligaturer toute l'année. Eviter d'enrouler le fil lorsque les nouvelles branches sont molles. Ne pas laisser ce fil de cuivre plus de 6 mois sur l'arbre.

□ **Arrosage.** Abondant avant et après la floraison. Le Pyracantha, s'il est bien drainé, demande beaucoup d'eau.

□ **Vaporisation.** Lors des arrosages d'été, on peut bassiner le feuillage. Mais ne jamais bassiner lorsque l'arbre est en fleur et en fruits.

□ **Engrais.** Au printemps, donner de l'engrais liquide avant la floraison. En automne, donner de l'engrais organique à lente décomposition une fois par mois.

Pyracantha (*Pyracantha angustifolia*).
Age ≃ 15 ans. Hauteur ≃ 25 cm
Style « Nejikan ». Photo : mai.

■ *parasites et maladies*

□ **Parasites**
● **Pucerons verts.** Voir p. 30.
● **Pucerons lanigères.** Voir p. 30.
● **Cochenilles virgules.** Voir p. 29.
● **Hyponomeutes (chenilles).** Voir p. 29.

□ **Maladies**
● **Tavelure.**
Symptômes. Apparition de lésions brunes chancreuses sur les rameaux. Les feuilles tachées de noir jaunissent et tombent. Les fruits, nécrosés de noir, se craquèlent.

Remèdes. Tailler les feuilles jaunes. Retirer les fruits malades. Tailler les rameaux malades. Pulvériser des bouillies à base de cuivre ou de zirame.
● **Feu bactérien.**
Symptômes. Les nouvelles pousses et les boutons floraux noircissent et se dessèchent, comme brûlés. Les parties malades se recroquevillent. Apparition d'un champignon blanc-beige qui suinte.
Remèdes. Tailler et brûler les rameaux malades. Eviter les engrais azotés et les terres trop humides. Désinfecter les outils. Utiliser des fongicides cupriques au début de la floraison et en période de végétation.

Ishitsuki

Nejikan

Sôkan

Kabudachi

Bonkei

Kusamono

Famille des Éricacées. Originaire d'Asie. Connu aussi sous le nom d'Azalée. On appelait Azalée les espèces de serre, et Rhododendron les espèces rustiques. Mais aucune différence scientifique ne les distingue. On appelle d'ailleurs Azalée les Rhododendrons nains.

Rhododendron
RHODODENDRON

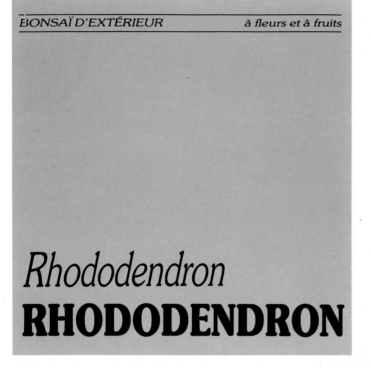

Rhododendron impeditum. Espèce buissonnante, aux nombreuses pousses enchevêtrées, couvertes d'écailles noires, au feuillage vert-gris dessus et brun dessous. Des fleurs mauves, légèrement odorantes, apparaissent fin avril.
Rhododendron indicum ou *lateritium,* appelé aussi *Azalea indica.* Arbuste de 1,50 m au port dense, au feuillage persistant ou semi-persistant, vert foncé, qui fleurit en juin. Les fleurs sont de couleurs variées, mais en général rouge saumon, et relativement grandes.

■ *obtention*

● *Par semis.* Récolter les graines, les garder au sec et les semer en mai. La germination démarre au bout de 3 semaines. Maintenir le sol humide. Laisser le semis en terre pendant 2 ans avant de rempoter, en évitant la moisissure.

● *Par bouturage.* Prélever en juin. Planter en serre ou sous verre dans du sable et de la tourbe. En octobre, le racinage est terminé. Laisser sous verre tout l'hiver. Rempoter au printemps suivant.

Rhododendron (*Rhododendron impeditum*).
Age ≃ 8 ans. Hauteur ≃ 12 cm. Style « Sôkan ».
Photo : avril. Fleurs et feuilles miniaturisées donnent un résultat remarquable.

● *Par marcottage simple.* En juillet. En septembre-octobre de l'année suivante, sevrer la marcotte et mettre en pot.

● *Par jeunes plants de pépinière.*

■ *entretien*

☐ **Ensoleillement.** Placer à la mi-ombre. Les variétés à petites feuilles supportent mieux le soleil que les autres.

☐ **Température.** Le Rhododendron aime la chaleur et craint le gel. Le garder au chaud en hiver, mais pas en appartement.

☐ **Ventilation.** Le Rhododendron supporte bien le vent, mais il demande alors des arrosages plus abondants.

☐ **Céramique.** Pendant la période de création des Rhododendrons, il est préférable d'utiliser des coupes non vernissées, de profondeur moyenne. Il est rarement cultivé dans des coupes plates.

☐ **Nettoyage.** Retirer l'excès de bourgeons floraux. Après la floraison, retirer les fleurs fanées. Retirer tous départs du tronc et des racines. Balayer régulièrement le sol, souvent couvert de feuilles qui sont tombées.

☐ **Croissance.** Lente et régulière.

☐ **Rempotage.** Rempoter après la floraison, tous les ans pour les jeunes arbres, tous les 2 ans pour les arbres plus âgés. Tailler 1/3 des racines et rempoter dans un pot de la taille supérieure au précédent.

☐ **Terre.** Mélange composé pour moitié de terre de bruyère, 1/4 de terreau et 1/4 de tourbe. Le Rhododendron a besoin d'un sol humide, frais, léger, humifère et sableux. La terre peut être acide, mais jamais calcaire. Le Rhododendron s'étiole dans un sol composé seulement de terre de bruyère.

☐ **Taille.**
● *Taille des rameaux.* A la fin de l'été, après que les fleurs aient fané et avant que

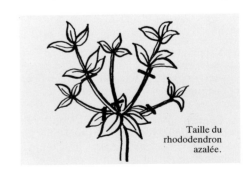

Taille du rhododendron azalée.

STYLES

Chokkan

Shakan

Kengai

Tachiki

Han-Kengai

Bunjingi

Neagari

Sekijôju

Ishitsuki

les feuilles ne durcissent, tailler les rameaux avec des ciseaux. Rabattre à 2 paires de feuilles.

● *Taille des branches.* Lors du rempotage, tailler les branches mortes ou le branchage trop dense, pour aérer l'arbuste.

☐ **Ligature.** Ligaturer du printemps à l'automne. Les branches du Rhododendron cassent facilement. Pour les durcir, ne pas arroser un jour avant de ligaturer.

☐ **Arrosage.** Maintenir la motte humide. Les racines sèchent vite et cela est fatal à l'arbre. Arroser fréquemment toute l'année, sauf lorsqu'il gèle.

☐ **Vaporisation.** Bassiner le feuillage matin et soir en été. Après un rempotage, vaporiser les feuilles jusqu'à ce que les nouvelles racines reprennent. Eviter tout bassinage sur les fleurs.

☐ **Engrais.** Donner de l'engrais organique faiblement concentré au printemps et en automne. Ne pas donner d'engrais pendant la floraison.

Azalée (*Azalea Satsuki*).
Age ≃ 15 ans. Hauteur ≃ 45 cm.
Style « Neagari ». Photo : juin.

■ *parasites et maladies*

☐ **Parasites**

● **Nématodes.** Voir p. 30.

● **Charançons.**
Symptômes. L'arbre jaunit et sèche, la croissance est ralentie, les feuilles sont découpées et le limbe est mordu. Dégâts nocturnes. Présence de larves dans les tissus.
Remèdes. Pulvériser des insecticides de contact de mai à juillet. Dans la terre, incorporer des insecticides organo-phosphorés.

● **Tordeuses (chenilles).** Voir p. 29.

● **Cicadelles.**
Symptômes. Feuilles jaunies par des insectes verts qui piquent le feuillage. Limbe décoloré. Les feuilles peuvent tomber.
Remèdes. Tailler les rameaux envahis. Pulvériser des insecticides de contact ou des insecticides organo-phosphorés systémiques.

● **Tigre du Rhododendron.**
Symptômes. Face inférieure du limbe tachée de points noirs. Face supérieure jaunie et marbrée. Chute des feuilles.
Remèdes. Pulvériser des bouillies à base de parathion ou d'oléoparathion sur la face inférieure des feuilles.

☐ **Maladies**

● **Pourriture des racines et de la tige.** Voir p. 31.

● **Phyllosticta.**
Symptômes. Le feuillage présente des taches desséchées. Apparition de points noirs sur les parties sèches. Chute des feuilles malades.

Remèdes. Tailler les feuilles malades. Pulvériser des fongicides à base de cuivre.

● **Pestalozzia.**
Symptômes. Sur les feuilles du bas, apparition de taches grises qui sèchent et se déchirent.
Remèdes. Eviter l'excès d'humidité. Retirer les feuilles malades. Pulvériser préventivement des fongicides de synthèse.

● **Rouille.** Voir p. 31.

● **Pourridié.** Voir p. 31.

● **Chlorose.**
Symptômes. Les feuilles jaunissent autour du limbe et près des nervures. Les nouvelles feuilles sont petites et décolorées.
Remèdes. Donner de l'azote, du fer, du magnésium et du zinc à la terre. Eviter les excès de calcium et de sodium, de froid ou d'eau; éviter les courants d'air et les gaz toxiques. Placer à la lumière.

Sabamiki

Sôkan

Kabudachi

Korabuki

Ikadabuki

Netsunagari

Yamayori

Bonkei

Spiraea
SPIRÉE

Famille des Rosacées. Originaire des régions tempérées de l'hémisphère boréal, c'est un arbuste de forme dense et élégante, au feuillage gracieux, caduc, denté ou lobé. Du début du printemps à la fin de l'été, il porte de petites fleurs groupées de couleur blanche ou rose.

Spiraea japonica. Originaire d'Asie, ce buisson peu ramifié, aux branchages raides et dressés, haut de 1,50 m, a de grandes feuilles vertes ovales et dentées; les nouvelles pousses sont rouges. En juin-juillet, il porte des fleurs rose vif ou pourpré.

■ *obtention*

● *Par semis.* Se pratique au printemps, sous verre. La germination est rapide. Mais le semis est rarement employé car il n'est pas fidèle (les caractéristiques de la plante ne sont pas reproduites en totalité).

● *Par bouturage.* Prélever des boutures au début de l'été. Les étêter et les planter dans un mélange sable-tourbe. Les boutures sont très fragiles : surveiller la vaporisation et l'ombrage. Retirer les boutons floraux de la bouture.

● *Par division de touffes.* Au printemps.

● *Par jeunes plants de pépinière.*

■ *entretien*

☐ **Ensoleillement.** La Spirée a besoin de soleil pour fleurir, mais s'accommode de la mi-ombre.

☐ **Température.** La Spirée supporte bien la chaleur. Il faut la protéger du gel.

☐ **Ventilation.** Supporte le vent. A besoin d'une situation aérée.

Spirée (*Spiraea japonica*). Age ≃ 5 ans. Hauteur ≃ 10 cm. La forme un peu particulière de cet arbre n'appartient à aucun style défini.

☐ **Céramique.** Choisir une coupe de profondeur moyenne. Toute poterie, émaillée ou non, convient.

☐ **Nettoyage.** Supprimer les fleurs dès qu'elles sont fanées. Les couper aux ciseaux.

☐ **Croissance.** Lente lorsque la Spirée est en pot.

☐ **Rempotage.** Tous les ans ou tous les 2 ans, au printemps. Tailler un bon tiers du chevelu des racines et empoter dans un pot de la taille supérieure au précédent.

☐ **Terre.** Mélange à parts égales de terre végétale et de terreau. La Spirée pousse dans n'importe quelle terre, même pauvre ou sèche. Mais elle préfère les sols frais et fertiles sans humidité stagnante ou sans trop de calcaire.

☐ **Taille.**
● *Taille des rameaux.* Après la floraison; tailler les rameaux aux ciseaux en ne laissant qu'1 ou 2 yeux par rameau. Tôt au début du printemps et à la fin de l'automne, tailler les rameaux en ne laissant que 2 ou 3 yeux. Après la floraison, couper les tiges sèches et les vieux rameaux.

☐ **Ligature.** La Spirée ne se ligature pas.

☐ **Arrosage.** Abondant. Garder la motte bien fraîche. S'assurer d'un bon drainage dans le pot. Diminuer l'arrosage au moment de la floraison.

☐ **Vaporisation.** Bassiner le feuillage en été, au moment de l'arrosage. Ne pas vaporiser quand l'arbre est en fleur.

☐ **Engrais.** Au printemps, avant la floraison, donner de l'engrais organique à lente décomposition. Pas d'engrais pendant que l'arbre est en fleur, ni en juillet-août. Redonner de l'engrais à l'automne, en augmentant légèrement la dose.

STYLES

Shakan   Kengai   Tachiki   Han-Kengai   Sekijôju   Ishitsuki   Kabudachi   Bonkei   Kusamono

Spirée (*Spiraea japonica*).
Âge ≃ 7 ans. Hauteur ≃ 15 cm.
Style « Sekijôju ». Photo : octobre.
Fleurs et feuilles sont presque pétrifiées; après
avoir profité de ces teintes d'automne, on pourra
les rabattre très court.

■ *parasites et maladies*

☐ **Parasites**
● **Pucerons verts.** Voir p. 30.
● **Tordeuses (chenilles).** Voir p. 29.

☐ **Maladies**
● **Oïdium.** Voir p. 31.
● **Rouille.** Voir p. 31.

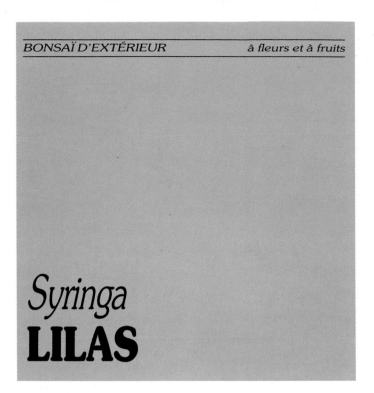

Syringa
LILAS

Famille des Oléacées. Originaire d'Asie et du sud-est de l'Europe, cet arbuste ornemental a une longévité de 40 ans environ. Haut de 7 m, il a un port dressé, des rameaux rigides terminés par des bourgeons et des fleurs blanches, mauves ou violettes, parfumées.

Syringa vulgaris (Lilas commun). Les feuilles caduques sont ovales, lisses, vert clair et vives. En avril-mai, il porte des fleurs mauves, rarement blanches, très odorantes. Les fruits sont oblongs, coriaces, lisses et pointus.

■ *obtention*

● *Par semis.* Récolter les graines dès qu'elles sont mûres (novembre-décembre). Les mettre dans des sacs suspendus au chaud et au sec. Elles vont s'égrener toutes seules. Nettoyer alors la semence et la stratifier au sec. Planter au printemps.

● *Par bouturage.* Au printemps, planter les boutures après les avoir écorcées dans un mélange sable-tourbe et placer dans un endroit chaud.

● *Par marcottage simple.* Il se pratique à la fin du printemps. Le racinage est rapide. Sevrer en automne, mettre en pot et protéger du gel.

● *Par jeunes plants de pépinière.*

■ *entretien*

☐ **Ensoleillement.** Le Lilas fleurit mieux en plein soleil, mais il supporte la mi-ombre.

☐ **Température.** Le Lilas ne redoute pas le froid, mais il craint le gel trop fort. Il préfère les situations chaudes.

☐ **Ventilation.** Le Lilas supporte le vent, à condition qu'il ne soit pas exposé de façon répétée à un vent durable.

☐ **Céramique.** Choisir un pot de moyenne profondeur, émaillé ou non. La couleur du pot doit s'harmoniser avec celle des fleurs.

☐ **Nettoyage.** Retirer et tailler les fleurs fanées. Enlever les fruits qui tirent trop de sève et fatiguent l'arbre. Retirer les départs du tronc.

☐ **Croissance.** Lente.

☐ **Rempotage.** Tous les ans, au printemps, avant la floraison, tailler la moitié des racines et rempoter dans un pot de la taille supérieure au précédent.

☐ **Terre.** Mélange à parts égales de terre végétale et de terreau. Un sol moyen, de préférence frais, consistant et argileux. Il peut être neutre, légèrement calcaire. Éviter les sols acides. Pour lutter contre l'acidité, l'enrichir de chaux.

☐ **Taille.**
● *Taille des rameaux.* Après la floraison, tailler les rameaux avec des ciseaux, en ne laissant qu'1 ou 2 yeux. Au tout début du printemps et à la fin de l'automne, tailler les rameaux à 2 ou 3 yeux.
● *Taille des branches.* En hiver, tailler les vieilles branches et le branchage qui pousse de façon désordonnée.

☐ **Ligature.** Au printemps et en été. Enrouler les branches avec du fil de cuivre, délicatement pour ne pas les casser.

☐ **Arrosage.** Arroser abondamment en été. Plus important avant la floraison que pendant. Conserver la motte légèrement humide.

☐ **Vaporisation.** Bassiner l'arbre au moment des arrosages en été. Ne pas vaporiser pendant la floraison.

☐ **Engrais.** Après la floraison et en automne, donner de l'engrais organique à lente décomposition. Le Lilas est gourmand et a besoin d'engrais.

STYLES

Shakan

Kengai

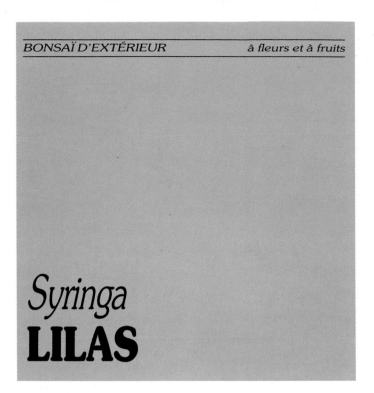
Tachiki

Han-Kengai

Sekijôju

Lilas (*Syringa speciosa*).
Âge ≃ 8 ans.
Hauteur ≃ 15 cm.
Style »Shakan».
Photo : avril.
La petite taille des fleurs
est caractéristique
de la « nanification » de cet arbuste.

■ *parasites et maladies*

☐ Parasites

● Erinoses.

Symptômes. Formation d'un duvet épais, beige, puis brun sur les feuilles qui se déforment. Les bourgeons floraux avortent.

Remèdes. Pulvériser des insecticides à base de soufre ou des insecticides acaricides.

● Charançons.

Symptômes. L'arbre jaunit et sèche. La croissance est ralentie, les feuilles sont découpées, le limbe est mordu. Dégâts nocturnes. Présence de larves dans les tissus.

Remèdes. Pulvériser sur la terre des insecticides de contact de mai à juillet.

● Teignes.

Symptômes. Cavités brunes sur les feuilles. Des fils soyeux s'enroulent autour du limbe. Présence de chenilles.

Remèdes. Pulvériser des insecticides.

● Tordeuses (chenilles). Voir p. 29.

☐ Maladies

● **Pourriture des bourgeons.** Voir p. 31.

● **Oïdium.** Voir p. 31.

● **Taches foliaires.** Voir p. 31.

● Bactériose.

Symptômes. Le limbe présente des taches translucides, puis noires. Les pousses sèchent, puis brunissent. Pourriture des boutons floraux.

Remèdes. Tailler et détruire les rameaux malades. Pulvériser des fongicides à base de cuivre.

● Virose.

Symptômes. Les feuilles présentent des taches sinueuses. Le limbe est perforé et le feuillage déformé.

Remèdes. Tailler et détruire les rameaux malades. Vérifier l'entretien.

Ishitsuki

Kabudachi

Ikadabuki

Netsunagari

Bonkei

Famille des Léguminosacées. Originaire d'Asie orientale et d'Amérique du Nord. Arbre grimpant, aux rameaux qui peuvent grandir et dépasser les 30 m. Le tronc devient noueux avec l'âge. Le feuillage caduc est ovale, acuminé au sommet. Les fleurs sont blanches, mauves ou bleues et apparaissent au printemps puis en été.

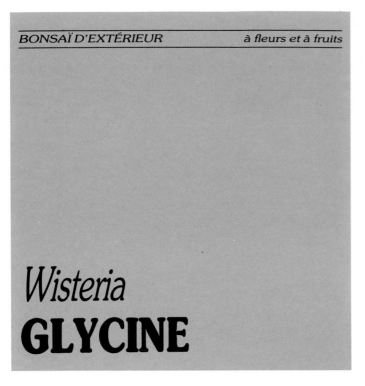

Wisteria
GLYCINE

Wisteria chinensis (Glycine de Chine). Elle peut vivre plus de 100 ans. Elle a de longs rameaux tortueux, des feuilles jaune-vert doré puis vert clair, des fleurs bleu-mauve en grappes, odorantes, qui apparaissent en mai-juin puis en août.
Wisteria floribunda (Glycine du Japon). Plus rustique et plus odorante, elle a des rameaux d'environ 10 m, des feuilles ovales, arrondies à la base. Elle fleurit en mai-juin, puis en août-septembre. Les fleurs sont de couleur violette ou bleu-violet, en grappes allongées et grêles.

Glycine (*Wisteria chinensis « daruma »*).
Photo : mai.

■ *obtention*

● *Par semis.* Récolter les graines en octobre. Les ouvrir. Au printemps, planter les semis avec une bonne chaleur de fond. Laisser les pousses 2 ans avant de les empoter. Peu de graines arrivent à germination, et la croissance est très lente. Il faudra attendre une dizaine d'années avant que la Glycine ne donne des fleurs.

● *Par marcottage simple.* Choisir de longs rameaux. Les enterrer en ne laissant dépasser que la tête. En automne, le racinage est installé au niveau des yeux. Sevrer et mettre en pot. Protéger en hiver.

● *Par greffage.* C'est la méthode la plus usitée. Pratiquer la greffe anglaise, ou greffe en incrustation, en février-mars. Choisir des sujets de 4 à 5 ans qui donnent déjà des fleurs. Greffer le plus bas possible, pour atténuer le point de greffe. On peut aussi greffer en automne, après la chute des feuilles.

■ *entretien*

□ **Ensoleillement.** La Glycine aime les situations ensoleillées.

□ **Température.** La Glycine aime la chaleur; elle ne résiste que moyennement au gel. En dessous de -5°, il est indispensable de la protéger.

□ **Ventilation.** La Glycine supporte le vent. La placer dans un endroit aéré.

□ **Céramique.** Choisir un pot de moyenne profondeur, émaillé ou non. Si la céramique est décorée, l'harmoniser avec les fleurs ou la silhouette de l'arbre.

□ **Nettoyage.** Après la floraison, la Glycine émet des « haricots ». C'est assez beau, mais s'il y en a un trop grand nombre, l'arbre se fatigue. Il faut donc les supprimer dès que possible. En laisser juste quelques-uns.

□ **Croissance.** Lente. Lorsque l'enracinement est bien implanté, la Glycine grandit plus vite.

STYLES

Shakan

Kengai

Bankan

Han-Kengai

Sekijōju

☐ **Rempotage.** Rempoter tous les ans, juste après la floraison. Tailler les racines abîmées ou âgées. Ne laisser que les racines vigoureuses. Les regrouper et rempoter dans un pot de la taille supérieure au précédent.

☐ **Terre.** Mélange à parts égales de terre végétale et de terreau. Les Glycines aiment les sols substantiels, frais et légers. Un sol trop dur ou imperméable peut être cause de chlorose. Nécessité d'un bon drainage.

☐ **Taille.**
● *Taille des rameaux.* Après la floraison, et avant que les feuilles ne durcissent, tailler les rameaux avec des ciseaux. Ne pas tailler n'importe comment, car cela met en danger la santé de l'arbre, et empêche la floraison de l'année suivante. En automne, après la chute des feuilles, tailler court les rameaux, supprimer quelques sarments.
● *Taille des branches.* Après la floraison, tailler toutes les branches inutiles.

☐ **Ligature.** Ligaturer du printemps à l'automne. Enrouler le fil de cuivre quand les nouveaux bourgeons apparaissent. Pour les sarments, utiliser du raphia quand les feuilles commencent à durcir. Toujours bien ligaturer et diriger dans la même direction, pour éviter que le branchage ne s'emmêle.

☐ **Arrosage.** Si le pot est bien drainé, arroser abondamment après un rempotage, pour un meilleur développement des racines. L'arrosage doit être juste suffisant pour maintenir la motte humide. Au début de l'été, arroser 2 ou 3 fois par jour. Au milieu de l'été, arroser 1 fois tous les 2 jours, cela renforcera les feuilles et développera les bourgeons. Placer le pot dans une cuvette d'eau et laisser absorber toute l'eau désirée. Recommencer 3 fois à 5 ou 6 jours d'intervalle. Les sarments stopperont leur croissance et les bourgeons donneront des fleurs.

☐ **Vaporisation.** Lorsque la Glycine est défleurie, on peut la bassiner lors des arrosages.

Glycine (*Wisteria chinensis* « daruma »).
Age ≃ 30 ans.
Hauteur ≃ 50 cm.
Style « Shakan ».
Photo : mai.

Comment faire refleurir une glycine tous les ans.

En été, faire tremper le pot aux deux tiers de sa hauteur.

☐ **Engrais.** Donner un engrais organique liquide à la fin de la floraison, en alternance avec de l'engrais en poudre ou solide à lente décomposition. Au besoin, faire un apport de phosphate. En automne, donner d'abord de l'engrais liquide, puis solide, en bonne quantité. La Glycine demande 2 ou 3 fois plus d'engrais que les autres bonsaï.

■ *parasites et maladies*

☐ **Parasites**
● **Cochenilles.** Voir p. 29.

☐ **Maladies**
● **Virus de la mosaïque.**
Symptômes. Le limbe est strié de jaune. Des taches plus claires partent des nervures et s'étendent. Le limbe peut se déformer, et les feuilles tomber.
Remèdes. Tailler les rameaux malades.

Ampelopsis
VIGNE VIERGE

Famille des Vitacées. Originaire d'Amérique du Nord et du centre et de l'est de l'Asie. Ce sont des lianes d'ornement dont l'écorce ne s'exfolie pas. Les sarments sont des vrilles volubiles. Le feuillage trilobé, vert vif, plus brillant dessous, peut être panaché vert-beige. La fructification a lieu en septembre-octobre. Les fruits ne sont pas comestibles. La Vigne vierge perd ses feuilles un bon mois en hiver (généralement en janvier).

■ *obtention*

● *Par semis.* Récolter les fruits quand ils sont mûrs. Dégager les graines, les laver, les sécher, les stratifier. Planter au printemps, sous verre ou en serre.

● *Par bouturage.* Au printemps, après débourrement et avant que les nouvelles feuilles ne soient dures, tailler un rameau, l'étêter et le planter à la chaleur et à la lumière.

● *Par marcottage simple.* En avril-mai, en serre ou dans une pièce lumineuse et chaude.

■ *entretien*

☐ **Ensoleillement.** Beaucoup de lumière, surtout pour les variétés panachées.

☐ **Température.** Un intérieur chaud lui convient. En hiver, elle supporte que la température descende jusqu'à 12°.

☐ **Ventilation.** La Vigne vierge ne supporte pas les courants d'air. Toutefois, il importe d'aérer la pièce dans laquelle elle se trouve.

☐ **Céramique.** Choisir une céramique moyennement profonde. Très souvent, elle sera émaillée.

☐ **Nettoyage.** Bien nettoyer le feuillage de la poussière qui bouche les pores. A la chute des feuilles, retirer les feuilles sèches et mortes. Supprimer les drageons et rejets de la base du tronc.

☐ **Croissance.** Lente mais régulière. La ramification des branches est difficile.

☐ **Rempotage.** Tous les 2 ans, au mois d'avril, tailler la moitié des racines et empoter dans un pot de taille supérieure au précédent si nécessaire.

☐ **Terre.** 1/4 de terreau, 1/4 de terre de bruyère, 1/4 de terre végétale et 1/4 de sable de rivière. Le sol doit être frais.

☐ **Taille.**
● *Taille des rameaux.* Après que l'arbre a retrouvé ses feuilles, laisser pousser les rameaux de 3 à 5 yeux, puis tailler en ne laissant que 1 ou 2 yeux. Recommencer tout au long de la période de végétation. Lors de la dernière taille, en automne, laisser les rameaux un peu plus longs.
● *Taille des feuilles.* On peut défolier un arbre en parfait état à la fin du printemps ou au début de l'été pour qu'il repousse plus touffu, avec des feuilles plus petites.
● *Taille de structure.* En janvier, lors de la défoliation, tailler les sarments désordonnés et abîmés, ou ceux qui sont inutiles.

☐ **Ligature.** Rarement pratiquée, elle se fait du printemps à l'été. Commencer à enrouler le fil lorsque les nouvelles pousses ont durci.

☐ **Arrosage.** Arroser en fonction de la lumière et de la chaleur. Donner davantage d'eau en été. Diminuer nettement les arrosages lorsque l'arbre n'a pas de feuilles.

☐ **Vaporisation.** Vaporiser le feuillage et le tronc de l'arbre tous les jours. Eviter de vaporiser si l'arbre est exposé au soleil.

☐ **Engrais.** Au printemps et à l'automne, donner un engrais organique à lente décomposition.

STYLES

Shakan

Kengai

Bankan

Tachiki

Han-Kengai

Fukinagashi

Vigne vierge (*Ampelopsis brevifolia variegata*).
Age ≃ 10 ans.
Hauteur : 15 cm.
Style « Neagari ».
Photo : octobre.
Le caractère panaché du feuillage
disparaît progressivement
lors des tailles successives

■ *parasites et maladies*

☐ Parasites
● **Cochenilles.** Voir p. 29.

☐ Maladies
● **Mildiou.**
Symptômes. Les feuilles présentent des taches jaunes et, sur leur face inférieure, de la poussière blanche. Les feuilles tombent.
Remèdes. Tailler les feuilles malades. Pulvériser des fongicides à base de cuivre.
● **Black-rot.**
Symptômes. Les feuilles présentent des taches brun-rouge. Apparition de points noirs sur ces taches.
Remèdes. Tailler et détruire les feuilles malades. Pulvériser des fongicides à base de cuivre.

Neagari

Sekijôju

Ishitsuki

Nejikan

Takuzakuri

Sôkan

Kabudachi

Aralia
ARALIA

Famille des Araliacées. Originaire d'Asie tropicale, c'est un arbuste aux branchages ligneux, assez haut dans son environnement d'origine. Le feuillage, persistant, vert, varie selon les espèces.

Aralia ming. Il est aussi appelé *Polyscias fructicosa.* Ses rameaux sont ligneux, l'écorce est blanche et le feuillage découpé.
Aralia elegantissima. Arbuste au feuillage digité, vert foncé marbré de blanc, légèrement pendant. Les rameaux sont droits, dressés.
Aralia castor. Espèce proche de l'*Aralia elegantissima*, mais aux feuilles plus petites.
Aralia blacky. Nouvelle obtention. Arbuste au port érigé, au tronc assez fort. Feuillage épais, vert foncé, peu découpé, enroulé et gaufré.

■ *obtention*

● *Par semis.* En automne, dans une pièce sombre et chaude. Maintenir la terre humide. La méthode est délicate et le résultat aléatoire.

● *Par bouturage de racines.* L'idéal est de bouturer des racines. Tailler des racines d'une dizaine de centimètres. Les planter à l'automne, dans un sol mi-sableux, mi-humifère, en serre froide. Les laisser 1 an dans leurs caissettes, puis replanter au printemps suivant.

● *Par bouturage de tête.* A réaliser en serre en maintenant une température et une hygrométrie élevées.

● *Par marcottage aérien.* Au printemps, dans une pièce chaude, vaporiser la marcotte tous les jours, pour éviter tout dessèchement.

■ *entretien*

☐ **Ensoleillement.** L'Aralia n'a pas d'exigence particulière du moment qu'on lui garantit une certaine luminosité. Eviter un soleil trop direct.

☐ **Température.** En hiver, la température ne doit pas descendre au-dessous de 16°. L'Aralia aime la chaleur humide.

☐ **Ventilation.** Protéger l'Aralia des courants d'air. Il importe de permettre une bonne circulation de l'air autour de l'arbre.

☐ **Céramique.** Choisir une céramique plate ou moyennement profonde, émaillée ou non.

☐ **Nettoyage.** Retirer les ramures jaunies et les départs de tronc.

☐ **Croissance.** La croissance est lente : la formation du tronc ne se fait pas avant 4 à 5 ans.

☐ **Rempotage.** Tous les 2 ans, au printemps (avril), tailler entre le tiers et la moitié des racines et rempoter dans un pot bien drainé de taille supérieure au précédent.

☐ **Terre.** 1/4 de terreau, 1/4 de terre de bruyère, 1/4 de sable de rivière et 1/4 de terre végétale. Le sol doit être fertile, léger et frais.

☐ **Taille.**

● *Taille des rameaux.* Réduire régulièrement les branches à 2 paires de feuilles dès qu'elles en portent 4 ou 5. Laisser les rameaux un peu plus longs lors de la dernière taille de l'automne.

● *Taille des feuilles.* On peut couper aux ciseaux les feuilles trop grandes sur l'arbre.

● *Taille des branches.* Pour obtenir une bonne ramification, il est possible de rabattre toutes les branches au départ de la végétation. Installer alors le bonsaï dans une serre ou dans un sac en plastique, afin de favoriser l'apparition des bourgeons.

☐ **Ligature.** Rarement utilisée. Elle peut se pratiquer toute l'année, mais elle est plus facile à réaliser par forte chaleur, le bois des branches étant alors plus souple.

☐ **Arrosage.** Arroser abondamment. Maintenir la motte humide. Un bon drainage s'impose, pour que l'eau ne stagne pas au niveau des racines.

☐ **Vaporisation.** Vaporiser le feuillage tous les jours, pour maintenir une bonne hygrométrie, indispensable à l'Aralia.

STYLES

Shakan　　Tachiki　　Han-Kengai　　Neagari　　Sekijôju　　Ishitsuki　　Nejikan　　Takozukuri　　Sabamiki　　Sôkan

□ **Engrais.** Au printemps et à l'automne, donner un engrais organique à lente décomposition. Si l'arbre est en bon état, on peut aussi en donner une fois dans l'hiver, sous forme liquide.

Aralia (*Aralia castor*).
Age ≃ 8 ans. Hauteur ≃ 25 cm.
Style « Tachiki ».
Photo : juin.

■ *parasites et maladies*

□ **Parasites**
- **Nématodes à galles.** Voir p. 30.
- **Nématodes.** Voir p. 30.
- **Tarsonèmes.**

Symptômes. Limbe enroulé et déformé. Il n'y a plus de développement du feuillage. Présence d'araignées dans les replis du limbe.

Remèdes. Prendre des précautions en rempotant. Pulvériser des acaricides spécifiques ou des insecticides acaricides.

- **Araignées jaunes (tétranyque tisserand).** Voir p. 28.
- **Cochenilles lécanines.** Voir p. 29.

□ **Maladies**
- **Verticilliose.** Voir p. 31.
- **Pourriture des racines.** Voir p. 31.
- **Alternariose des feuilles.**

Symptômes. Les feuilles présentent des taches huileuses, parfois cerclées de rouge. Au niveau des nœuds, les rameaux sont décolorés et peuvent sécher en partie haute. Formation de points noirs sur les parties malades.

Remèdes. Tailler les branches malades. Pulvériser des fongicides à base de manèbe.

- **Nécrose bactérienne.**

Symptômes. Les feuilles présentent des taches trouées irrégulièrement qui peuvent entraîner la pourriture des bourgeons.

N.B. Exclusivement sur le *Polyscias*.

Remèdes. Tailler et détruire les rameaux malades. Donner un engrais organique bien équilibré et régulier.

Kabudachi   Korabuki   Ikadabuki   Netsunagari   Sôju   Sambon-Yose   Yose-Ue   Tsukami-Yose   Bonkei   Plantations saisonnières

Famille des Araucariacées. Originaires de l'hémisphère Sud, ce sont de grands arbres géométriques au tronc droit, aux branches étagées régulièrement. Ils portent des cônes. Ils peuvent atteindre 70 m de haut. Les feuilles aciculaires, en alène, sont recourbées vers le haut.

Araucaria
ARAUCARIA

Araucaria excelsa. Originaire d'Océanie, cette espèce a une cime pyramidale, des feuilles aciculaires vertes, persistantes, qui se recouvrent les unes les autres.

■ *obtention*

● *Par semis*. Semer les graines mûres en avril-mai, en caissettes, dans un endroit chaud. La germination est lente. Maintenir le sol humide. Replanter au bout de 2 années.

● *Par bouturage*. Prélever des boutures de tête, jamais des boutures latérales. Tailler les extrémités des branches et les planter dans du sable. Les laisser d'abord dans un endroit frais, puis les mettre au chaud, pour permettre aux nouvelles racines de se développer.

Araucaria (*Araucaria excelsa*) Age ≃ 10 ans. Hauteur ≃ 25 cm. Style « Sôju ». Photo : juin-juillet. Les branches pourront être taillées avec précaution pour éviter que leurs extrémités ne brunissent.

■ *entretien*

□ **Ensoleillement.** Eviter le plein soleil. L'Araucaria préfère un emplacement à l'ombre, mais lumineux.

□ **Température.** L'Araucaria aime la chaleur. En hiver, la température ne doit pas descendre au-dessous de 17°.

□ **Ventilation.** L'Araucaria redoute les courants d'air. Toutefois, aérer régulièrement la pièce dans laquelle il se trouve.

□ **Céramique.** Une céramique plate ou moyennement profonde convient. Elle sera quelquefois émaillée, rarement décorée.

□ **Nettoyage.** Retirer les branchettes jaunies en les aidant à tomber et passer le feuillage sous la douche pour enlever la poussière qui a pu se déposer sur les aiguilles.

□ **Croissance.** Lente, mais régulière.

□ **Rempotage.** Tous les 2 ans, au printemps, tailler la moitié des racines et rempoter dans un pot de taille supérieure au précédent.

□ **Terre.** 1/4 de terre de bruyère, 1/4 de terreau, 1/4 de terre végétale et 1/4 de sable de rivière. L'Araucaria préfère une terre sèche et profonde, sableuse.

□ **Taille.**
● *Pinçage*. Pour raccourcir les jeunes pousses, les pincer entre le pouce et l'index, au printemps (avril-mai).
● *Taille des branches*. Au départ de la végétation, si nécessaire, restructurer la silhouette de l'arbre en taillant les branches précautionneusement.

□ **Ligature.** Possible toute l'année. Eviter de ligaturer lorsque les pousses sont molles. Ne pas laisser le fil de cuivre plus de 4 mois sur l'arbre.

□ **Arrosage.** Arroser régulièrement. Bien laisser sécher le sol entre deux arrosages. L'Araucaria préfère les terrains secs aux terrains humides.

□ **Vaporisation.** Quotidienne.

□ **Engrais.** Au printemps et à l'automne, donner un engrais organique à lente décomposition.

STYLES

Chokkan   Shakan   Tachiki   Han-Kengai   Bunjingi   Fukinagashi   Sekijôju   Ishitsuki   Sabamiki   Sôkan   Kabudachi

Araucaria (*Araucaria excelsa*).
Âge ≃ 50 ans.
Hauteur ≃ 35 cm.
Style « Han-kengai ».
Photo : octobre.
Exceptionnel spécimen photographié à Taiwan
lors d'une exposition organisée
par une association d'amateurs.

■ *parasites et maladies*

☐ **Parasites**
● **Araignées jaunes (tétranyque tisserand).**
Voir p. 28.
● **Araignées rouges.** Voir p. 28.
● **Cochenilles.** Voir p. 29.
● **Cochenilles farineuses.** Voir p. 29.

☐ **Maladies**
● **Chlorose.**
Symptômes. Les aiguilles jaunissent autour du
limbe et près des nervures. Les nouvelles aiguilles sont décolorées.
Remèdes. Donner de l'azote, du fer, du magnésium et du zinc à la terre. Eviter les excès de
calcium, de sodium, de froid, d'eau; éviter les
courants d'air et les gaz toxiques. Placer à la
lumière. Vaporiser le feuillage.

| Korabuki | Ikadabuki | Sôju | Sambon-Yose | Gohon-Yose | Nanahon-Yose | Kyühon-Yose | Yose-Ue | Tsukami-Yose | Bonkei | Plantations saisonnières |

Famille des Graminées. Originaire de l'Asie tempérée. Le Bambou est une herbe géante. Il a des chaumes lignifiés et peut atteindre plus de 30 m. Certaines espèces peuvent vivre 100 ans. Les rameaux sont fasciculés aux nœuds, les gaines persistantes et auriculées.

Bambusa
BAMBOU

Bambusa ventricosa. Appelé « Bouddha's belly » ou « Ventre de bouddha » à cause de son tronc annelé vert.
Bambusa multiplex. Tige très fine au feuillage vert-jaune, petit et allongé.

■ *obtention*

● *Par division.* Partir d'un rhizome. Choisir un rhizome (multiple si l'on veut une forêt) qui pousse horizontalement, aux anneaux rapprochés. Prélever un rhizome déjà existant en le déterrant. Laisser sur le rhizome une pousse saine et le chevelu des racines qui part des nœuds. Le rejet conservé sur le rhizome doit avoir 2 ans. Il sera supprimé au bout d'un an, quand de nouvelles pousses seront sorties. Planter le rhizome au milieu du printemps, avant que de nouvelles pousses (les clones) ne sortent. Planter dans un pot profond, maintenir la terre humide. Tailler la moitié de chaque gaine de la nouvelle pousse.

■ *entretien*

☐ **Ensoleillement.** Beaucoup de lumière est nécessaire au Bambou. Mais éviter le soleil direct.

☐ **Température.** Le Bambou a besoin de chaleur humide toute l'année. L'hiver, la température ne doit pas descendre au-dessous de 19º.

☐ **Ventilation.** Eviter les courants d'air. Mais apporter régulièrement de l'air frais.

☐ **Céramique.** Choisir un pot assez profond. Certaines céramiques portent le dessin de feuilles de Bambou : les choisir en priorité. De préférence, sélectionner un pot brun ou marron, non émaillé. Une forêt demande une coupe plate.

☐ **Nettoyage.** Le Bambou produit continuellement des feuilles jaunes : les retirer. Enlever les départs du tronc.

☐ **Croissance.** Croissance rapide au printemps. Une tige se développe en quelques mois, voire en quelques semaines.

☐ **Rempotage.** Tous les 2 ou 3 ans, entre mai et septembre, rempoter en changeant la terre et en répartissant les racines dans tout le pot. (Veiller à utiliser toute la surface du pot).

☐ **Terre.** 1/2 terre végétale, 1/4 terreau et 1/4 sable de rivière. Sol profond, légèrement humide.

☐ **Taille.** Si l'on veut un Bambou solitaire, supprimer les rejets qui sortent de terre tous les ans, au printemps. Tailler en partant du bas vers le haut : à chaque naissance de nœud, tailler la gaine de moitié. Lorsque la forme est donnée, retirer manuellement le clone de sa gaine avant qu'il ne se déroule, cela pour garder le bonsaï compact.

☐ **Ligature.** Le Bambou peut se ligaturer lors de sa création. Lorsqu'il est terminé, on ne ligature plus.

☐ **Arrosage.** Arroser abondamment et fréquemment. Il doit y avoir une bonne circulation d'eau au niveau des racines. Mais l'eau ne doit pas stagner (il est nécessaire de bien drainer). Conserver la surface de la terre humide.

☐ **Vaporisation.** Vaporiser le feuillage tous les jours. Le Bambou aime l'atmosphère humide.

☐ **Engrais.** Au printemps et à l'automne, donner un engrais organique à lente décomposition. Les engrais en granulés « type gazon » peuvent être utilisés avec une bonne efficacité.

STYLES

Chokkan   Tachiki   Ishitsuki   Sôkan   Kabudachi   Korabuki   Sôju   Sambon-Yose   Gohon-Yose

Bambou (*Bambusa ventricosa*).
Hauteur ≃ 35 cm.
Style « Tachiki ».
Photo : novembre.
L'âge de ce bonsai n'est pas précisé
car son tronc principal
se développe en une année
(taille et diamètre ne changeront plus).

■ *parasites et maladies*

□ **Parasites**
- **Pucerons.** Voir p. 30.
- **Cochenilles farineuses.** Voir p. 29.

□ **Maladies**
- **Melancolium culm.**

Symptômes. Les cannes qui ont souffert de mauvais soins présentent dans le bas des noircissements qui montent entre les entre-nœuds.

Remèdes. Tailler la canne et les rhizomes endommagés jusqu'aux parties saines. Désinfecter la plaie avec du soufre.

N.B. Le Bambou risque de faire de nombreuses feuilles jaunes qui tombent s'il a trop d'eau au niveau des racines; il lui faut un bon drainage, un arrosage fréquent et beaucoup de lumière pour éviter aux feuilles de se décolorer.

Nanahon-Yose

Kyûhon-Yose

Yose-Ue

Yamayori

Tsukami-Yose

Bonkei

Kusamono

Plantations saisonnières

Famille des Nyctaginacées. Originaire du Brésil. On recense une douzaine d'espèces d'arbustes ou de lianes à aiguillons, au feuillage entier et alterne. Fleurs possédant un involucre (calice) composé de 3 bractées roses, mauves ou violettes.

Bougainvillea
BOUGAINVILLÉE

Bougainvillea spectabilis. Rameaux à écorce claire, feuillage persistant vert clair, ovale et pubescent. Floraison de mars à juin, bractées roses ou mauves, de grande taille. Certaines variétés sont carmin ou brique. Il existe aussi des variétés au feuillage vert panaché crème.

■ *obtention*

• *Par bouturage.* Au printemps, prélever des boutures sur des rameaux verts. Les écorcer légèrement et les planter dans un mélange terre-tourbe avec un bon drainage dans le fond. Etêter. Placer à la lumière et à la chaleur. En hiver, mettre en serre froide ou dans une pièce non chauffée et lumineuse. Rempoter au printemps suivant.

• *Par marcottage aérien.* Sur des sujets âgés. **Voir 1re partie.**

■ *entretien*

☐ **Ensoleillement.** Beaucoup de lumière. Le Bougainvillée peut recevoir le soleil.

☐ **Température.** Le Bougainvillée aime la chaleur. Dans le Midi, il peut vivre dehors en été. L'hiver, il a besoin d'une température de 12 à 16° pour refleurir au printemps suivant.

☐ **Ventilation.** Eviter les courants d'air. Le Bougainvillée supporte un vent chaud en extérieur.

☐ **Céramique.** Choisir une coupe assez profonde et bien drainée. Ne pas hésiter à tapisser le fond d'un lit de cailloux, puis de graviers. Le pot peut être émaillé et décoré, mais choisir l'émaillage en fonction de la forme et des couleurs de l'arbuste.

☐ **Nettoyage.** Retirer les fleurs dès qu'elles sont fanées.

☐ **Croissance.** Rapide initialement, elle est plus lente lorsque l'arbre est cultivé en pot.

☐ **Rempotage.** Tous les 2 ans, au printemps (avril-mai), tailler la moitié des racines du Bougainvillée et rempoter dans un pot de taille supérieure au précédent.

☐ **Terre.** 1/4 de terre de bruyère, 1/4 de terreau, 1/4 de terre végétale et 1/4 de sable de rivière. Les Bougainvillées aiment les sols riches et bien drainés, pas trop lourds.

☐ **Taille.**
• *Pinçage.* Pincer sévèrement après la floraison, pour garder le bonsaï compact et touffu.
• *Taille des rameaux.* Après la floraison, rabattre les rameaux à 2 ou 3 yeux.
• *Taille des branches.* En hiver, lorsqu'il y a moins de feuilles sur l'arbre, tailler les branches trop allongées pour conserver sa forme à l'arbre. Tailler les branches mortes ou endommagées (février).

☐ **Ligature.** Ligaturer les branches lignifiées. Ne laisser cette ligature que quelques mois (de 3 à 5 mois) sur l'arbre.

☐ **Arrosage.** Fréquent et régulier, mais pas trop abondant, car les Bougainvillées perdent leur feuillage quand ils sont trop arrosés. En été, arroser tous les jours. Juste avant la floraison, ne pas arroser pendant une bonne semaine, pour favoriser les boutons floraux. L'arrosage est réduit en période de floraison et repris abondamment ensuite.

☐ **Vaporisation.** Vaporiser le feuillage tous les jours. Ne pas vaporiser les arbres quand ils sont en fleur.

☐ **Engrais.** Après la floraison et en automne, donner un engrais organique à lente décomposition. Environ une fois tous les 15 jours. Alterner engrais liquide et engrais solide.

STYLES

Shakan

Kengai

Bankan

Tachiki

Han-Kengai

Bunjingi

Hôkidachi

Sharimiki

Fukinagashi

Bougainvillée (*Bougainvillea spectabilis*).
Age ≃ 20 ans.
Hauteur ≃ 35 cm.
Style « Hôdikachi ».
Photo : octobre.

■ *parasites et maladies*

□ **Parasites**
● **Pucerons verts.** Voir p. 30.
● **Cochenilles.** Voir p. 29.

□ **Maladies**
● **Chlorose.**
Symptômes. Le feuillage jaunit progressivement en partant du limbe et des nervures. Les nouvelles feuilles sont petites et décolorées.
Remèdes. Donner du fer, de l'azote, du magnésium et du zinc à la terre. Eviter les excès de sodium et de calcium, de froid et d'eau; éviter les courants d'air et les gaz toxiques. Placer à la lumière. Vaporiser le feuillage.

Neagari

Ishitsuki

Nejikan

Sabamiki

Sôkan

Kabudachi

Korabuki

Sôju

Buis (*Buxus harlandii*).
Age ≃ 12 ans. Hauteur ≃ 5 cm.
Style « Tachiki ».
Photo : juin.
Dès que les jeunes pousses tendres s'allongent,
il est nécessaire de les rabattre régulièrement.

Buxus **BUIS**

Famille des Buxacées. Originaire d'Asie et du pourtour méditerranéen, cet arbuste robuste peut être plusieurs fois centenaire. Il a des rameaux nombreux, au feuillage persistant vert foncé, brillant et coriace. On peut le tailler de toutes les manières.

Buxus harlandii. Originaire de Taïwan, cet arbuste très ramifié peut atteindre 10 m. Il a un tronc fort, une écorce grise, rugueuse mais souple, un feuillage persistant vert brillant et tout petit.
Buxus sinicio. Originaire de Chine, cette espèce a un bois très dur, de couleur beige, et de petites feuilles coriaces, rondes et brillantes.

■ *obtention*

● *Par bouturage.* En octobre, prélever des rameaux aoûtés. Les planter dans un mélange tourbe-sable, sous châssis et au frais. On peut aussi prélever des boutures au début du printemps, avant le bourgeonnement. Les empoter au printemps suivant, quand l'enracinement est bon.

■ *entretien*

☐ **Ensoleillement.** Placer le Buis près d'une fenêtre, à la lumière. L'été, dans le Midi, on peut le sortir. Dans ce cas, placer à la mi-ombre.

☐ **Température.** Le Buis aime la chaleur. L'hiver, la température ne doit pas descendre en dessous de 12°.

☐ **Ventilation.** Le Buis craint les courants d'air. S'il est dehors, l'abriter du vent.

☐ **Céramique.** Assez profonde, pour assurer une bonne stabilité à l'arbre.

☐ **Nettoyage.** Ne pas hésiter à faire tomber à la main les feuilles qui commencent à jaunir.

☐ **Croissance.** Lente.

☐ **Rempotage.** Tous les 2 ans, au printemps (avril-mai), tailler la moitié des racines et rempoter dans un pot de taille supérieure au précédent.

☐ **Terre.** 1/4 de terre de bruyère, 1/4 de terreau, 1/4 de terre végétale et 1/4 de sable de rivière. Eviter les sols trop secs. Le *Buxus harlendii* n'a pas d'autres exigences particulières. Il supporte le calcaire.

☐ **Taille.**
● *Taille des rameaux.* Rabattre les jeunes rameaux à 2 paires de feuilles dès qu'ils en ont émis 5 ou 6, pendant la période de végétation.

☐ **Ligature.** On peut ligaturer tout au long de l'année. Ne pas laisser le fil de cuivre plus de 2 mois sur l'arbre.

☐ **Arrosage.** Arroser assez abondamment. Bien laisser sécher la terre avant de redonner de l'eau. En hiver, si la pièce est fraîche, diminuer un peu la quantité. Bien mouiller la terre et les racines et laisser sécher.

☐ **Vaporisation.** Vaporiser le feuillage tous les jours.

☐ **Engrais.** Au printemps et en automne, donner de l'engrais organique à lente décomposition, en alternant engrais liquide et engrais solide. En hiver, si la température est aux environs de 22°, donner une fois de l'engrais.

■ *parasites et maladies*

☐ **Parasites**
● **Pucerons noirs et verts.** Voir p. 30.
● **Araignées jaunes (tétranyque tisserand).** Voir p. 28.

☐ **Maladies**
● **Pourridié.** Voir p. 31.
● **Rouille.** Voir p. 31.

STYLES

Chokkan

Shakan

Tachiki

Nejikan

Sôkán

Sôju

Sambon-Yose

Caragana
CARAGANA

Famille des Léguminosacées. Originaire d'Asie centrale, du sud de la Russie, de la Mandchourie et de l'Himalaya. Le genre Caragana regroupe environ 50 espèces d'arbustes spinescents. La plupart ont un feuillage persistant, épineux, fasciculé. Les fleurs sont généralement jaunes, parfois blanches ou roses.

Caragana arborescens. Originaire de Sibérie et de Mandchourie, cette espèce au port étroit et dressé, au feuillage oblong, vert brillant, peut atteindre 6 m. Les fleurs jaune clair apparaissent en mai. Les fruits ressemblent à des pois.
Caragana chamlagu. Originaire du nord de la Chine, c'est un arbuste de 1,50 m, aux branches dressées et étalées et aux rameaux épineux. Le feuillage vert foncé et lustré est plus ou moins persistant. Des fleurs orange apparaissent en juin.

■ *obtention*

● *Par semis.* Récolter les graines. Les faire tremper pendant 12 heures dans de l'eau tiède avant de les planter, en mai, en pleine terre et au chaud. La germination démarre au bout de 3 semaines et dure 2 bons mois. Empoter au printemps suivant.

● *Par bouturage.* En juillet, prélever des boutures et les replanter dans un mélange sable-tourbe.

● *Par marcottage aérien.* A la fin du printemps - début de l'été.

■ *entretien*

□ **Ensoleillement.** Le Caragana aime les emplacements ensoleillés et lumineux.

□ **Température.** Le Caragana supporte aussi bien la chaleur que le froid.

□ **Ventilation.** Eviter les courants d'air.

□ **Céramique.** Pots moyennement profonds, souvent émaillés, rarement décorés.

□ **Nettoyage.** Retirer les feuilles jaunes qui se forment régulièrement.

□ **Croissance.** Lente; mais on peut rapidement mettre en valeur des racines à la base du tronc.

□ **Rempotage.** Tous les 2 ans, au printemps, tailler la moitié des racines et rempoter dans un pot de taille supérieure au précédent.

□ **Terre.** 1/4 de terre de bruyère, 1/4 de terreau, 1/4 de terre végétale et 1/4 de sable de rivière. Les Caraganas se plaisent dans tous les sols, mêmes calcaires, pauvres et secs.

□ **Taille.**
● *Taille des rameaux.* Après la floraison, tailler les rameaux avec des ciseaux, en ne laissant que 2 ou 3 yeux. Pendant la période végétative, laisser pousser les rameaux de 5 yeux et tailler en n'en laissant que 2. A la fin de l'automne, bien rabattre les départs tardifs.

□ **Ligature.** Elle peut se faire toute l'année. Eviter, cependant, de ligaturer les nouvelles pousses tant qu'elles ne sont pas aoûtées. Ne pas laisser le fil de cuivre plus de 6 semaines.

□ **Arrosage.** Pas trop d'eau. Le Caragana supporte la sécheresse. Bien laisser sécher la terre entre deux arrosages. Arroser un peu plus en été et en hiver.

□ **Vaporisation.** Vaporiser le feuillage tous les jours.

□ **Engrais.** Au printemps et à l'automne, une fois par mois, donner un engrais organique à lente décomposition.

STYLES

| Shakan | Kengai | Bankan | Tachiki | Han-Kengai | Fukinagashi | Neagari |

Caragana arborescent (*Caragana arborescens*).
Âge ≃ 10 ans.
Hauteur ≃ 20 cm.
Style « Sôkan ».
Photo : juin.

■ *parasites et maladies*

☐ Parasites
- **Pucerons verts.** Voir p. 30.
- **Araignées rouges.** Voir p. 28.

☐ Maladies
- **Mildiou.**

Symptômes. Les feuilles sont tachées de jaune. Au revers, présence de poussière blanche. Les feuilles tombent.

Remèdes. Tailler et détruire les feuilles malades. Pulvériser des fongicides à base de cuivre.

N.B. La plupart du temps, lorsque les feuilles jaunissent, sèchent et tombent, c'est qu'il y a excès d'arrosage. Si l'arbre s'étiole, c'est qu'il manque de lumière.

Sekijôju

Ishitsuki

Nejikan

Sôkan

Kabudachi

Korabuki

Sôju

Yose-Ue

Carmona
CARMONA

Famille des Boraginacées. Originaire de Chine, du Japon, de Corée et de Taïwan, cet arbuste est aussi appelé Ehretia. Il atteint 10 m de hauteur. L'écorce grise est fissurée, les feuilles sont caduques, ovales, poilues sur leur face supérieure, plus claires et réticulées dessous. Des fleurs blanches et odorantes apparaissent en juin. Les fruits, verts et acides après la floraison, deviennent rouges à maturité.

Carmona microphylla. Cette espèce a de toutes petites feuilles, persistantes.

■ *obtention*

● *Par bouturage.* Le bouturage de rameaux s'effectue en serre, au printemps de préférence.

■ *entretien*

☐ **Ensoleillement.** Le Carmona a besoin d'un endroit lumineux et ensoleillé. L'été, en extérieur, le placer à la mi-ombre.

☐ **Température.** Lui donner de la chaleur. L'hiver, la température ne doit pas descendre en dessous de 17°. Dans le Midi, il peut être sorti l'été.

☐ **Ventilation.** Le Carmona ne supporte pas les courants d'air, mais a besoin d'une circulation d'air autour de son feuillage.

☐ **Céramique.** Choisir un pot assez profond, émaillé ou non.

☐ **Nettoyage.** Retirer les feuilles jaunes sur l'arbre. Retirer aussi les départs du tronc et les drageons.

☐ **Croissance.** Relativement rapide lorsque l'arbre est jeune.

☐ **Rempotage.** Tous les 2 ans, au printemps (avril), tailler la moitié des racines et rempoter dans un pot de taille supérieure au précédent.

☐ **Terre.** 1/4 de terre de bruyère, 1/4 de terreau, 1/4 de terre végétale et 1/4 de sable de rivière. Le Carmona aime les sols fertiles.

☐ **Taille.**
● *Taille des rameaux.* Réduire les jeunes rameaux à 2 ou 3 feuilles dès qu'ils en ont émis 6 ou 7. Recommencer l'opération tout au long de la période de végétation.
● *Taille des branches.* Possible en février, avant la reprise de végétation. Supprimer les branches mortes ou abîmées, ou trop allongées.

☐ **Ligature.** La mise en forme est essentiellement donnée par la taille des rameaux. Toutefois, on peut ligaturer le Carmona toute l'année, excepté quand les branches ne sont pas encore aoûtées. Ne pas laisser le fil de cuivre plus de 8 semaines.

☐ **Arrosage.** Abondant toute l'année. Laisser sécher entre deux arrosages. Donner moins d'eau après une taille ou un rempotage.

☐ **Vaporisation.** Vaporiser le feuillage tous les jours.

☐ **Engrais.** De mars à septembre, donner de l'engrais organique à lente décomposition. Pas d'engrais en juillet-août. Aux arbres en parfaite santé, on peut donner de l'engrais 1 fois en hiver.

STYLES

Chokkan

Shakan

Kengai

Bankan

Tachiki

Han-Kengai

Bunjingi

Sharimiki

Fukinagashi

Neagari

Sekijôju

Ishitsuki

Nejikan

Carmona microphylla (*Carmona microphylla*).
Âge ≃ 70 ans.
Hauteur ≃ 80 cm.
Style « Nejikan ».
Photo : mars.

■ *parasites et maladies*

☐ Parasites
- **Cochenilles lécanines et diaspines.** Voir p. 29.
- **Cochenilles farineuses.** Voir p. 29.
- **Pucerons.** Voir p. 30.
- **Araignées jaunes (tétranyque tisserand).** Voir p. 28.
- **Escargots.**

Symptômes. Limbe échancré. Surface foliaire réduite. Présence de tout petits escargots.
Remèdes. Eviter un sol trop humide, retirer les escargots. Utiliser des molluscicides sur la terre, par contact ou ingestion.

☐ Maladies
- **Chlorose.**

Symptômes. Le feuillage jaunit progressivement en partant du limbe et des nervures. Les nouvelles feuilles sont petites et décolorées.
Remèdes. Donner du fer, de l'azote, du magnésium et du zinc à la terre. Eviter les excès de sodium et de calcium, de froid et d'eau; éviter les courants d'air et les gaz toxiques. Placer à la lumière. Vaporiser le feuillage.
N.B. Si le Carmona a des feuilles qui jaunissent et tombent, c'est qu'il y a un excès d'eau au niveau de la terre. S'il s'étiole, c'est qu'il manque de lumière.

Sabamiki

Sôkan

Kabudachi

Korabuki

Ikadabuki

Netsunagari

Sôju

Sambon-Yose

Gohon-Yose

Nanahon-Yose

Kyûhon-Yose

Yose-Ue

Bonkei

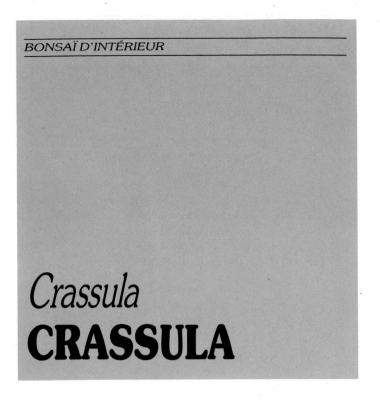

Crassula
CRASSULA

Famille des Crassulacées. Originaire d'Afrique du Sud. Appelé aussi Arbre de jade. Le genre compte environ 130 espèces. Cet arbre au port massif atteint environ 3 m. Les rameaux et les feuilles sont épais et charnus. Les feuilles sont opposées, souvent soudées à la base (connées), entières, glabres et persistantes. Les fleurs sont blanches, roses ou rouges.

Crassula arborescens. Arbre aux tiges frutescentes dressées et arrondies, aux feuilles opposées, arrondies, charnues, glauques, persistantes. De grandes fleurs roses apparaissent en mai.

■ *obtention*

● *Par bouturage.* Au milieu du printemps, prélever des boutures d'une dizaine de centimètres. Les laisser faner au soleil ou à la lumière pendant 3 jours environ. Les planter dans un mélange composé pour moitié de tourbe et pour moitié de sable. Ne pas arroser. Au bout de quelques jours, arroser très modérément. Attendre la formation de radicelles pour arroser plus abondamment. Mais ne pas tremper la terre.

■ *entretien*

☐ **Ensoleillement.** Placer dans un endroit lumineux. Le Crassula peut recevoir le soleil. Cependant, en été, dans le Midi, s'il est sorti, le placer à la mi-ombre.

☐ **Température.** Une bonne chaleur constante lui est bénéfique. En hiver, il peut supporter que la température descende jusqu'à 10°.

☐ **Ventilation.** Attention aux courants d'air. Mais favoriser une circulation d'air autour du Crassula.

☐ **Céramique.** Choisir un pot de profondeur moyenne. Les tons de bleu, de brun, ou naturels lui conviennent bien.

☐ **Nettoyage.** Retirer les feuilles jaunes qui se forment. Retirer tous les départs du tronc et des branches maîtresses.

☐ **Croissance.** Rapide au départ. Mais il faut 3 ou 4 ans pour avoir un tronc et des ramifications.

☐ **Rempotage.** Tous les 2 ans, au printemps, tailler les racines d'un tiers de leur longueur et rempoter dans un pot de taille supérieure au précédent. Attendre une quinzaine de jours avant d'arroser à nouveau.

☐ **Terre.** 1/4 de terre de bruyère, 1/4 de terre végétale, 1/4 de terreau et 1/4 de sable de rivière. Aime les sols très légers, siliceux. On peut ajouter à une bonne terre franche de la brique pilée, du sable et du terreau.

☐ **Taille.**
● *Pinçage.* Pincer les pointes des nouvelles pousses dès qu'elles ont atteint la longueur souhaitée.
● *Taille des feuilles.* Retirer délicatement les feuilles des rameaux inférieurs âgés.
● *Taille des rameaux.* Pincer ou tailler l'extrémité des rameaux, en ne laissant que 2 ou 3 paires de feuilles par rameau.
● *Taille des branches.* Si nécessaire, entre avril et octobre, pour parfaire la structure de l'arbre.

☐ **Ligature.** En général, la forme est donnée par la taille. Mais pour les styles « Han-Kengaï » et « Kengaï », on peut ligaturer l'arbre. Attendre que les nouveaux rameaux soient aoûtés. Ne pas laisser le fil plus de 6 semaines. Protéger l'écorce avec du raphia.

☐ **Arrosage.** En général, donner peu d'eau. Garder l'arbre assez sec en hiver. En été, arroser modérément. Peut rester près de 15 jours sans eau.

☐ **Vaporisation.** Brumiser de l'eau tous les jours autour du feuillage et sur les feuilles, pour redonner une hygrométrie élevée. Au besoin, placer sur un plateau recouvert d'un lit de gravier.

☐ **Engrais.** De mai à septembre, avec une interruption en juillet-août. Donner de préférence, 1 fois par mois, de l'engrais liquide (mais jamais en hiver).

STYLES

Chokkan

Shakan

Kengai

Tachiki

Han-Kengai

Ishitsuki

Crassula (*Crassula arborescens*).
Age ≃ 10 ans.
Hauteur ≃ 15 cm.
Style « Sôkan ».
Photo : juin.

■ *parasites et maladies*

□ Parasites
- **Cochenilles lécanines et diaspines.** Voir p. 29.
- **Cochenilles farineuses.** Voir p. 29.
- **Escargots.**

Symptômes. Le feuillage est découpé, le limbe mordu et la surface foliaire réduite.

Remèdes. Retirer les escargots. Eviter une terre trop humide. Utiliser des molluscicides par contact ou ingestion.

□ Maladies
- **Fonte des semis.**

Symptômes. Les racines sont détruites, l'arbuste ne pousse plus. Au collet, pourriture humide. Les rameaux noircissent par endroits, s'allongent à terre et meurent. L'arbuste « fond ». Les tiges se feutrent.

Remèdes. Maintenir une bonne chaleur et une bonne circulation de l'air, éviter les excès d'eau. Donner de l'azote et de la potasse à la terre.

- **Mildiou.**

Symptômes. Les feuilles sont tachées de jaune. Au revers, présence de poussière blanche. Les feuilles tombent.

Remèdes. Tailler et détruire les feuilles malades. Pulvériser des fongicides à base de cuivre. Eviter trop d'humidité au niveau de la terre.

- **Helminthosporiose.**

Symptômes. Les rameaux présentent des lésions jaunes, puis brunes qui envahissent l'arbuste.

Remèdes. Pulvériser préventivement un traitement à base de captane. S'assurer, lors des rempotages, que la terre est saine.

- **Fusariose.**

Symptômes. La partie supérieure des rameaux présente des lésions brunes et chancreuses qui s'étendent.

Remèdes. Vérifier l'état de la terre. La désinfecter au besoin.

- **Anthracnose.**

Symptômes. Taches brunes circulaires sur lesquelles apparaissent des points roses. Pourriture molle. Destruction des parties malades.

Remèdes. Tailler les rameaux malades. Pulvériser des fongicides à base de cuivre.

- **Taches foliaires.** Voir p. 31.

Nejikan

Sôkan

Sôju

Sambon-Yose

Yose-Ue

Bonkei

Plantations saisonnières

Cycas
CYCAS

Famille des Cycadacées. Originaire des régions tropicales et subtropicales. Environ 15 espèces à port de Palmier. Le port est majestueux, la tige subligneuse, cylindrique, terminée par un bouquet de feuilles arquées, épaisses, vert luisant et coriaces. Fleurs dioïques mâles et femelles.

Cycas revoluta. Originaire de Chine, cette espèce peut atteindre 2 m. Elle a des feuilles vert foncé, longues, linéaires, lancéolées et épineuses au sommet, et un tronc très épais.

■ *obtention*

● *Par semis*. Récolter, sur un Cycas femelle, les graines quand elles sont mûres. Les semer. Au bout de 4 semaines, la germination a eu lieu. Les planter dans un mélange tourbe-sable, avec une bonne chaleur de fond, à la lumière.

● *Par division*. Au printemps, séparer les rejets émis par la plante mère et replanter à part, en gardant au chaud et au sec.

Cypcas revoluta (*Cycas revoluta*).
Photographiés à Taiwan, ces vieux Cycas sont ici cultivés sous une ombrière.

■ *entretien*

□ **Ensoleillement.** Le Cycas aime la chaleur et la lumière et peut être sorti entre mai et septembre dans le Midi. Il supporte le plein soleil.

□ **Température.** Le Cycas a besoin de chaleur. L'hiver, la température ne doit pas descendre en dessous de 17 ou 18°.

□ **Ventilation.** Protéger des courants d'air. S'il est sorti en été, le placer dans un endroit abrité du vent.

□ **Céramique.** Choisir un pot moyennement profond, de forme hexagonale ou ronde, en général. Les tons de bleu s'ac-

STYLES

Kabudachi

Korabuki

Tsukami-Yose

Bonkei

Plantations saisonnières

Cycas (*Cycas revoluta*).
Âge ≃ 90 ans.
Hauteur ≃ 70 cm. Style indéfini.
Photo : novembre.
Spécimen photographié lors d'une exposition d'amateurs à Taiwan

cordent bien avec le Cycas. Un excellent drainage est nécessaire.

☐ **Nettoyage.** Brosser le tronc, éviter tout développement de mousse sur celui-ci. Couper à leur base les palmes ayant jauni.

☐ **Croissance.** Très lente. Si l'on veut avoir des palmes de petite taille et bien proportionnées, il est essentiel d'exposer les Cycas au soleil. L'apparition de ramifications sur le tronc est assez rare.

☐ **Rempotage.** Tous les 2 ou 3 ans, au printemps. Tailler un tiers des racines et rempoter dans un pot bien drainé, de taille supérieure au précédent.

☐ **Terre.** 1/4 de tourbe, 1/4 de terreau, 1/4 de terre végétale et 1/4 de sable de rivière. Le Cycas aime les bonnes terres franches, auxquelles on adjoint du sable. Un bon sol fort lui convient.

☐ **Taille.** En général, la chute des palmes, précédée de leur jaunissement, a lieu tous les ans ou tous les 2 ans. A la même période, on voit apparaître du cœur du tronc de nouvelles palmes. Les palmes sortent toutes en même temps, on n'en verra pas apparaître d'autres plus tard.

☐ **Ligature.** Il n'y en a pas.

☐ **Arrosage.** Le Cycas a une réserve d'eau naturelle dans son tronc. Il demande très peu d'eau. Arroser peu en hiver et modérément en été.

☐ **Vaporisation.** Bassiner abondamment le feuillage en été. En hiver, ne bassiner que s'il se trouve dans un emplacement chaud et sec.

☐ **Engrais.** Au printemps et en automne, donner un engrais organique à lente décomposition, en alternant engrais liquide et engrais solide.

■ *parasites et maladies*

☐ **Parasites**
● **Araignées jaunes (tétranyque tisserand).** Voir p. 28.
● **Cochenilles diaspines et lécanines.** Voir p. 29.

☐ **Maladies**
● **Fonte des semis.**
Symptômes. Les racines et le collet pourrissent. Les tiges tachées de noir pourrissent et se désagrègent sur le sol.
Remèdes. Maintenir une bonne chaleur et une bonne circulation de l'air. Eviter les excès d'eau. Donner de l'azote et de la potasse à la terre. Au besoin, utiliser des fongicides.

Dracaena cordyline
DRACAENA CORDYLINE

Famille des Liliacées. Originaires des Indes orientales, d'Australie, de Nouvelle-Zélande et des îles du sud du Pacifique, ces arbres peuvent atteindre 12 m. Le genre comprend une dizaine d'espèces arborescentes au port dressé, en forme de Palmier. Les feuilles sont longues, simples, souvent arquées, ovales ou allongées. Les petites fleurs, solitaires, sont blanches. Les fruits, globuleux, ne contiennent qu'une graine.

Cordyline red-edge. Feuilles vertes marginées de rouge.
Cordyline white-edge. Feuilles vertes marginées de blanc.
Ces deux variétés sont des variétés nouvelles qui se prêtent bien à l'art du bonsaï.
Dracaena marginata. Feuilles vertes allongées marginées de rouge.

■ *obtention*

● *Par bouturage.* Prélever des boutures au printemps. Les replanter dans un mélange tourbe-sable, en serre. Replanter lorsque les racines sont bien développées. Les boutures peuvent être pratiquées également dans l'eau.

● *Par division.* Au printemps. Lorsqu'un Cordyline a plusieurs troncs accolés les uns aux autres, il est possible de les diviser. Rempoter et maintenir à la chaleur et à la lumière.

■ *entretien*

□ **Ensoleillement.** Le Cordyline demande beaucoup de lumière et de soleil, surtout si l'on veut profiter des couleurs merveilleuses du feuillage.

□ **Température.** Maintenir une chaleur constante. L'hiver, la température ne doit pas descendre en dessous de 17°.

□ **Ventilation.** Protéger des courants d'air.

□ **Céramique.** Choisir une coupe plate à moyennement profonde. Toute forme convient. Préférer une céramique émaillée.

□ **Nettoyage.** Nettoyer le feuillage du Dracaena Cordyline avec une éponge humide pour retirer la poussière. Supprimer les rejets du tronc si l'on ne veut pas de départs nouveaux, et retirer les feuilles du bas qui jaunissent. Supprimer l'inflorescence qui fatigue la plante et peut la faire mourir.

□ **Croissance.** Assez rapide.

□ **Rempotage.** Tous les 2 ans, au printemps (avril-mai). Tailler la moitié des racines et rempoter dans un pot de taille supérieure au précédent.

□ **Terre.** 1/4 de terre végétale, 1/4 de terreau, 1/4 de terre de bruyère et 1/4 de sable de rivière. Les Cordylines aiment les sols humifères, neutres et légèrement acides.

□ **Taille.**
● *Taille des branches.* Au printemps, tailler toutes les branches au-dessus de l'endroit où l'on veut voir se développer des ramifications. Il faut tailler toutes les branches en même temps. Installer ensuite le Cordyline sous un sac en plastique, pour favoriser le développement de nouveaux bourgeons. Ne pas arroser pendant une quinzaine de jours, et maintenir une hygrométrie aussi élevée que possible.

□ **Ligature.** La forme est donnée essentiellement par la taille. Le Cordyline peut se ligaturer dans le courant de l'été, mais ce n'est pas souhaitable en général.

□ **Arrosage.** Peu d'eau en hiver. Modérément en été. Le Cordyline a une réserve d'eau dans son tronc.

□ **Vaporisation.** Bien vaporiser le feuillage, tous les jours en période végétative.

□ **Engrais.** Au printemps et à l'automne, donner peu d'engrais organique à lente décomposition sous forme liquide.

STYLES

Chokkan

Tachiki

Han-Kengai

Neagari

Sekijôju

Ishitsuki

Sôkan

Kabudachi

Cordyline (*Cordyline red-edge*).
Age ≃ 6 ans.
Hauteur ≃ 15 cm.
Style « Tsukami-Yose »
Photo : juin.
La couleur rouge feu est à son maximum
à la fin du printemps et en été,
époque où l'arbuste bénéficie
d'un ensoleillement maximal.

■ *parasites et maladies*

☐ **Parasites**
● **Nématodes à galles.** Voir p. 30.
● **Thrips.**
Symptômes. Le feuillage présente des plages grises plus ou moins desséchées. Le limbe est mordu. Présence d'insectes.
Remède. Pulvériser des insecticides de synthèse sur la face inférieure du feuillage.
● **Cochenilles farineuses.** Voir p. 29.

☐ **Maladies**
● **Taches foliaires.** Voir p. 31.
● **Maladie des taches concentriques.**
Symptômes. Parallèles aux nervures, des taches rondes, grises, cerclées de rouge, apparaissent au printemps sur les feuilles. Des points noirs apparaissent sur les taches. Le limbe se dessèche.
Remèdes. Tailler et brûler les feuilles malades. Pulvériser des fongicides minéraux.
● **Pourriture des racines.** Voir p. 31.

Korabuki   Ikadabuki   Sôju   Sambon-Yose   Gohon-Yose   Nanahon-Yose   Kyûhon-Yose   Yose-Ue   Tsukami-Yose

Ficus
FIGUIER

Famille des Moracées. Originaire des régions tropicales et subtropicales. On compte plus de 600 espèces très variées aux caractéristiques très différentes : feuillage persistant ou caduc, fruits comestibles ou non.

Ficus carica (Figuier). Cette espèce, aux feuilles caduques, donne des fruits très appréciés. Le Figuier vit sur le pourtour de la Méditerranée. Il est considéré au nord de la France comme un bonsaï d'orangerie.
Ficus benjamina. Arbre à feuilles persistantes, au port souple et élégant et au tronc gris. Le feuillage, oblong, est vert brillant. Cet arbre émet des racines aériennes.
Ficus retusa. Très proche du *F. benjamina*, il est semblable au Banyan. Les feuilles, persistantes, sont allongées et vert brillant. Cet arbre émet des racines aériennes. Les racines sont particulièrement vigoureuses et noueuses.
Ficus retusa formosanum. Espèce aux feuilles persistantes, plus rondes et plus épaisses que les précédentes. Elle est plus délicate.

■ *obtention*

● *Par semis*. Uniquement en serre, sous bâche à multiplication.

● *Par bouturage*. En juillet-août, sous châssis. Prélever des boutures de 5 à 10 cm. Etêter et planter dans un mélange de sable-tourbe, après avoir retiré 1 ou 2 paires de feuilles dans le bas de la bouture. Retirer le châssis dès que le racinage est fait. Rempoter l'année suivante, au printemps. On peut aussi bouturer en faisant tremper les boutures dans de l'eau.

● *Par marcottage aérien*. Au printemps.

■ *entretien*

☐ **Ensoleillement.** Cet arbre aime la lumière. Le *Ficus formosanum* a besoin de plus de lumière que les autres espèces.

☐ **Température.** Le Ficus supporte la chaleur. Il n'aime pas les écarts de température. Le *Ficus carica* supporte le mieux le froid (arbre de serre froide). Pour les autres, en hiver, la température ne doit pas descendre en dessous de 13°.

☐ **Ventilation.** Eviter les courants d'air.

☐ **Céramique.** Choisir un pot moyennement profond quand l'arbre est jeune. Le pot doit être profond lorsqu'il est âgé. Il peut être émaillé ou non, décoré ou non. Les vieux *Ficus* sont généralement plantés dans des céramiques rectangulaires.

☐ **Nettoyage.** Ne pas couper les racines aériennes. Retirer les départs du tronc et les feuilles jaunes. Passer sur le feuillage une éponge imbibée d'eau pour retirer la poussière.

☐ **Croissance.** Rapide et régulière. On obtient assez rapidement des sujets spectaculaires.

Taille des branches du *Ficus*.

☐ **Rempotage.** Tous les 2 ans (tous les 3 ans pour les sujets âgés), au printemps (avril-mai), tailler la moitié des racines et

STYLES

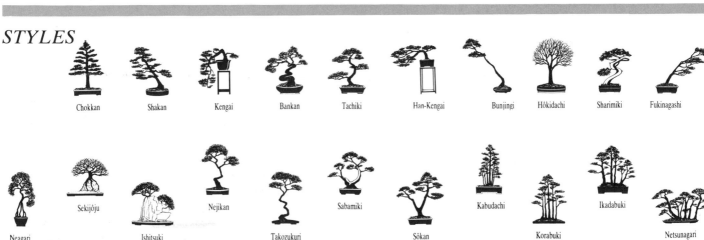

Chokkan — Shakan — Kengai — Bankan — Tachiki — Han-Kengai — Bunjingi — Hôkidachi — Sharimiki — Fukinagashi

Neagari — Sekijôju — Ishitsuki — Nejikan — Takozukuri — Sabamiki — Sôkan — Kabudachi — Korabuki — Ikadabuki — Netsunagari

Figuier (*Ficus retusa*).
Age ≃ 150 ans. Hauteur ≃ 1,10 m.
Style « Tachiki ».
Photo : mai.
Remarquable spécimen aux racines aériennes
qui se mêlent au tronc principal.

rempoter dans un pot de taille supérieure au précédent.

☐ **Terre.** 1/4 de terre de bruyère, 1/4 de terre végétale, 1/4 de sable de rivière et 1/4 de terreau. Les *Ficus* aiment les sols chauds, moyennement humides et légèrement calcaires. Ces sols doivent être perméables, profonds, frais et riches. On peut, éventuellement, remplacer la terre de bruyère par de la tourbe.

☐ **Taille.**
● *Taille des rameaux.* Rabattre, pendant la période végétative, les rameaux à 2 ou 3 paires de feuilles dès qu'ils en ont émis 5 ou 6.
● *Taille des branches.* Tailler les branches abîmées, allongées ou cassées en hiver (février). Du suc s'écoule : c'est le caoutchouc. Mettre du mastic cicatrisant sur les grosses cicatrices.
● *Taille des feuilles.* Sur les *Ficus* en bonne santé, il est possible de tailler l'ensemble du feuillage. Donner moins d'eau après la défoliation. On peut aussi se contenter de ne tailler que les grandes feuilles.

☐ **Ligature.** Elle peut se faire à n'importe quel moment de l'année. Attendre que les rameaux soient aoûtés. Retirer le fil de cuivre au bout de 6 à 8 semaines.

☐ **Arrosage.** Maintenir les racines sèches en hiver. Arroser modérément pendant les autres saisons, un peu plus en été.

☐ **Vaporisation.** Vaporiser le feuillage tous les jours, car le *Ficus* aime les chaleurs humides.

☐ **Engrais.** Au printemps et en automne, donner un engrais organique à lente décomposition. En hiver, si le bonsaï est en excellente santé, on peut lui donner une fois de l'engrais. Alterner engrais liquide et engrais solide.

■ *parasites et maladies*

☐ **Parasites**
● **Nématodes à kystes.** Voir p. 30.
● **Nématodes à galles.** Voir p. 30.
● **Thrips.**
Symptômes. Les feuilles présentent des taches grises sèches sur lesquelles apparaissent des points. L'arbre est affaibli, le limbe mordu. Présence d'insectes sous le limbe.
Remèdes. Pulvériser des insecticides de synthèse sur la face inférieure du feuillage.
● **Cochenilles diaspines et lécanines.** Voir p. 29.

☐ **Maladies**
● **Anthracnose du Ficus.**
Symptômes. Des taches jaunes au bord du limbe gagnent la feuille. Points noirs sur les taches. Feuillage décoloré et plissé. Les parties malades sèchent et tombent.
Remèdes. Eviter un excès d'humidité au sol. Maintenir une température constante. Tailler les feuilles malades. Pulvériser des fongicides de synthèse.

● **Brûlures.**
Symptômes. Le limbe présente des taches décolorées qui sèchent et se déchirent. Le feuillage est crispé, déformé, parfois perforé, et il tombe.
Remèdes. Eviter de vaporiser le feuillage ou d'arroser au soleil ; éviter le soleil trop direct et les températures froides, un engrais trop azoté et les gaz toxiques.
● **Chute des feuilles.**
Symptômes. A partir du bas des branches, les feuilles jaunissent et tombent.
Remèdes. Eviter l'excès d'eau dans la terre. Placer à la lumière.
● **Pourriture grise ou maladie de la toile.**
Symptômes. Les feuilles présentent des taches gris-brun associées à de la pourriture grise autour du limbe, progressant sur toute la surface foliaire. Les feuilles sèchent, puis tombent. Les rameaux se nécrosent.
Remèdes. Bien aérer. Eviter soigneusement l'excès d'eau et les changements de température. Tailler les rameaux malades. Pulvériser des fongicides de synthèse.
Attention aux risques de phytotoxicité.

Sôju

Sambon-Yose

Gohon-Yose

Nanahon-Yose

Kyûhon-Yose

Yose-Ue

Yomayori

Tsukami-Yose

Bonkei

Kusamono

Plantations saisonnières

Gardenia
GARDÉNIA

Famille des Rubiacées. Originaire des régions tropicales et subtropicales, essentiellement d'Asie. Le genre *Gardenia* compte environ 70 espèces d'arbustes au feuillage persistant et aux fleurs blanches odorantes.

Gardenia jasminoïdes. Originaire de Chine et du Japon, il atteint 1,50 m. Il a un port régulier, un feuillage persistant, vert brillant et des fleurs doubles, blanches, très odorantes. C'est un arbuste frutescent. La plupart des *Gardenia jasminoïdes* présentés en bonsaï sont issus d'arbres récoltés dans la nature au Japon et en Chine.

■ *obtention*

● *Par bouturage.* Choisir des pousses vigoureuses sur les branches latérales. Essayer de les détacher avec leur talon. On peut bouturer en serre presque toute l'année, mais janvier est une bonne époque. Repiquer les boutures dans de la terre de bruyère et les garder au chaud (22°) jusqu'à ce qu'elles racinent. Les rempoter au printemps.

● *Par marcottage aérien ou marcottage simple.* On obtient une meilleure reprise au printemps, dans une pièce lumineuse et chaude.

■ *entretien*

☐ **Ensoleillement.** Beaucoup de lumière, mais éviter un soleil direct. Peut être sorti en été dans le Midi.

☐ **Température.** Beaucoup de chaleur en période végétative. En repos de végéta-tion, diminuer la chaleur progressivement. En hiver, la température ne doit pas descendre en dessous de 12 à 15°.

☐ **Ventilation.** Attention aux courants d'air. Donner davantage d'air en repos de végétation.

☐ **Céramique.** Choisir une coupe relativement profonde. Souvent cultivé dans des coupes non émaillées.

☐ **Nettoyage.** Retirer les fleurs dès qu'elles jaunissent. La durée des fleurs est très courte, mais compensée par un parfum envoûtant.

☐ **Croissance.** Lente.

☐ **Rempotage.** Tous les 2 ans, à la fin du printemps, quand les nouveaux bourgeons apparaissent, tailler la moitié des racines et rempoter dans un pot de taille supérieure au précédent.

☐ **Terre.** 1/4 de terre de bruyère, 1/4 de terre végétale, 1/4 de terreau et 1/4 de sable de rivière. Le Gardénia aime les sols chauds et argileux.

☐ **Taille.**
● *Taille des rameaux.* Après la floraison, bien rabattre les rameaux des arbres âgés. Pour les plus jeunes, tailler les rameaux en ne laissant que 3 feuilles dès qu'ils en ont émis 6 ou 7.

☐ **Ligature.** Attendre que les rameaux nouveaux soient aoûtés. On peut aussi ligaturer avant que les bourgeons ne durcissent. Protéger l'écorce avec du raphia.

☐ **Arrosage.** Donner très peu d'eau en hiver, mais sans laisser dessécher la terre. En été, arroser modérément. Juste avant la floraison, augmenter légèrement l'arrosage pour favoriser la floraison.

☐ **Vaporisation.** Vaporiser le feuillage tous les jours, excepté lorsque l'arbre est en fleur. Le Gardénia a besoin de beaucoup d'humidité ambiante. Au besoin, placer sur un plateau recouvert de gravier.

☐ **Engrais.** Après la floraison et en automne. Donner de préférence de l'engrais liquide (organique à lente décomposition). Si les feuilles jaunissent, enrichir l'engrais d'un peu d'azote.

STYLES

Chokkan

Shakan

Tachiki

Han-Kengai

Sharimiki

Fukinagashi

Neagari

Gardénia (*Gardenia jasminoïdes*).
Âge ≃ 15 ans.
Hauteur 012 14 cm.
Style « Shakan ».
Photo : octobre.
La plupart des *Gardenia jasminoïdes*
sont des arbustes prélevés
dans la nature en Asie et ensuite
adaptés en pot.

■ *parasites et maladies*

□ Parasites
- **Cochenilles diaspines et lécanines.** Voir p. 29.
- **Cochenilles farineuses.** Voir p. 29.
- **Pucerons verts.** Voir p. 30.
- **Aleurodes des serres.**

Symptômes. Miellat sur lequel se développe de la fumagine. Présence de mouches sur le limbe.

Remèdes. Vaporiser des insecticides organo-phosphorés et des insecticides acaricides, en variant les produits pour éviter toute accoutumance.

- **Escargots.**

Symptômes. En hiver, un voile blanc protège les insectes. Au printemps, tiges, feuilles, boutons et fleurs sont mordus.

Remèdes. Ramasser les escargots, éviter l'excès d'humidité. Utiliser des molluscicides par contact ou ingestion.

□ Maladies
- **Chlorose.**

Symptômes. Le feuillage jaunit progressivement en partant du limbe. Les parties malades sèchent. Le feuillage est décoloré.

Remèdes. Éviter un excès de calcium et d'eau et de froid; éviter les courants d'air et les gaz toxiques. Placer à la lumière. Donner du fer, du magnésium, du zinc et de l'azote à la terre.

Sabamiki

Sôkan

Kabudachi

Korabuki

Sôju

Bonkei

Plantations saisonnières

Murraya
MURRAYA

Famille des Rutacées. Originaire des régions tropicales, en particulier d'Asie. Le genre Murraya compte environ une demi-douzaine d'espèces d'arbres à l'écorce claire, au feuillage persistant, entier, pétiolé, d'un vert tirant sur le jaune. Fleurs blanches solitaires, grandes et odorantes. Fruits : baie oblongue rouge orangé contenant 1 ou 2 graines.

Murraya paniculata. Originaire des Indes, cette espèce au port arborescent atteint 3 m. Elle a des feuilles ovales et persistantes et des fleurs blanches odorantes. Des fruits rouges apparaissent en août.

■ *obtention*

● *Par bouturage.* Prélever des boutures aoûtées. Conserver leurs feuilles. Les planter dans du sable, sous cloche, avec une bonne chaleur de fond humide. Empoter au printemps suivant.

■ *entretien*

□ **Ensoleillement.** Le Murraya a besoin de beaucoup de lumière, mais éviter le soleil direct.

□ **Température.** Le Murraya aime la chaleur. L'hiver, la température ne doit pas descendre en dessous de 17°.

□ **Ventilation.** Attention aux courants d'air. Mais le Murraya a besoin d'aération : une bonne circulation d'air autour de l'arbre est nécessaire.

□ **Céramique.** Choisir une coupe relativement plate et moyennement profonde. Elle peut être émaillée ou non, ovale ou rectangulaire. Les tons de beige et céladon lui conviennent assez bien.

□ **Nettoyage.** Retirer les feuilles jaunes, les fleurs et les fruits fanés.

□ **Croissance.** Lente; le tronc est long à se former, puis à se développer en diamètre.

□ **Rempotage.** Tous les 2 ans, au printemps (avril-début mai). Tailler la moitié des racines et rempoter dans un pot de taille supérieure au précédent.

□ **Terre.** 1/4 de tourbe, 1/4 de terre végétale, 1/4 de terreau et 1/4 de sable de rivière. Le Murraya aime les terres franches, tourbeuses et apprécie un apport de terreau.

□ **Taille.**
● *Taille des rameaux.* Rabattre les rameaux à 2 feuilles dès qu'ils en ont émis 5 ou 6, tout au long de la période de végétation.
● *Taille des branches.* Au printemps, tailler les branches allongées, cassées, abîmées ou dont la croissance est inesthétique.

□ **Ligature.** Le Murraya peut se ligaturer toute l'année. Ne pas laisser le fil de cuivre plus de 8 semaines.

□ **Arrosage.** Le Murraya a besoin d'humidité. Arroser régulièrement en gardant le sol légèrement humide toute l'année. Ne pas détremper.

□ **Vaporisation.** Vaporiser le feuillage toute l'année, pour apporter une bonne hygrométrie et le nettoyer.

□ **Engrais.** Au printemps et en automne, donner un engrais organique à lente décomposition. Alterner engrais liquide et solide. A un arbre en parfait état, on peut donner de l'engrais une fois en hiver.

STYLES

Chokkan

Shakan

Tachiki

Han-Kengai

Sharimiki

Fukinagashi

Sabamiki

Murraya (*Murraya paniculata*).
Age ≃ 150 ans. Hauteur ≃ 80 cm.
Style « Sabamiki ». Photo : novembre.

■ *parasites et maladies*

□ **Parasites**
● **Aleurodes des serres.**
Symptômes. Miellat sur lequel se développe de la fumagine. Présence de mouches sur le limbe.
Remèdes. Vaporiser des insecticides organo-phosphorés et des insecticides acaricides, en variant les produits pour éviter tout accoutumance.
● **Pucerons.** Voir p. 30.

● **Araignées jaunes (tétranyque tisserand).** Voir p. 28.
● **Escargots.**
Symptômes. Feuilles, pousses, bourgeons mordus. Surface foliaire réduite. Présence d'un voile blanc qui protège les escargots.
Remèdes. Ramasser les escargots. Eviter un excès d'humidité sur la terre. Utiliser des molluscicides par contact ou ingestion.

□ **Maladies**
● **Taches foliaires.** Voir p. 31.
● **Mildiou.**
Symptômes. Les feuilles présentent des taches jaunes. Au revers, de la poussière blanche. Les feuilles tombent.
Remèdes. Tailler et détruire les feuilles malades. Eviter l'excès d'humidité au niveau de la terre. Pulvériser des fongicides à base de cuivre.

Sôkan

Kabudachi

Korabuki

Sôju

Yose-Ue

Tsukami-Yose

Bonkei

Nandina
NANDINA

Famille des Berbéridacées. Originaire du Japon. Seule espèce du genre, le Nandina atteint 2 m de haut. Son port raide et dressé, ses rameaux serrés rappellent un peu le Bambou. On le surnomme parfois « Heavenly bamboo » ou « Bambou céleste ». Le feuillage, persistant, long et étroit, naît rouge, verdit et s'empourpre à l'automne. Les fruits sont rouge vif. De petites fleurs blanches, sans intérêt, apparaissent en juillet-août. Le Nandina peut vivre en extérieur, mais il végète au nord de la Loire.

Nandina domestica. Le feuillage est persistant, entier, décomposé, acuminé et coriace. Les fleurs sont blanches et minuscules. Les fruits globuleux sont rouges (blancs chez le cultivar « Alba »).

■ *obtention*

● *Par semis.* Stratifier les baies après maturité. Au printemps, les semer sous verre. Abriter les pousses la première année. Empoter au printemps suivant. Protéger les racines les premières années.

● *Par bouturage.* Prélever les rameaux inférieurs semi-aoûtés. Les planter dans un mélange sable-tourbe. Bien abriter en hiver.

■ *entretien*

☐ **Ensoleillement.** Le Nandina demande un bon ensoleillement, une bonne lumière. S'il est en extérieur, le placer cependant à la mi-ombre en plein été.

☐ **Température.** Arbuste de serre froide, il aime la chaleur. Il perd ses feuilles quand il a froid. Il peut être planté dehors au sud de Paris. Mais il faut le protéger du gel.

☐ **Ventilation.** Protéger du vent en extérieur et des courants d'air en intérieur. Décider au départ si on veut le cultiver dedans ou dehors.

☐ **Céramique.** On choisira une céramique moyennement profonde, souvent non émaillée.

☐ **Nettoyage.** Il importe de supprimer les baies de l'inflorescence dès qu'elles commencent à se flétrir, car elles épuisent l'arbuste.

☐ **Croissance.** Végétation lente.

☐ **Rempotage.** Tous les 2 ou 3 ans, au printemps. Tailler la moitié des racines et rempoter dans un pot de taille supérieure au précédent.

☐ **Terre.** Mélange composé pour moitié de terre végétale, 1/4 de terreau et 1/4 de sable de rivière. Le Nandina s'accommode d'une bonne terre de jardin. Il apprécie qu'on la recouvre de feuilles. Il aime un sol léger, fertile et frais.

☐ **Taille.**
● *Taille des rameaux.* Pendant la période de végétation, attendre que les rameaux aient émis 4 ou 5 nœuds. Rabattre avec des ciseaux, en ne laissant que 1 ou 2 yeux.

☐ **Ligature.** Au printemps et en été, mais elle est rarement pratiquée.

☐ **Arrosage.** Modéré et régulier.

☐ **Vaporisation.** En intérieur, vaporiser tous les jours le feuillage. En extérieur, bassiner les feuilles et les branches en été.

☐ **Engrais.** Au printemps et en automne, donner un engrais organique à lente décomposition.

STYLES

Sōkan

Kabudachi

Korabuki

Yamayori

Nandina (*Nandina domestica*).
Âge ≃ 14 ans.
Hauteur ≃ 20 cm.
Style « Sankan » (3 Troncs issus d'une même souche).
Photo : novembre.

■ *parasites et maladies*

☐ **Parasites**
- **Pucerons noirs de la fève.** Voir p. 30.
- **Araignées jaunes (tétraynique tisserand).** Voir p. 28.

☐ **Maladies :**
- **Virus de la mosaïque.**
  Symptômes. Les feuilles présentent des taches jaune plus clair sur le limbe et autour des nervures, en forme de mosaïque. Les vieilles feuilles jaunissent et tombent.
  Remèdes. Lutter contre des insectes possibles. Tailler les feuilles malades. Nettoyer les outils.
  N.B. Si le Nandina n'a pas assez de lumière, les tons brun-rouge de son feuillage tendront à disparaître et les entre-nœuds seront très grands.

Tsukami-Yose

Bonkei

Kusamono

Plantations saisonnières

Podocarpus
PODOCARPUS

Famille des Podocarpacées. Originaire des régions tropicales et subtropicales de l'hémisphère Sud, ce conifère peut atteindre 12 m. C'est le « Pin des bouddhistes », un arbre à aiguilles, aux branches horizontales et fortes, aux rameaux denses et aux feuilles persistantes. On compte une centaine d'espèces, mais seules quelques-unes sont présentes en Europe occidentale.

Podocarpus maki. Originaire de Chine, cet arbuste aux branches dressées, presque verticales, étalées, atteint 6 m. Les feuilles sont linéaires, lancéolées, vert foncé dessus avec une nervure médiane allongée et pointues à l'extrémité. Les fruits sont globuleux à maturité.

Podocarpus macrophyllus. Originaire de Chine puis introduit au Japon. Très voisin du précédent, il peut atteindre 18 m, a des branches fortes horizontales, des feuilles longues, coriaces, qui sont rouges à leur apparition, puis vert brillant dessus et glauques dessous. Fleurs jaune pâle sans intérêt. Fruits verts ou pourpres.

■ *obtention*

● *Par semis*. Récolter la graine à maturité. La planter en juillet, en serre chaude, après l'avoir stratifiée - ou encore en février.

● *Par bouturage*. Choisir des pousses presque aoûtées. Planter les boutures dans une terre siliceuse, sous châssis. Protéger du soleil direct. Après enracinement, protéger du gel de l'hiver. Rempoter au printemps suivant.

■ *entretien*

☐ **Ensoleillement**. Le Podocarpus aime la lumière et peut recevoir le soleil.

☐ **Température**. Le Podocarpus a besoin de chaleur. Il peut être sorti l'été dans le Midi. En hiver, la température ne doit pas descendre au-dessous de 13°.

☐ **Ventilation**. Attention aux courants d'air.

☐ **Céramique**. Choisir un pot moyennement profond. Les émaux bleus lui conviennent. La forme de la coupe est assortie au style de l'arbre.

☐ **Nettoyage**. Supprimer les départs du tronc. Veillez à ce qu'il n'y ait pas d'insectes sous l'écorce du tronc, qui peut se détacher de temps en temps.

☐ **Croissance**. Très lente.

☐ **Rempotage**. Tous les 2 ou 3 ans, à la fin du printemps. Tailler entre le tiers et la moitié des racines, et rempoter dans un pot de taille supérieure au précédent.

☐ **Terre**. 1/4 de terre végétale, 1/4 de terreau, 1/4 de terre de bruyère et 1/4 de sable de rivière. Le Podocarpus aime les terres franches, meubles et bien drainées.

☐ **Taille**.
● *Pinçage*. Pincer les nouvelles pousses (les chandelles) entre le pouce et l'index, pendant la période de végétation.
● *Taille des rameaux et des branches*. Sans couper les aiguilles, tailler aux ciseaux les branches trop allongées au-dessus d'une insertion foliaire. On peut supprimer, si nécessaire, quelques aiguilles dont la taille est disproportionnée.

☐ **Ligature**. Le Podocarpus peut se ligaturer toute l'année. Pour ligaturer les jeunes rameaux, attendre qu'ils soient aoûtés. Retirer le fil de cuivre au bout de 8 à 10 semaines.

☐ **Arrosage**. Régulier et modéré. Maintenir la surface de la terre légèrement humide. Cet arbre a besoin d'un bon drainage.

☐ **Vaporisation**. Vaporiser le feuillage tous les jours. Le Podocarpus aime la chaleur humide. Au besoin, en hiver, le placer sur un plateau rempli d'eau et de gravier.

Taille du Podocarpus.

STYLES

Chokkan   Shakan   Kengai   Bankan   Tachiki   Han-Kengai   Bunjingi

Podocarpus (*Podocarpus maki*).
Age ≃ 8 ans.
Hauteur ≃ 15 cm.
Style « Shakan ».
Photo : décembre.

□ **Engrais.** Au printemps et en automne, donner un engrais organique à lente décomposition. A un arbre parfaitement sain, on peut donner de l'engrais une fois en hiver.

■ *parasites et maladies*

□ **Parasites**
● **Pucerons.** Voir p. 30.
● **Araignées jaunes (tétranyque tisserand).** Voir p. 28.
● **Cochenilles diaspines et lécanines.** Voir p. 29.
● **Cochenilles farineuses.** Voir p. 29.
● **Escargots.**
Symptômes. Pousses, aiguilles mordues. Surface foliaire réduite. Présence d'un voile blanc qui protège les escargots.
Remèdes. Ramasser les escargots. Eviter l'excès

d'humidité au niveau de la terre. Utiliser des molluscicides par contact ou ingestion.

□ **Maladies**
N.B. Si le Podocarpus a trop d'eau, ses aiguilles vont grisailler puis sécher et tomber. S'il manque de lumière, elles vont grandir démesurément, et l'arbre va s'étioler. Alors que le Podocarpus correctement soigné ne doit pas souffrir de maladie.

Sharimiki

Fukinagashi

Neagari

Ishitsuki

Nejikan

Sabamiki

Sôkan

Sôju

Bonkei

Rhapis
RHAPIS

Famille des Palmacées ou Arécacées. Origine tropicale. Genre renfermant environ 5 espèces de Palmiers nains. Les tiges, nombreuses, dressées et grêles, en touffes assez compactes, rappellent les Roseaux. Des rejets apparaissent à la base. Fleurs jaune pâle à pédoncule. Fruits monospermes et obovoïdes. Feuilles alternes, pétiolées, découpées en trois et très nervurées; une gaine fibreuse comme un filet, entoure le tronc.

Rhapis humilis. Originaire du Japon. Les tiges atteignent 1 m à 1.50 m. Port élégant. Les feuilles vert foncé, persistantes sont découpées en 7 à 10 segments étalés.
Rhapis excelsa. Originaire de Chine. Des palmes en éventail sur des cannes semblables à celles des bambous (au moins 3 mètres). Les tiges, minces et denses, sont tissées de fibres rêches, formant des touffes. Les feuilles, d'un vert brillant, sont divisées en 3 à 10 segments larges.
Le *Rhapis excelsa « variegata »* est un cultivar japonais au feuillage segmenté vert bordé d'ivoire.

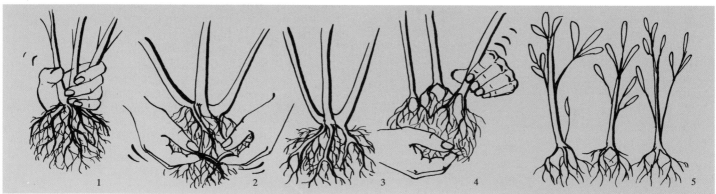

Obtention par division de touffe.

1 - Touffe de Rhapis. Secouer la terre puis laver les racines. 2 - Démêler la chevelure des racines. 3 - Isoler les racines se rapportant à chaque tronc. 4 - Tirer pour séparer les troncs; éventuellement sectionner si nécessaire. 5 - Chaque Rhapis pourra être planté dans un pot individuel.

■ *obtention*

● *Par division des touffes.* Toute l'année en serre ou au printemps.

● *Par séparation des rejets latéraux.*

● *Par semis.* Mais il est difficile de se procurer des graines.

■ *entretien*

☐ **Ensoleillement.** Le Rhapis supporte la lumière, mais il préfère les pièces plus sombres et croît facilement dans des emplacements peu lumineux.

☐ **Température.** Le Rhapis aime la chaleur. L'hiver, la température ne doit pas descendre au-dessous de 17°.

☐ **Ventilation.** Attention aux courants d'air. Aérer régulièrement la pièce.

☐ **Céramique.** Choisir un pot plat ou de profondeur faible à moyenne. Les céramiques peuvent être non émaillées, dans les

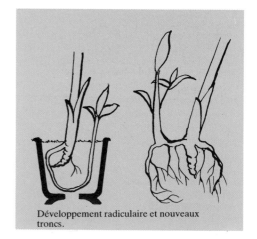
Développement radiculaire et nouveaux troncs.

STYLES

Sekijôju

Ishitsuki

Kabudachi

Sôju

Sambon-Yose

tons de brun, ou émaillées; le plus souvent, elles sont bleu cobalt.

□ **Nettoyage.** Tailler la pointe des feuilles lorsqu'elle jaunit beaucoup, mais celle-ci continuera à jaunir. En la découpant, lui conserver sa forme initiale (ne pas couper droit). Retirer les rejets si on ne désire pas obtenir une forêt. Nettoyer les feuilles avec une éponge humide.

□ **Croissance.** Lente tout au long de sa vie.

□ **Rempotage.** Tous les 3 ans, au printemps (mars-avril). Tailler la moitié des racines et rempoter dans un pot de taille supérieure au précédent.

□ **Terre.** 1/4 de terre végétale, 1/4 de terreau, 1/4 de terre de bruyère et 1/4 de sable de rivière. Le Rhapis n'a aucune exigence particulière. La terre doit être une bonne terre franche additionnée de sable et de terreau, voire de tourbe.

□ **Taille.** Si l'on veut raccourcir un Rhapis, on peut tailler la tige principale, mais uniquement si des rejets latéraux sont apparus. Sauf de cette façon, le Rhapis ne se taille pas.

□ **Ligature.** Il n'y en a pas.

□ **Arrosage.** Demande peu d'eau. Plus son emplacement est sombre, moins il faut arroser. Garder la terre assez sèche, sans toutefois la laisser dessécher.

□ **Vaporisation.** Vaporiser le feuillage tous les jours, pour humidifier le Rhapis.

□ **Engrais.** Au printemps et à l'automne, donner un peu d'engrais organique à lente décomposition.

Rhapis (*Rhapis humilis*).
Age ≃ 10 ans. Hauteur ≃ 25 cm.
Style « Kabudachi ». Photo : décembre.

■ *parasites et maladies*

□ **Parasites**

● **Araignées jaunes.** Voir p. 28.

● **Thrips.**
Symptômes. Le feuillage présente des plages grises, plus ou moins desséchées. Le limbe mordu sèche. Présence d'insectes brun-jaune.
Remèdes. Pulvériser des insecticides de synthèse sur la face inférieure des feuilles. Au besoin, renouveler au bout d'une dizaine de jours. En cas de forte attaque utiliser des aphicides.

● **Cochenilles diaspines et lécanines.** Voir p. 29.

□ **Maladies**

● **Pourriture des bourgeons.** Voir p. 31.

● **Fonte des semis.**
Symptômes. Le collet présente une pourriture humide, les jeunes racines pourrissent, les tissus se désagrègent. Les feuilles se couchent et « fondent ».
Remèdes. Maintenir une chaleur constante, aérer en évitant les courants d'air. Eviter l'excès d'arrosage. Donner de l'azote et de la potasse à la terre.

● **Fusariose.**
Symptômes. Les feuilles brunissent en partant du centre. Elles peuvent sécher et tomber. Brunissement des tissus.

Remèdes. Eviter les excès d'eau dans la terre.

● **Taches foliaires.** Voir p. 31.

● **Taches jaunes.**
Symptômes. Les feuilles présentent des points noirs qui se déchirent et laissent échapper une poudre jaune. Les feuilles peuvent sécher.
Remèdes. Il faut tailler et brûler les feuilles malades. Pulvériser des fongicides à base de cuivre et désinfecter le sol.

● **Maladie des points noirs.**
Symptômes. Le feuillage présente des points noirs cerclés de vert et se dessèche petit à petit.
Remèdes. Tailler et détruire les feuilles malades. Bien aérer. Pulvériser des fongicides à base de cuivre.

Gohon-Yose

Nanahon-Yose

Kyûhon-Yose

Yose-Ue

Kusamono

Sageretia
SAGERETIA

Famille des Rhamnées ou Rhamnacées. Le nom Sageretia vient de Sageret, agriculteur français à qui les Chinois ont dédié cet arbre. Il est originaire d'Asie centrale et australe, des régions chaudes d'Amérique du Nord et de Java. La plupart des Sageretia âgés de 10 ans et plus sont des arbres qui viennent de Chine populaire, où ils ont été ramassés dans la nature, puis cultivés en bonsaï. Le genre comprend une douzaine d'espèces d'arbustes aux branches rigides, grêles, épineuses ou non, et aux feuilles persistantes.

Sageretia theezans. Ecorce s'exfoliant, un peu semblable à celle du Platane, brune et rugueuse. Les branches sont rigides, les feuilles opposées au court pétiole, ovales, légèrement dentées. Fleurs blanc-vert, petites, sans intérêt. Les fruits sont des baies bleues contenant une graine.

Sageretia (*Sageretia theezans*).
Age ≃ 25 ans. Hauteur ≃ 30 cm.
Style « Shakan ».
Photo : juin.

■ *obtention*

● *Par semis.* Récolter la graine à maturité. La stratifier. La planter en serre à multiplication au printemps, avec une bonne chaleur de fond, et conserver une humidité de l'air.

● *Par bouturage.* Au printemps, prélever des boutures sur les pousses latérales. Les étêter. Tailler la paire de feuilles du bas. Tremper dans une hormone d'enracinement et planter dans un mélange sable-tourbe, en serre ou sous châssis. Faire durcir la nouvelle pousse en l'acclimatant petit à petit à une ambiance plus fraîche. Empoter l'année suivante.

■ *entretien*

□ **Ensoleillement.** Demande une bonne luminosité. Peut être sorti l'été dans le Midi. Placer alors à la mi-ombre s'il y a beaucoup de soleil. En hiver, garder une situation lumineuse.

□ **Température.** Cet arbuste, proche des arbres d'orangerie, aime la chaleur. En hiver, la température peut descendre à 12°.

□ **Ventilation.** Il ne supporte pas les courants d'air.

□ **Céramique.** Moyennement profonde, souvent non émaillée.

□ **Nettoyage.** Retirer les départs du tronc et les feuilles jaunes.

□ **Croissance.** Très lente pour la formation du tronc. En revanche le feuillage et les ramifications se développent très rapidement.

□ **Rempotage.** Tous les 2 ans, au printemps (avril-mai), tailler la moitié des racines et rempoter dans un pot de taille supérieure au précédent.

□ **Terre.** 1/4 de terre de bruyère, 1/4 de terreau, 1/4 de terre végétale et 1/4 de sable de rivière. Le Sageretia aime les sols frais avec une bonne terre franche.

□ **Taille.**
● *Taille des rameaux.* En période végéta-

STYLES

Chokkan

Shakan

Kengai

Tachiki

Han-Kengai

Sharimiki

Fukinagashi

Sageretia (*Sageretia theezans*).
Age ≃ 150 ans. Hauteur ≃ 45 cm.
Style « Shakan ».
Photo : mai.
Exceptionnel spécimen
issu d'un arbre prélevé dans la nature, en Chine populaire.

tive, tailler les nouvelles pousses en ne laissant que 2 ou 3 paires de feuilles sur chaque rameau.

● *Taille des branches*. Tailler avant la pousse les branches cassées, abîmées ou inesthétiques. Si l'on ne taille pas le Sageretia, des fleurs blanches et molles apparaissent aux insertions foliaires et fatiguent l'arbre.

☐ **Ligature.** Cet arbuste peut se ligaturer toute l'année. Il ne doit pas garder son fil de cuivre plus de 6 à 8 semaines. Attendre que les nouvelles pousses soient aoûtées pour les ligaturer.

☐ **Arrosage.** Plus abondant l'été que l'hiver. Garder une humidité légère et régulière à la surface du pot. Cet arbuste nécessite un bon drainage.

☐ **Vaporisation.** Vaporiser le feuillage tous les jours. En hiver, cultiver sur un plateau rempli d'eau et de gravier.

☐ **Engrais.** Au printemps et en automne, donner un engrais organique à lente décomposition. Alterner engrais liquide et engrais solide.

■ *parasites et maladies*

☐ **Parasites**
● **Pucerons.** Voir p. 30.
● **Araignées jaunes (tétraynique tisserand).** Voir p. 28.
● **Escargots.**
Symptômes. Les bourgeons, les pousses, les feuilles sont mordus. Un voile blanc protège les escargots.
Remèdes. Ramasser les escargots. Eviter un excès d'humidité au niveau de la terre. Utiliser des molluscicides par contact ou ingestion.

☐ **Maladies**
● **Chlorose.**
Symptômes. Le feuillage jaunit progressivement en partant du limbe. Les parties malades sèchent. Les nouvelles feuilles sont décolorées.
Remèdes. Eviter un excès de calcium et d'eau, de froid ; éviter les courants d'air et les gaz toxiques. Placer à la lumière. Donner du fer, du magnésium, du zinc et de l'azote à la terre.
N.B. Si le Sageretia a trop d'eau, ses feuilles vont sécher et tomber. Il a besoin de lumière et de chaleur constante pour avoir un feuillage bien vert et bien développé. Il faut le vaporiser quotidiennement.

Ishitsuki

Nejikan

Sabamiki

Sôkan

Kabudachi

Korabuki

Sôju

Yose-Ue

Tsukami-Yose

Schefflera
SCHEFFLERA

Famille des Araliacées. Originaire d'Asie. Cet arbre de 15 m environ, au tronc mince quand il est jeune, ne se ramifie pas en couronne, mais émet des racines aériennes. Le feuillage, persistant, est vert lustré et les feuilles sont grandes, avec un long pétiole.

Schefflera arboricola. Originaire de Taïwan. Appelé aussi *Heptapleurum*, il ressemble au *Brassaia*. Les branches sont frêles, le tronc est souple, le feuillage palmé, vert brillant, rassemblé en 7 ou 8 feuilles. L'inflorescence est érigée, chargée de baies dont la couleur va du rouge orangé au noir.

Schefflera actinophylla. Originaire de Nouvelle-Guinée et de Java, appelé aussi *Brassaia*, il peut atteindre 30 m de haut. Les branches blanchissent aux extrémités. Le feuillage persistant, vert brillant, oblong, en couronne forme comme une ombrelle. Des inflorescences terminales aux pétales lie-de-vin donnent des baies pourpres.

■ *obtention*

● *Par semis.* Récolter les graines dans les baies du Schefflera à maturité. Les stratifier après les avoir fait sécher. Les planter au printemps, sous serre ou sous châssis, dans un mélange tourbe-argile. Faire durcir la jeune pousse et empoter au printemps suivant.

● *Par bouturage.* En serre, à n'importe quel moment de l'année. Sous abri, avec une bonne chaleur de fond au printemps, bouturer les rameaux.

■ *entretien*

☐ **Ensoleillement.** Le Schefflera a besoin de beaucoup de lumière. Plus il en reçoit, plus ses feuilles restent petites lors de leur développement.

☐ **Température.** Une bonne chaleur constante est nécessaire. Lui assurer entre 16 et 20° l'hiver.

☐ **Ventilation.** Attention aux courants d'air.

☐ **Céramique.** Moyennement profonde, souvent émaillée, dans les tons de bleu ou céladon.

☐ **Nettoyage.** Retirer les feuilles jaunes. Ne pas tailler les racines aériennes, nécessaires à la vie de l'arbre.

☐ **Croissance.** Assez rapide et régulière.

☐ **Rempotage.** Tous les 2 ans, rempoter au début du printemps (mars). Tailler la moitié des racines et rempoter dans un pot de taille supérieure. Les Scheffleras plantés sur des roches volcaniques peuvent voir leurs racines raccourcies quand leur croissance est rapide.

☐ **Terre.** 1/4 de terre de bruyère, 1/4 de terreau, 1/4 de terre végétale et 1/4 de sable de rivière. Les Scheffleras aiment les sols secs.

☐ **Taille.**
● *Taille des rameaux.* Au printemps, on peut raccourcir l'ensemble des rameaux pour encourager la ramification et garder un arbre compact et dense. Supprimer alors les branches desséchées ou mortes.

☐ **Ligature.** Le Schefflera se ligature rarement. La forme est donnée exclusivement par la taille.

☐ **Arrosage.** Donner peu d'eau. Le Schefflera produit des feuilles plus petites s'il est peu arrosé. S'il est planté sur une roche volcanique, humidifier régulièrement la roche. Ne pas laisser d'eau dans le plateau.

☐ **Vaporisation.** Vaporiser le feuillage de temps en temps pour le nettoyer. Lorsqu'il y a trop d'humidité, le feuillage devient trop grand. Il est disproportionné par rapport à l'arbre.

☐ **Engrais.** Au printemps et en été, donner de l'engrais organique à lente décomposition. Préférer un engrais liquide, mais alterner parfois avec de l'engrais solide.

STYLES

Shakan   Tachiki   Han-Kengai   Neagari   Sekijōju

Schefflera (*Schefflera arboricola*).
Âge ≃ 10 ans.
Hauteur ≃ 30 cm.
Style « Kabudachi ».
Photo . juin.

■ *parasites et maladies*

☐ Parasites
● **Araignées jaunes (tétranyque tisserand).** Voir p. 28.
● **Pucerons.** Voir p. 30.
● **Cochenilles diaspines et lécanines.** Voir p. 29.
● **Cochenilles farineuses.** Voir p. 29.

☐ Maladies
● **Pourriture des racines et de la tige.** Voir p. 31.

● **Alternariose des feuilles.**
Symptômes. Les feuilles présentent de petites taches d'aspect huileux, parfois cerclées de rouge. Au niveau des nœuds, les rameaux présentent des taches décolorées qui peuvent dessécher la branche. Apparition de points noirs sur les parties malades.
Remèdes. Tailler les parties malades. Pulvériser des fongicides à base de manèbe.

Ishitsuki

Nejikan

Sabamiki

Sôkan

Kabudachi

Sôju

Serissa
SERISSA

Famille des Rubiacées. Originaire des Indes, de Chine et du Japon. Arbre au feuillage persistant. Le Serissa est un arbuste ramifié, glabre, à l'écorce fétide, aux racines qui dégagent une odeur désagréable, d'où son appellation «foetida». L'espèce la plus connue est le *Serissa japonica*, haut d'environ 70 cm. On l'appelle «Neige de juin» à cause de ses minuscules fleurs blanches solitaires ou fasciculées, qui éclosent entre mai et septembre. Toutefois, il peut y avoir toute l'année quelques fleurs. Une variété donne des fleurs doubles, ce qui est très rare dans la famille des Rubiacées. Les feuilles ovales sont petites, opposées, souvent fasciculées, sur de courtes ramilles. Une variété donne des feuilles bordées de jaune d'or. Le *Serissa japonica variegata* a un feuillage panaché ivoire-vert. Le tronc gris est rugueux, mince; il blanchit en vieillissant.

■ *obtention*

Le Serissa, comme toutes les espèces tropicales, est difficile à multiplier.

● *Par boutures.* Au printemps, après avoir taillé les jeunes rameaux d'un Serissa, on peut les utiliser pour les bouturer. Ces boutures se font à chaud, c'est-à-dire sur une bâche à multiplication, chauffée. Placer les boutures dans le sable, les mettre sous cloche. Dès que de jeunes pousses apparaissent sur les ramures, la bouture a pris. Il est conseillé de tremper l'extrémité de la bouture dans des hormones d'enracinement avant de la planter dans le sable.

■ *entretien*

□ **Ensoleillement.** Le Serissa vit en intérieur et demande beaucoup de lumière. Cela est particulièrement vrai pour les variétés panachées. Eviter le plein soleil l'été.

□ **Température.** Le Serissa supporte une ambiance chaude. En hiver, lui assurer une température plus fraîche, entre 15 et 19°. En été, plus chaude : minimum de 18°.

□ **Ventilation.** Attention aux courants d'air, très nocifs.

□ **Céramique.** Le Serissa supporte un pot assez plat, notamment les forêts. Le pot peut être décoré, à condition que le motif s'harmonise avec le bonsaï. Le Serissa a beaucoup d'allure dans les pots chinois anciens ou dans les copies d'ancien. Les arbres âgés demandent des pots plus profonds (de 7 à 15 cm.).

□ **Nettoyage.** Si le Serissa a un feuillage persistant, il produit continuellement des feuilles jaunes qu'il est bon de retirer. Retirer aussi aux ciseaux les branches mortes. Surtout, supprimer les rejets sur le tronc ou ceux qui partent de la base du tronc. On peut les comparer aux gourmands des rosiers, qui pompent toute la sève.

□ **Croissance.** Bien que les saisons semblent être atténuées. Le Serissa connaît un repos de végétation en hiver. Pendant la période de végétation, la croissance est très rapide (d'avril à septembre).

□ **Rempotage.** En mars-avril, tous les 2 ans, après avoir taillé la moitié du

Serissa (*Serissa japonica*).
Age ≃ 20 ans. Hauteur ≃ 25 cm. Style «Neagari».
Photo : juin.

chevelu des racines. Rempoter avant l'éclosion des fleurs.

□ **Terre.** Le Serissa prospère dans un mélange de 1/3 de terre végétale argileuse, 1/3 de terre de bruyère et 1/3 de sable.

□ **Taille.** Après le rempotage et la taille des racines, on pratique une taille des branches et des rameaux, ce qui dégage une odeur fétide. Il n'y a pas de pinçage.
● *Taille des feuilles.* Inutile, car elles sont

STYLES

Chokkan Shakan Kengai Bankan Tachiki Han-Kengai Hōkidachi Sharimiki Fukinagashi Neagari Sekijōju Ishitsuki Nejikan Takozukuri Sabamiki

déjà toutes petites et n'ont par conséquent pas besoin d'être raccourcies.

● *Taille des branches.* Après un rempotage (entre avril et fin octobre), on rabat les jeunes pousses en ne laissant que 1 ou 2 paires de feuilles, dès que les rameaux ont grandi dans tous les sens. Il faut garder le Serissa compact et dru. On ne taille pas pendant la floraison.

● *Taille de structure.* Tous les 2 ou 3 ans, il peut être nécessaire de tailler sévèrement le Serissa jusqu'au bois.

● *Taille des fleurs.* Retirer les fleurs dès qu'elles fanent, afin d'augmenter la floraison.

☐ **Ligature.** Le bois du Serissa est tendre et l'arbre se prête à toutes les formes. On ligature aisément du bas vers le haut, avec un fil de cuivre mince, sans serrer, pour ne pas blesser l'écorce. On pose le fil en juin que l'on retire en septembre, et tous les ans on recommence jusqu'à ce que la forme désirée soit atteinte. Passer du mastic cicatrisant s'il y a blessure.

☐ **Arrosage.** L'été, il faut davantage d'eau que l'hiver. Le Serissa est un arbre qui aime l'humidité. Les racines se dessèchent vite. Toutefois, il faut laisser sécher la motte entre deux arrosages.

☐ **Vaporisation.** Le *Serissa*, d'origine tropicale, aime une chaleur humide. Vaporiser le feuillage tous les jours, c'est très important. Toutefois, éviter de vaporiser les fleurs : l'eau les ferait faner. On peut placer le Serissa dans son pot sur un lit de gravier. Le trop-plein d'eau s'écoule dans les graviers, puis s'évapore petit à petit en recréant une atmosphère humide.

☐ **Engrais.** En bouteille, en poudre ou liquide, du départ de la végétation au repos de la végétation, une fois tous les 15 jours. Pas d'engrais en juillet-août, ni après un rempotage. Diminuer légèrement l'apport d'engrais quand l'arbre est en fleur. En hiver, si le Serissa est situé dans un endroit chaud, on peut lui donner un peu d'engrais.

■ *parasites et maladies*

☐ **Parasites**

● **Araignées rouges.** Voir p. 28.
● **Pucerons.** Voir p. 30.
● **Cochenilles diaspines et lécanines.** Voir p. 29.
● **Escargots.**
Symptômes. Pousses, feuilles mordues. Surface foliaire réduite. Présence d'un voile blanc qui protège les escargots.
Remèdes. Ramasser les escargots. Eviter un excès d'humidité au niveau de la terre. Utiliser des molluscicides par contact ou ingestion.

☐ **Maladies**

● **Pourriture des racines.** Voir p. 31.
● **Pourriture grise ou maladie de la toile.**
Symptômes. Les feuilles présentent des taches gris-brun associées à de la pourriture grise autour du limbe et progressant sur toute la surface. Les feuilles sèchent et tombent, les rameaux se nécrosent, les boutons floraux avortent et les fleurs fanent.
Remèdes. Bien aérer, éviter l'excès d'eau et les différences de température. Tailler les rameaux malades. Pulvériser des fongicides de synthèse. Attention aux risques de phytotoxicité.

N.B. Le dosage de l'arrosage est très délicat sur le Serissa. Il lui faut un bon drainage, afin que l'eau ne stagne pas, ce qui lui ferait perdre ses feuilles, ses fleurs, et entraînerait sa mort. Une bonne circulation de l'air et une grande luminosité lui sont nécessaires pour éviter tout risque de maladies.

Sôkan   Kabudachi   Korabuki   Ikadabuki   Netsunagari   Sôju   Sambon-Yose   Gohon-Yose   Nanahon-Yose   Kyûhon-Yose   Tsukami-Yose   Bonkei   Kusamono   Plantations saisonnières   Yose-Ue

Espèces	Rempotage	Taille	Ligature	Arrosage Vaporisation	Engrais
BONSAÏ D'EXTÉRIEUR					
● Conifères					
pour tous les arbres	tous les 3 à 5 ans				sauf juil. et août
CEDRUS	mars/avril	**pousses** : printemps/été **branches** : printemps/automne	fin de l'automne pendant ± 10 mois	abondant : printemps/été; diminuer en automne	après la pousse jusqu'en oct.
CHAMAECYPARIS	mars/avril	**pousses** : période végétation **rameaux** : mars/avr. sept./oct.	fin de l'automne pendant ±10 mois	abondant surtout en été	avr. à oct.
CRYPTOMERIA	avril	**pousses** : printemps à automne **rameaux** : printemps	de la fin du printemps à l'été	fréquent du printemps à l'automne; abondant	avr. à oct.
GYNKGO BILOBA	mars	**pousses** : printemps **branches** : mars; **structure** : févr.	de l'automne à la fin de l'été	abondant; laisser sécher entre 2 arrosages	avr. à oct.
JUNIPERUS CHINENSIS	mars	**pousses** : printemps à automne **rameaux** : mars - avr. sept. - oct.	automne pendant environ 8 mois	abondant; laisser sécher entre 2 arrosages	printemps et automne
JUNIPERUS RIGIDA	début avril	**pousses** : printemps à automne **rameaux** : mars	automne pendant 8 à 10 mois	abondant; laisser sécher entre 2 arrosages	printemps et automne
LARIX	avril	**pousses** : période végétation; **rameaux** : avr.; **structure** : janv./févr.	du début de l'été à l'automne	abondant et fréquent	printemps et automne
PICEA	avril	**pousses** : avr. **rameaux** : printemps → début automne	fin de l'automne pendant 9 à 10 mois	abondant; laisser sécher entre 2 arrosages	printemps et automne
PINUS	avril	**pousses** : avril **branches** : oct.	automne et hiver	régulier et abondant préfère l'air sec	printemps et automne
PINUS PENTAPHYLLA	mars/avril	**pousses** : avril **branches** : oct.	d'oct. à mars	régulier et modéré; vaporiser en été	printemps et automne
TAXUS	mars	**pousses** : printemps à automne **branches** : printemps ou automne	de sept. à mars	régulier et modéré	printemps et automne
● A feuilles caduques					
pour tous les arbres	tous les 2 à 3 ans				sauf juil. et août
ACER PALMATUM	mars/avril	**feuilles** : juin; **pousses** : mars à sept.; **branches** : pér. végét.; **structure** : janv./févr.	fin du printemps; pendant 6 mois; protéger avec raphia	modéré; laisser sécher entre 2 arrosages; vaporisation fréquente	printemps et automne
ACER TRIFIDUM	mars/avril	**pousses** : période végétation; **branches** : pér. végét.; **structure** : février	rare; juin, juillet, août; protéger avec raphia	abondant du printemps à l'automne; diminuer en hiver	printemps et automne
BETULA	mars	**pousses** : mars à nov. **branches** : période végétation	printemps à été; protéger avec raphia	léger et fréquent; air sec	printemps et automne
CARPINUS	mars	**pousses** : printemps; **branches** : pér. végétation; **structure** : févr.	rare printemps - été	abondant; diminuer en hiver; vaporiser en été	printemps et automne
CELTIS	mars	**pousses** : printemps → fin été; **rameaux** : pér. végétation; **branches** : mars/avril	printemps à automne; protéger avec raphia	abondant en période chaude; laisser sécher entre 2 arrosages	printemps et automne
FAGUS	mars	**pousses** : fin printemps; **feuilles** : juin, tous les 2 ans; **branches** : après rempotage; **structure** : févr.	entre printemps et automne pendant 3 mois	abondant; diminuer en hiver; vaporiser fréquemment	printemps et automne
QUERCUS	mars/avril	**pousses** : début été, **rameaux** : pér. végét.; **structure** : fin févr.	printemps à automne façonner de préférence par taille	abondant printemps/été; laisser sécher entre 2 arrosages	printemps et automne
SALIX	2 fois l'an, début printemps, début été	**pousses** : début printemps; **rameaux** : après rempotage et fin automne	printemps et été; protéger avec raphia	abondant; garder légèrement humide; vaporisation fréquente	printemps et automne
ULMUS	entre début printemps et été	**pousses** : période végétation; **rameaux** : pér. végét.; **feuilles** : juin; **structure** : févr.	rare; fin juin à oct.	abondant en été; diminuer mi-automne et hiver; vaporisation : printemps et été	printemps et automne
ZELKOVA	mars	**pousses** : printemps à automne; **rameaux** : pér. végétation; **feuilles** : juin; **structure** : févr.	rare; du débourement des bourgeons → oct.	abondant été, sinon modéré; laisser sécher entre 2 arrosages; vaporisation : été	printemps et automne
● A fleurs et à fruits					
pour tous les arbres	tous les 1 ou 2 ans selon espèce et âge				sauf juil. et août
BERBERIS	mars/avril	**rameaux** : après floraison; **pousses** : après floraison → sept.; **branches** : pér. végétation	possible toute l'année sur branches aoûtées; fil posé 4 à 6 mois	abondant par temps chaud; bien laisser sécher, craint humidité; vaporiser en été	après floraison - octobre/novembre
CAMELIA	mai/juin	**rameaux** : dès les fleurs fanées	de fin du printemps à fin de l'hiver; 3 à 4 mois; protéger avec raphia	abondant en été, diminuer en sept.; laisser faner avant floraison; vaporiser hors floraison	après floraison et en automne
CHAENOMELES	octobre ou après floraison	**rameaux** : après floraison; **branches** : juin à sept.	du printemps à la fin de l'été; pendant 4 mois	régulier; modéré avant floraison; vaporiser en été	après floraison → septembre parcimonieux

DES SOINS

Espèces	Rempotage	Taille	Ligature	Arrosage Vaporisation	Engrais
● A fleurs et à fruits (suite)					
COTONEASTER	mars	**pousses** : juin; **rameaux** : sept.; **branches** : mars; **structure** : févr.	avant débourement; protéger avec raphia	peu fréquent; bien mouiller et bien laisser sécher; vaporisation nécessaire	printemps et automne
CRATAEGUS	début printemps → début automne	**pousses** : quand elles durcissent **rameaux** : juin-juil.; **branches** : avant floraison **ou** après fructification	du printemps à l'automne; protéger avec raphia	abondant et fréquent; vaporiser par temps chaud et sec	après la pousse printanière et en automne
ENKIANTHUS	mars	**rameaux** : après floraison, avant que les nouvelles pousses ne durcissent **branches** : sept.	du printemps à l'automne	abondant, de l'apparition des feuilles à l'automne	printemps et automne
ILEX	mars	**pousses** : période de végétation; **rameaux** : pér. végétation; **branches** : mars; **structure** : févr.	du printemps à l'été protéger avec raphia	abondant de l'éclosion des fleurs → apparition des fruits, sinon modéré; laisser sécher la terre; vaporiser fréquemment	printemps et automne
JASMINUM	février avant floraison **ou** après chute des feuilles	**pousses** : printemps et juillet; **rameaux** : après floraison; **structure** : janv.	du printemps à l'été protéger avec raphia	abondant; laisser sécher entre 2 arrosages	après la floraison et en automne
LESPEDEZA	mars/avril	**rameaux** : mai à sept. **structure** : févr.	du printemps à fin été; protéger jeunes rameaux avec raphia	plus abondant à formation bourgeons floraux, sinon modéré	davantage d'engrais au printemps qu'à l'automne
MALUS	mars/avril	**pousses** : après croissance; **rameaux** : après floraison; ≃ juil.; **branches** : mars/avr.	du printemps à automne protéger avec raphia	modéré; plus abondant à formation bourgeons floraux; bassiner hors floraison	après floraison printemps et automne
MILLETIA RETICULATA	mars	**rameaux** : après floraison, avant apparition pousses; **branches** : à l'automne	du printemps à l'été	abondant; peut être trempé; vaporiser régulièrement	davantage d'engrais au printemps qu'à l'automne
MORUS	avril	**pousses** : printemps - automne; **rameaux** : après floraison; **branches** : avant débourement	du printemps à l'été protéger avec raphia	**très** abondant mais laisser sécher entre 2 arrosages; vaporiser hors floraison	davantage d'engrais au printemps qu'à l'automne
PARTHENOCISSUS	mars	**rameaux** : après feuillaison **feuilles** : juin	printemps et été	abondant; vaporiser hors floraison	printemps - automne
PRUNUS AMYGDALUS	soit début printemps soit après floraison	**rameaux** : après floraison; **branches** : fin été et oct.	printemps et été	plus abondant avant floraison; vaporiser après floraison	printemps et automne hors floraison
PRUNUS MUME	après la floraison	**rameaux** : après floraison; **branches** : 1 mois après floraison	de fin du printemps à automne	abondant lors des bourgeons et floraison; vaporiser après floraison	après la floraison; printemps et automne
PUNICA GRANATUM	quand le feuillage s'ouvre	**pousses** : début printemps et fin automne; **rameaux** : après floraison → automne	de fin du printemps à été	abondant l'été; léger l'hiver; vaporiser hors floraison	printemps - automne hors floraison
PYRACANTHA	mars/avril	**rameaux** : après floraison et en automne; **branches** : févr.	toute l'année; pas plus de 6 mois sur l'arbre	abondant avant et après floraison	printemps et automne
RHODODENDRON	après floraison	**rameaux** : après floraison; **branches** : lors du rempotage	du printemps à l'automne	fréquent; maintenir légèrement humide; vaporisation nécessaire	hors floraison; léger; printemps et automne
SPIRAE	mars/avril	**rameaux** : après floraison	pas de ligature	abondant	hors floraison; printemps et automne
SYRINGA	avant la floraison	**rameaux** : après floraison; début printemps et fin automne; **branches** : févr.	printemps/été	abondant en été, diminuer pendant floraison; vaporiser en été	beaucoup; après floraison; automne
WISTERIA	juste après floraison	**rameaux** : après floraison et automne; **branches** : après floraison	du printemps à l'automne	abondant; vaporiser après floraison	beaucoup, printemps et automne
BONSAÏ D'INTÉRIEUR					
pour tous les arbres	tous les 2 ou 3 ans selon espèce et âge	retirer les feuilles jaunes et les fleurs fanées		vaporisation quotidienne	tous les 15 jours : alterner engrais liquide et solide pour la plupart des espèces
AMPELOPSIS	avril	**rameaux** : après la sortie des feuilles et la repousse; **feuilles** : été; **structure** : janv.	du printemps à l'été	peu, quand les feuilles sont tombées; régulier; laisser sécher	printemps - automne
ARALIA	avril	**rameaux** : du printemps à l'automne; **branches** : printemps	rare; possible toute l'année; de préférence lors des fortes chaleurs	abondant	printemps - automne une fois en hiver
ARAUCARIA	avril/mai	**pousses** : avril/mai; **branches** : départ de végétation	possible toute l'année; pas de fil plus de 4 mois	régulier; laisser sécher entre 2 arrosages	printemps et automne
BAMBUSA	entre mai et sept.	**rejets** : printemps; **clones** : avant déroulement	à la formation, sinon pas de ligature	abondant et fréquent	printemps et automne engrais style gazon
BOUGAINVILLEA	avril/mai	**pousses** : après floraison; **rameaux** : ap. floraison; **branches** : janv./févr.	quand branches lignifiées; de 3 à 5 mois	fréquent : régulièrement et modérément; tous les jours en été	après floraison et en automne

suite du tableau p. suivante

Agenda des soins (suite)

Espèces	Rempotage	Taille	Ligature	Arrosage Vaporisation	Engrais
			BONSAÏ D'INTÉRIEUR (suite)		
pour tous les arbres	tous les 2 ou 3 ans selon espèce et âge	retirer les feuilles jaunes et les fleurs fanées		vaporisation quotidienne	tous les 15 jours : alterner engrais liquide et solide pour la plupart des espèces
BUXUS	avril/mai	**rameaux** : pendant période de végétation	possible toute l'année ; pas plus de 2 mois	abondant ; laisser sécher entre 2 arrosages	printemps et automne ; une fois en hiver
CARAGANA	avril	**rameaux** : après floraison et tout au long période de végétation	quand branches aoûtées ; durée : 6 semaines mais possible toute l'année	modéré ; supporte la sécheresse	printemps et automne
CARMONA	avril	**rameaux** : du printemps à l'automne **branches** : févr.	rare ; quand branches aoûtées ; 8 sem. à 3 mois ; mais possible toute l'année	abondant ; laisser sécher entre 2 arrosages	mars à juin et sept.
CRASSULA	avril/mai	**pousses** : période végétation ; **rameaux** : pér. végét. ; **branches** : entre avr. et oct.	rare ; quand branches aoûtées ; durée : 6 semaines	peu d'eau en hiver, modéré en été ; vapo. peu nécessaire	mai à juin et sept.
CYCAS	avril	tailler les palmes fanées	pas de ligature	peu d'eau en hiver, modéré en été ; vapo. + importante été qu'hiver	printemps et automne
DRACAENA CORDYLINE	avril/mai	**branches** : printemps, toutes les branches pour ramifier l'arbre	rare et peu recommandé ; courant de l'été	peu d'eau en hiver, modéré en été ; vapo. quot. en période de végétation	printemps et automne
FICUS	avril/mai	**rameaux** : période végétation ; **branches** : févr. ; **feuilles** : juin	quand rameaux aoûtés ; pas plus de 8 sem. mais possible toute l'année	modéré ; davantage l'été que l'hiver	printemps et automne ; 1 fois en hiver
GARDENIA	fin du printemps	**rameaux** : après floraison - sept.	quand rameaux aoûtés ; protéger avec raphia	peu d'eau en hiver, modéré en été ; augmenter avant floraison	après floraison et en automne
MURRAYA	avril début mai	**rameaux** : période végétation ; **branches** : printemps	possible toute l'année ; durée maximale : 10 semaines	sol humide ; régulier	printemps et automne ; 1 fois en hiver
NANDINA	avril	**rameaux** : période végétation	rare printemps - été	modéré - régulier	printemps et automne
PODOCARPUS	fin du printemps	**pousses** : période végétation ; **rameaux** : après forte croissance	quand rameaux aoûtés ; 8 à 10 sem. ; mais possible toute l'année	régulier - modéré	printemps et automne ; 1 fois en hiver
RHAPIS	mars avril	tige principale si présence de rejets latéraux, sinon pas de taille	ne se ligature pas	peu d'eau	printemps et automne
SAGERETIA THEEZANS	avril mai	**rameaux** : période végétation ; **branches** : début printemps	quand rameaux aoûtés ; 6 à 8 sem. mais possible toute l'année	plus abondant l'été que l'hiver ; régulier	printemps - automne
SCHEFFLERA	mars	**rameaux** : printemps **branches** : printemps	très rare	peu d'eau ; vaporisez de temps en temps	printemps - automne
SERISSA	mars avril	**rameaux** : avril à fin oct. sauf pér. floraison ; **structure** : tous les 3 ans en févr.	juin à septembre	plus abondant été qu'hiver ; laisser sécher entre 2 arrosages	printemps et automne, diminuer en pleine floraison

GLOSSAIRE

Aciculaire En forme d'aiguille (feuilles du pin).

Acuminé Se dit d'un organe qui se termine en pointe (feuilles, fruit).

Aisselle Angle aigu formé par une branche latérale avec une tige, ou par une feuille avec une branche.

Alterne Se dit des feuilles ou des branches disposées en quiconce sur la tige.

Aoûté Se dit d'un rameau qui commence à durcir et à brunir, avec des yeux formés.

Auriculé Se dit principalement des feuilles munies à la base d'expansions foliacées, arrondies, qui prolongent sous la naissance du limbe. (Auricule : lobe ou bout d'oreille).

Bractée Petite feuille située près d'une fleur, au niveau du pédoncule, différente des autres feuilles par la forme et la couleur.

Cuprique Se dit d'un produit à base de cuivre.

Chaton Inflorescence allongée et recourbée.

Dioïque Se dit de plantes ou d'arbres unisexués, qui portent des fleurs mâles et des fleurs femelles sur des pieds différents, séparés.

Fasciculé Réuni en faisceau. Se dit de fleurs ou de feuilles réunies en forme de bouquets.

Lancéolé En forme de fer de lance (épi, feuille ou pétale).

Marcescent Qui se flétrit. Des feuilles marcescentes sèchent à l'automne, restent sur l'arbre en hiver et tombent au printemps avec le débourrement des nouveaux bourgeons.

Mucron Petite pointe épaisse et aiguë au sommet des feuilles.

Obovoïde ou oboval En forme d'œuf renversé, plus large dans le haut que dans le bas.

Œil Mot désignant les jeunes bourgeons des arbres et arbustes.

Pubescent Garni de poils très fins, comme un duvet : tige, feuille *pubescente*.

Radicelles Ramifications de la racine.

Ressuyer Laisser la terre de la plante sécher.

Réticulé Marqué de nervures formant un réseau. Organes couverts de lignes fines et entrecroisées comme un filet.

Samare Fruit sec, aplati, prolongé aux bords et au sommet par une aile membraneuse, comme celui de l'akène ailé.

Spinescent Qui porte des épines faibles et peu piquantes.

Stomate Ouverture microscopique dans l'épiderme des parties vertes d'un arbre ou d'une plante, à travers laquelle se réalise les échanges gazeux avec l'atmosphère.

Systémique (produit) produit curatif qui sera véhiculé par la sève de l'arbre : le parasite s'empoisonnera en se nourrissant de son « hôte ».

LES MYSTÈRES DU MONDE DES OISEAUX

Ian Wallace, Rob Hume et Rick Morris

Conception : Teresa Foster,
Anne Sharples, Sally Godfrey,
Lesley Davey et Polly Dawes

Illustrations : David Quinn,
Alan Harris, David Mead,
Wayne Ford et Ian Jackson

Dessins humoristiques : John Shackell
Traduction : Hélène Costes

Dépôt légal n° 4155 - Mars 1985
ISBN 2-261-01549-6
Imprimé en Grande-Bretagne

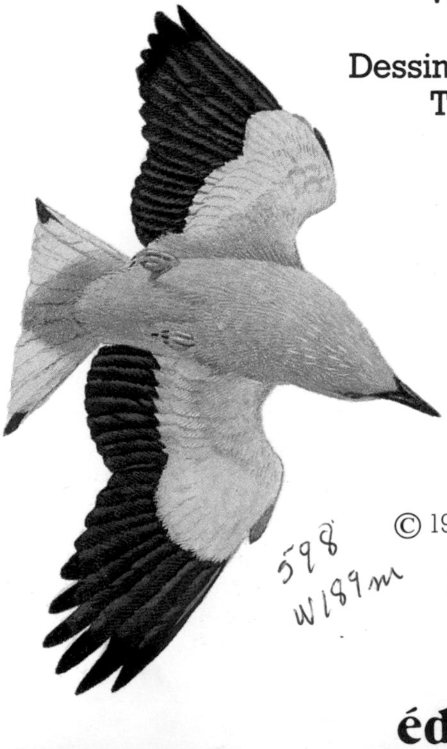

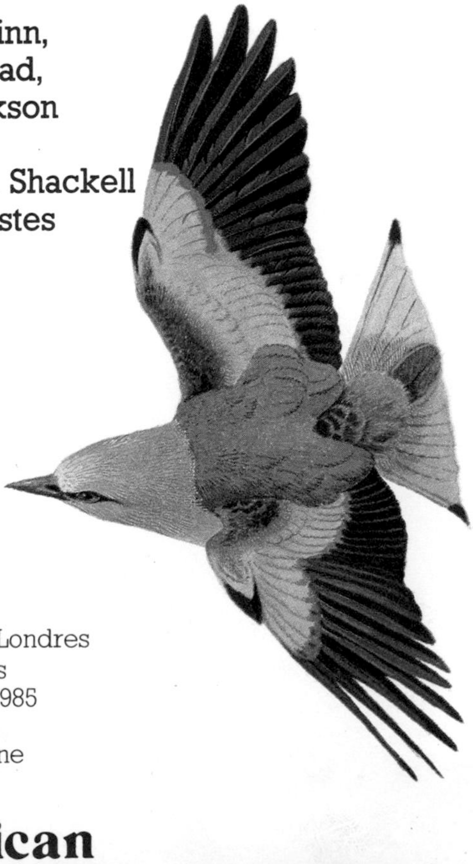

éditions du pélican

Sommaire

Le quetzal, d'Amérique centrale, était adoré par les Aztèques comme « le dieu de l'air ».

Pour ne pas abîmer sa longue traîne de plumes, le mâle se laisse tomber en arrière de son perchoir avant de s'envoler. Quand il couve les œufs, la traîne dépasse de près de 30 cm du nid.

Le vautour royal des forêts d'Amérique centrale et du Sud a la tête dénudée mais très colorée. Il est probablement l'un des rares oiseaux qui trouvent leur nourriture grâce à l'odorat.

Veuve à longue queue d'Afrique

Le paradisier bleu de Rodolphe fait une parade éblouissante, la tête en bas.

Pour attirer une femelle, le tétras centrocerque gonfle ses poches pectorales et déploie sa queue de plumes rigides.

Pourquoi ce livre ?

Il existe plus de 8 600 espèces d'oiseaux, et on en découvre encore de nouvelles. Au total, près de 100 000 millions d'oiseaux volent, marchent ou nagent de par le monde. On en trouve dans les mines de charbon et au sommet des montagnes, dans les jungles, les villes et les déserts, sur les océans et la glace des pôles. Où que tu ailles, ou presque, tu verras des oiseaux. Cet album présente de nombreuses espèces, en mettant l'accent sur les aspects les plus curieux et les plus inattendus de leur vie.

Il y a des oiseaux plus petits que des papillons, et d'autres plus grands que des hommes. Certains sont de grands voyageurs, qui font véritablement le tour du monde dans les airs. D'autres sont incapables de voler. Tu découvriras dans ces pages des oiseaux qui dansent, des vautours végétariens, des mangeurs d'os, des perroquets qui dorment la tête en bas, un héron qui pêche à l'appât, et un engoulevent qui dort tout l'hiver.

Cet ouvrage fait apparaître la beauté fascinante des oiseaux. Il montre aussi qu'il nous reste encore beaucoup à apprendre sur leur façon de vivre.

Le coq de roche parade dans les jungles de Surinam, en Amérique du Sud.

Le podarge d'Australie ressemble à une branche morte.

Spatule rose

Jeune podarge

Il se nourrit en filtrant l'eau avec son bec.

Vrai ou faux ?

Essaie de répondre aux questions posées et vérifie page 32 si tu as trouvé juste.

Des plumes de rêve

Les oiseaux ne sont pas les seuls animaux qui volent — les chauves-souris et les insectes volent aussi. En revanche, ce sont les seuls animaux qui ont des plumes. Elles leur servent à se protéger du froid, à voler, à se camoufler ou à séduire.

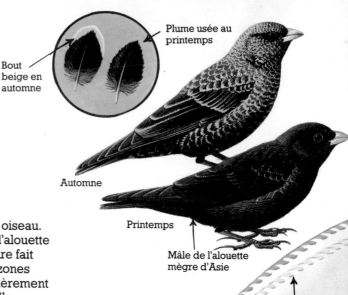

Plume usée au printemps

Bout beige en automne

Automne

Printemps

Mâle de l'alouette mègre d'Asie

Noirci par le temps ▶

L'usure des plumes peut changer les couleurs d'un oiseau. Dans son nouveau plumage d'automne, le mâle de l'alouette mègre d'Asie est moucheté de beige. Comme l'usure fait disparaître les extrémités beiges des plumes, des zones noires apparaissent. Au printemps, l'oiseau est entièrement noir comme du jais. Il est prêt à courtiser une femelle.

Chaque plume a 60 cm de long.

Le « chevrotement » se produit ici.

De longues plumes ▶

Beaucoup d'oiseaux ont de longues plumes sur la tête, la queue ou les ailes.

Quand il parade devant les femelles, le paradisier du roi de Saxe dresse les deux plumes de sa tête et bondit de branche en branche.

Paradisier du roi de Saxe mâle

◀ Des plumes musicales

La bécassine des marais exécute un vol piqué lors de sa parade nuptiale aérienne. En plongeant, elle fait entendre une sorte de bêlement « hee-ee-ee-ee-ee-ee-eeh », appelé « chevrotement ». Ce son est produit par l'air qui passe à travers les plumes rigides déployées de chaque côté de sa queue.

Colibri à gorge rouge

Tout compte fait

Le cygne chanteur a plus de 25 000 plumes. Beaucoup plus petit, le grèbe à bec bigarré a un plumage bien plus dense avec 15 000 plumes. Le minuscule colibri à gorge rouge, qui n'a que 940 plumes, en a pourtant plus par centimètre carré que le cygne.

Cygne chanteur

Grèbe à bec bigarré

4

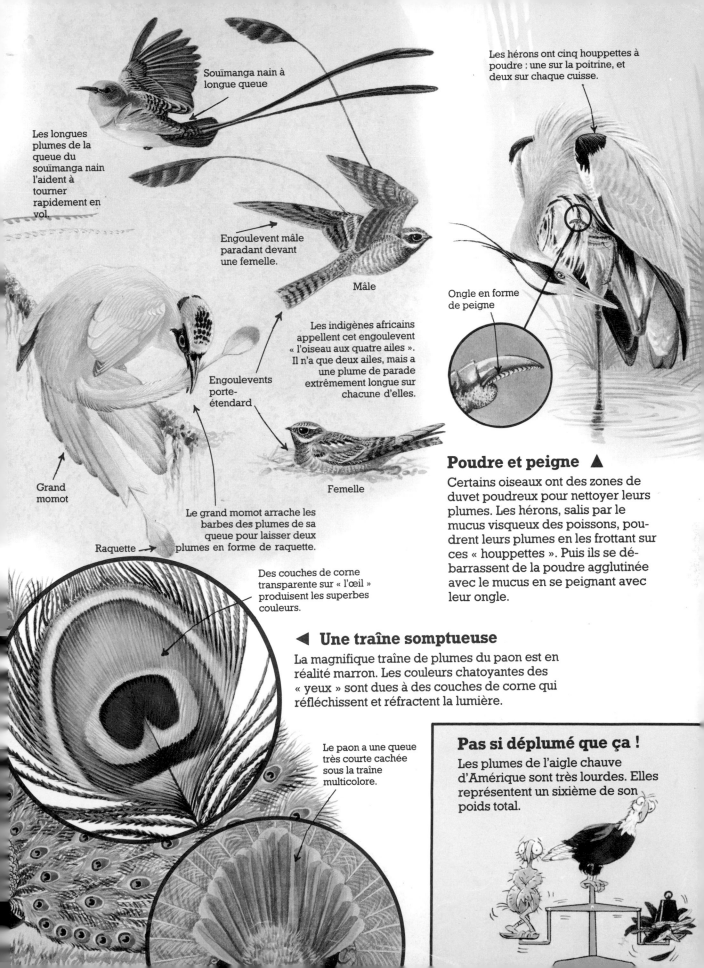

Souïmanga nain à longue queue

Les longues plumes de la queue du souïmanga nain l'aident à tourner rapidement en vol.

Engoulevent mâle paradant devant une femelle.

Mâle

Les indigènes africains appellent cet engoulevent « l'oiseau aux quatre ailes ». Il n'a que deux ailes, mais a une plume de parade extrêmement longue sur chacune d'elles.

Engoulevents porte-étendard

Grand momot

Raquette

Le grand momot arrache les barbes des plumes de sa queue pour laisser deux plumes en forme de raquette.

Femelle

Les hérons ont cinq houppettes à poudre : une sur la poitrine, et deux sur chaque cuisse.

Ongle en forme de peigne

Poudre et peigne ▲

Certains oiseaux ont des zones de duvet poudreux pour nettoyer leurs plumes. Les hérons, salis par le mucus visqueux des poissons, poudrent leurs plumes en les frottant sur ces « houppettes ». Puis ils se débarrassent de la poudre agglutinée avec le mucus en se peignant avec leur ongle.

Des couches de corne transparente sur « l'œil » produisent les superbes couleurs.

◄ Une traîne somptueuse

La magnifique traîne de plumes du paon est en réalité marron. Les couleurs chatoyantes des « yeux » sont dues à des couches de corne qui réfléchissent et réfractent la lumière.

Le paon a une queue très courte cachée sous la traîne multicolore.

Pas si déplumé que ça !

Les plumes de l'aigle chauve d'Amérique sont très lourdes. Elles représentent un sixième de son poids total.

En quête de nourriture

Les oiseaux n'ayant pas de mains, ils doivent se servir de leur bec et de leurs pattes pour trouver leur nourriture.

Pêche à l'appât ▶

La plupart des hérons attendent patiemment pour attraper des poissons, mais le héron vert utilise un appât pour les attirer. Il s'approche doucement du bord de l'eau avec un insecte capturé exprès, et le laisse tomber dans l'eau. Puis il attend, parfaitement immobile, que de petits poissons s'approchent de l'appât. Si l'insecte est entraîné par le courant, le héron va le chercher et le remet en place.

Il dépose l'insecte...

La mandibule supérieure a 5 cm de long.

Ciseau et harpon ▶

Un oiseau d'Hawaii, l'akiapolauu, a un bec unique pour trouver sa nourriture dans les troncs d'arbres morts. La partie supérieure de son bec est longue et recourbée, et l'oiseau la tient en suspens tandis qu'il frappe le tronc avec sa mandibule inférieure, plus courte et en forme de ciseau à bois. Il harponne avec sa mandibule supérieure les insectes et les larves délogés.

... attend...

... et d'un rapide coup de bec attrape un poisson.

Le courlan nourrit même ses petits d'escargots.

Le milan de Floride ne se nourrit que d'escargots.

Un repas d'escargots

Un escargot d'eau des marais de Floride constitue l'ordinaire de deux oiseaux. Le courlan, aux longues pattes et au long bec, marche dans l'eau à la recherche des escargots qui se trouvent sur les plantes aquatiques. Le milan de Floride — un curieux oiseau de proie — doit attendre que les escargot se rapprochent de la surface à la fraîcheur du jour. Le milan les saisit dans ses serres, et va se poser sur une branche. Avec son bec recourbé, il extirpe l'escargot de sa coquille.

Vrai ou faux ?

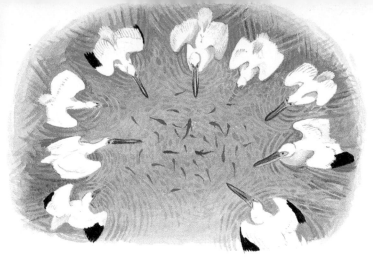

Pélican
blanc

L'énorme poche fait
un excellent filet de pêche. Elle se contracte
pour évacuer l'eau. Le pélican n'a plus qu'à
avaler le poisson.

Rabatteurs de poissons ▲

Un groupe de pélicans blancs peut se disposer en
fer à cheval pour « rabattre » des poissons en eau
peu profonde. Battant des ailes et des pattes, ils
ramènent le poisson devant eux. Toutes les quinze
à vingt secondes, comme à un signal donné, ils
plongent leur bec dans l'eau et ramassent les
poissons pris au piège. Environ un sur cinq de ces
plongeons est fructueux. Un pélican mange à peu
près 1,200 kg de poisson par jour.

Ecole Guillaume Vignal

Un garde-manger astucieux ▼

Le pic glandivore vit en petites bandes dans les
bois de chênes. Il récolte les glands, et, s'il y en a,
des amandes et des noix. En automne, il les stocke
en les coinçant dans des troncs d'arbres de façon
que les écureuils ne puissent pas les en retirer. Le
pic fore les trous avec son bec, et les utilise chaque
année. Les glands stockés permettront à ce pic de
20 à 24 cm de survivre en hiver.

L'effet cuiller à café

Phalarope
roux

Pour créer des tourbillons, le phalarope
roux nage en cercles serrés et tourne sur
lui-même. Cela fait comme lorsqu'on tourne
le café avec une petite cuiller. De petits
animaux vivant dans l'eau sont
probablement entraînés au centre du
tourbillon, où le phalarope peut les attraper.

Pic
glandivore

La harpie, un aigle
d'Amérique du Sud,
mange des singes à
son petit déjeuner.

Écureuil
essayant de
voler des
glands.

Les pics se partagent les
glands, mais chassent
les oiseaux
appartenant à
d'autres bandes.

Par temps doux, il attrape des
insectes en vol — ce qui est
rare pour un pic.

Pirates et éboueurs

La plupart des oiseaux cherchent eux-mêmes leur nourriture, mais certains se débrouillent pour la voler à d'autres. Les oiseaux sont aussi de bons éboueurs, toujours à l'affût d'un repas facile à prendre.

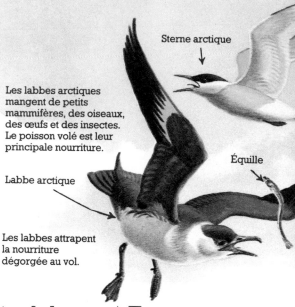

Sterne arctique

Les labbes arctiques mangent de petits mammifères, des oiseaux, des œufs et des insectes. Le poisson volé est leur principale nourriture.

Équille

Labbe arctique

Les labbes attrapent la nourriture dégorgée au vol.

Bien choisir sa victime...

Des bandes de vanneaux et de pluviers dorés se réunissent pour manger des vers qu'ils retirent du sol. Des mouettes rieuses les rejoignent et leur volent des vers quand elles peuvent. Les vanneaux sont les victimes favorites des mouettes, car ils sont plus lents à retirer les vers et plus faciles à rattraper.

Les mouettes peuvent payer de retour les pluviers en les avertissant de la venue de prédateurs.

Mouette rieuse

Pluvier doré

Vanneau

Pirates de la mer ▲▼

Le labbe arctique est un gracieux pirate qui poursuit les autres oiseaux de mer pour les forcer à dégorger les poissons qu'ils ont avalés. La rapidité et l'agilité d'un ou deux labbes en train de poursuivre une mouette ou un sterne sont stupéfiantes. Dans les zones fréquentées par le grand labbe, le labbe arctique poursuit les sternes arctiques, les mouettes tridactyles et les macareux, tandis que le grand labbe s'en prend aux guillemots, aux pingouins, aux macareux et aux fous.

Le grand labbe s'abat aussi sur les mouettes qu'il noie, et pille les nids des oiseaux de mer.

Un nom bien mérité ▼

La frégate superbe a des ailes immenses et une longue queue qui lui sert de gouvernail et de frein. Elle ne se pose jamais sur l'eau et est maladroite sur la terre, mais elle vole à merveille. Les frégates attrapent des poissons volants au ras des vagues et de jeunes tortues de mer sur les plages. Elles se nourrissent aussi de poissons dégorgés par des fous effrayés qu'elles poursuivent sans relâche. Christophe Colomb a décrit dans son journal de bord la façon dont elles poursuivent ces proches parents des fous de Bassan.

Femelle

Mâle

Frégate superbe en train d'attraper un poisson volant.

Frégate superbe poursuivant un fou blanc.

Les labbes arctiques peuvent s'attaquer aux hommes s'ils s'approchent de leur nid.

Gypaète barbu

Sauve-qui-peut !

Les colonies de fourmis guerrières qui traversent les forêts d'Amérique du Sud font fuir les insectes et les petits mammifères. Le fourmilier à face blanche suit les « armées » de fourmis pour profiter de ces proies faciles. Il mange rarement les fourmis.

Briseurs d'os ▲

Un vautour, le gypaète barbu, a vite fait de faire disparaître une carcasse. Il prend un os, l'emporte à une grande altitude, et le laisse tomber sur des roches dures et plates. Le vautour mange la moelle de l'os brisé en morceaux, ou, ce qui est plus étonnant, avale carrément les bout d'os.

Goéland argenté → en train de surveiller les canards.

Tenus à l'œil ▶

Les eiders, les harles et autres canards plongeurs sont souvent épiés par des goélands argentés. Quand ils ramènent des poissons ou des mollusques, les goélands essayent de s'en emparer.

Femelle

Mâle

Eiders plongeant pour chercher des moules. Ils peuvent plonger pendant plus d'une minute jusqu'à vingt mètres de profondeur.

Vrai ou faux ?

Après le bain, les étourneaux se sèchent sur un mouton.

Territoires

Pour construire un nid et mener à bien leur couvée, les oiseaux ont besoin d'un endroit qui soit à l'abri des perturbations et offre une bonne réserve de nourriture. Ils doivent parfois disputer un territoire adéquat à d'autres membres de leur espèce.

Une table réservée ▼

A proximité du territoire de reproduction, le mâle des tadornes de Belon garde aussi un territoire de nourrissage. La femelle va s'y nourrir les courts instants où elle laisse les œufs. Elle conduit ensuite ses petits à cet endroit réservé où d'autres tadornes ne leur disputeront pas la nourriture.

Mâles et femelles ont un plumage chatoyant. Le mâle compte sur son chant pour séduire une femelle.

Territoires d'été de rouges-gorges

Territoires de reproduction

Nid

Hiver

Nourrissage

Les territoires d'hiver sont plus petits.

◀ Voir rouge !

Le chant du rouge-gorge s'entend bien tout autour de son territoire. Cela lui évite de patrouiller aux frontières de son domaine. Au printemps, le chant du mâle signifie aux autres mâles de se tenir à distance, et attire les femelles. La vue d'une poitrine rouge sur son territoire rend le mâle fou furieux. Il attaque les autres mâles, ou parfois son propre reflet, ou même un chiffon rouge accroché à un arbre.

Femelle avec ses canetons

Le nid peut se trouver à une certaine distance du rivage, dans un vieux terrier de lapin.

Tadorne de Belon mâle

Territoires de reproduction

Nourrissage

Cours d'eau

Territoires de tadornes défendus par le mâle.

Ile

Territoire de nourrissage commun

Zones de reproduction

Fous de Bassan

◀ Vie en communauté

Les fous de Bassan se nourrissent de poissons dans la mer. Un territoire de nourrissage individuel n'a pas de raison d'être, car ils gagnent en fait à être en colonies : ils fatiguent le poisson en plongeant et en le poursuivant. Des milliers de fous nichent ensemble, et ne gardent qu'un minuscule territoire — la place nécessaire à un oiseau assis — autour de chaque nid.

Les fous de Bassan nichent sur des falaises et des îles.

Vrai ou faux ?

Les oiseaux-cloches sonnent à l'unisson.

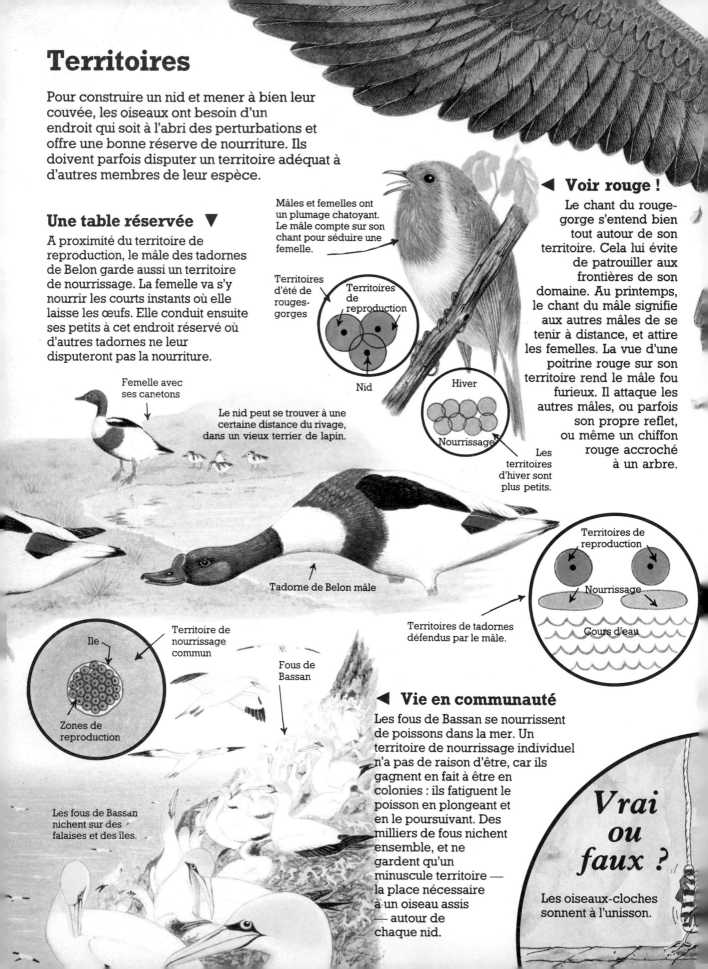

Aigle à queue cunéiforme

Les aigles luttent en plein air et au sol.

Les pics connaissent le tambourinage de leur conjoint et de leur voisin, et identifient les intrus.

▲ Combat d'aigles

Les aigles chassent sur d'immenses étendues, et ne défendent qu'un petit emplacement autour du nid. Mais l'aigle à queue cunéiforme d'Australie combat pour écarter les aigles étrangers de son territoire tout entier. Les aigles peuvent tomber à terre et rester engagés dans une lutte corps à corps une demi-heure durant. Pour tenter d'éviter de tels combats, l'aigle exécute des parades territoriales pour décourager les intrus.

L'aigle exécute des acrobaties aériennes au-dessus de son territoire.

Duo aérien du mâle et de la femelle

Percussion ▶

Les pics ne chantent pas pour marquer leur territoire, mais frappent leur bec contre un tronc d'arbre pour produire un bruit cadencé appelé tambourinage. Les oiseaux perçoivent assez de différences dans la vitesse et le rythme pour se reconnaître entre eux.

Grand pic

La chouette lapone du nord de l'Europe et de l'Amérique a une envergure de 1,50 m.

Un redoutable défenseur ▲

La chouette lapone défend courageusement son nid et ses petits. Elle peut s'attaquer à des hommes et provoquer de graves blessures. Des labbes, des aigles et d'autres rapaces s'attaquent aussi aux hommes pour défendre leur nid.

11

A la saison des amours

Tous les oiseaux ont besoin de se reproduire. Trouver une compagne ou un compagnon qui convienne est d'une importance capitale. En général, le mâle se signale par un chant, un cri retentissant ou un plumage chatoyant destinés à attirer une femelle.

Étonner pour séduire ▶

Ces oiseaux étonnants sont des mâles qui essaient d'impressionner les femelles. Certains, comme le tragopan de Temminck, arborent un plumage spécial ou des excroissances de chair colorée pour la saison des amours. D'autres font apparaître des rayures cachées sur leurs ailes.

Caurale soleil montrant des rayures cachées.

Paradisiers de Raggi mâles

Tragopan de Temminck. Les cornes et la caroncule sont formées par de la chair colorée qui gonfle.

Cornes

Caroncule

◀ Une parade éblouissante

On peut voir jusqu'à dix paradisiers du comte Raggi mâles parader ensemble dans un arbre. Chacun d'eux enlève les feuilles qui pourraient masquer le soleil, et défend son perchoir. Les cris retentissants et les plumes chatoyantes attirent une femelle de couleur terne. Elle choisit le mâle à la parade et au plumage les plus éblouissants. Cet oiseau vedette s'accouplera avec de nombreuses femelles, mais les autres mâles risquent de n'avoir aucune compagne.

Le tragopan est un faisan chinois.

◀ Viens dans mon berceau

En Australie et en Nouvelle-Guinée, les oiseaux à berceau mâles construisent et décorent un « berceau » pour attirer une femelle. En général, plus l'oiseau est terne, et plus son berceau est construit et décoré avec soin. Certains décorent avec des coquilles et des os, ou avec des objets bleus : fleurs, plumes et baies. Quand la femelle arrive, le mâle danse devant elle. Elle examine le berceau, et ils s'accouplent. Elle construit ensuite un nid, et élève seule la couvée.

L'oiseau à berceau satiné peint l'intérieur de son berceau avec du jus de baies bleues en se servant d'un morceau d'écorce comme pinceau.

On a trouvé plus de 500 os et 300 coquilles sur l'arène de danse d'un berceau.

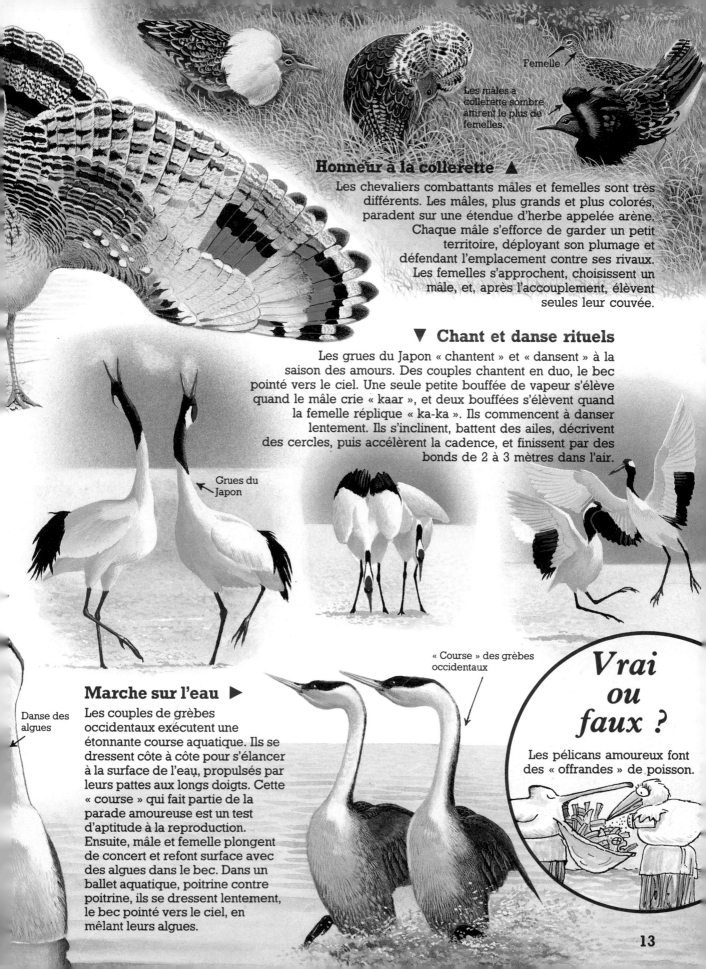

Femelle

Les mâles à collerette sombre attirent le plus de femelles.

Honneur à la collerette ▲

Les chevaliers combattants mâles et femelles sont très différents. Les mâles, plus grands et plus colorés, paradent sur une étendue d'herbe appelée arène. Chaque mâle s'efforce de garder un petit territoire, déployant son plumage et défendant l'emplacement contre ses rivaux. Les femelles s'approchent, choisissent un mâle, et, après l'accouplement, élèvent seules leur couvée.

▼ Chant et danse rituels

Les grues du Japon « chantent » et « dansent » à la saison des amours. Des couples chantent en duo, le bec pointé vers le ciel. Une seule petite bouffée de vapeur s'élève quand le mâle crie « kaar », et deux bouffées s'élèvent quand la femelle réplique « ka-ka ». Ils commencent à danser lentement. Ils s'inclinent, battent des ailes, décrivent des cercles, puis accélèrent la cadence, et finissent par des bonds de 2 à 3 mètres dans l'air.

Grues du Japon

« Course » des grèbes occidentaux

Marche sur l'eau ▶

Danse des algues

Les couples de grèbes occidentaux exécutent une étonnante course aquatique. Ils se dressent côte à côte pour s'élancer à la surface de l'eau, propulsés par leurs pattes aux longs doigts. Cette « course » qui fait partie de la parade amoureuse est un test d'aptitude à la reproduction. Ensuite, mâle et femelle plongent de concert et refont surface avec des algues dans le bec. Dans un ballet aquatique, poitrine contre poitrine, ils se dressent lentement, le bec pointé vers le ciel, en mêlant leurs algues.

Vrai ou faux ?

Les pélicans amoureux font des « offrandes » de poisson.

L'installation du foyer

Beaucoup d'animaux — des mammifères, des insectes et même des poissons — font des nids. Mais les oiseaux construisent les nids les plus étonnants pour abriter leurs œufs.

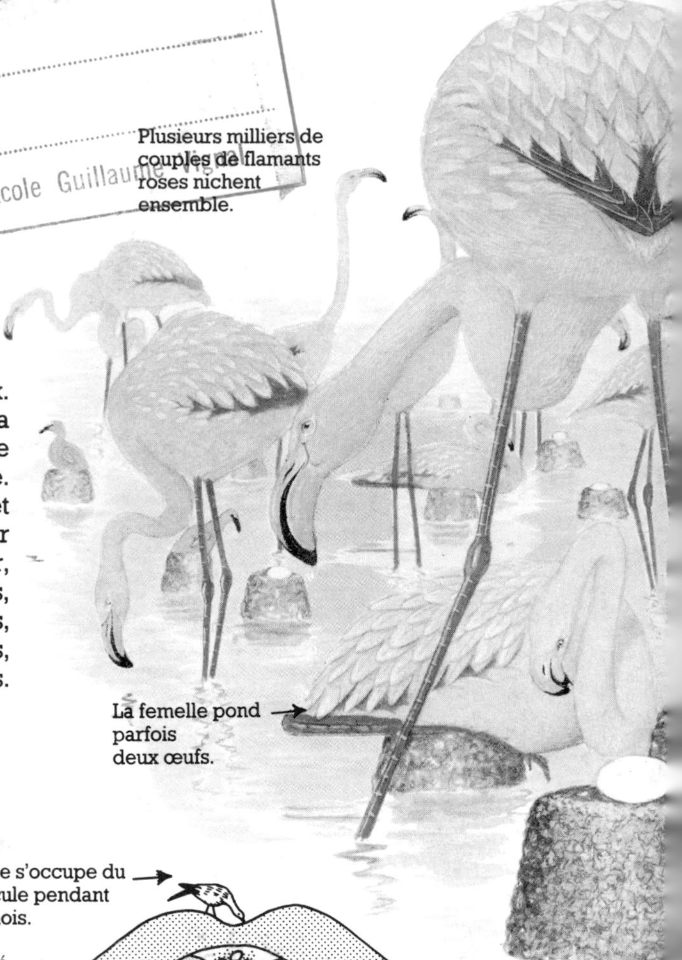

Plusieurs milliers de couples de flamants roses nichent ensemble.

▼ L'incubateur de papa

Le nid du leipoa est le plus grand des nids d'oiseaux. Le mâle édifie un vaste monticule de sable, et remplit la chambre des œufs de matières végétales. La femelle dépose ses œufs dans ce nid, et le mâle le recouvre. Comme un tas de compost, les végétaux pourrissent et fermentent, dégageant assez de chaleur pour incuber les œufs. Le mâle ouvre le nid pour réduire la chaleur, et, la nuit, le recouvre de sable chaud. Les oisillons, qui éclosent avec presque toutes leurs plumes, s'échappent du nid par leurs propres moyens, et peuvent ne jamais voir leurs parents.

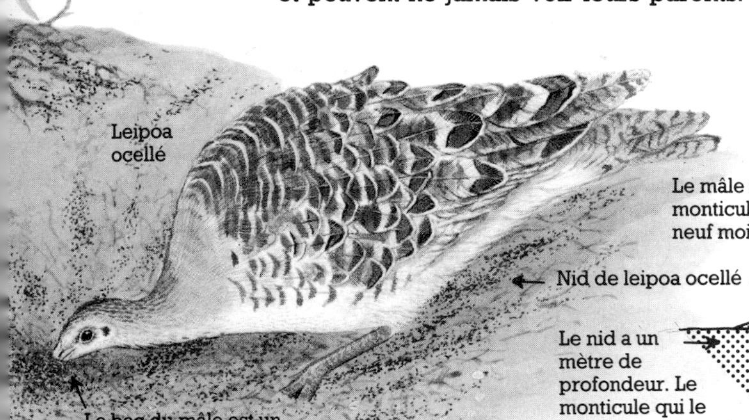

La femelle pond parfois deux œufs.

Leipoa ocellé

Le mâle s'occupe du monticule pendant neuf mois.

← Nid de leipoa ocellé →

Le nid a un mètre de profondeur. Le monticule qui le recouvre peut avoir un mètre de haut et cinq de large.

Le bec du mâle est un « thermomètre » qui lui permet de maintenir le nid à la température constante de 33 °C.

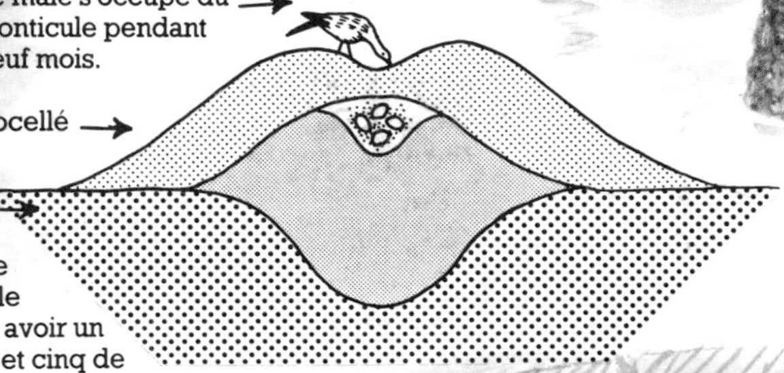

Un coquetier ▼

Le martinet huppé colle de fines lamelles d'écorce avec sa salive pour faire une petite coupe. La coupe, sur une haute branche, est juste assez grande pour contenir un œuf : c'est l'un des plus petits nids qui existent.

Sterne blanche

Vrai ou faux ?

Les perruches nichent avec les termites.

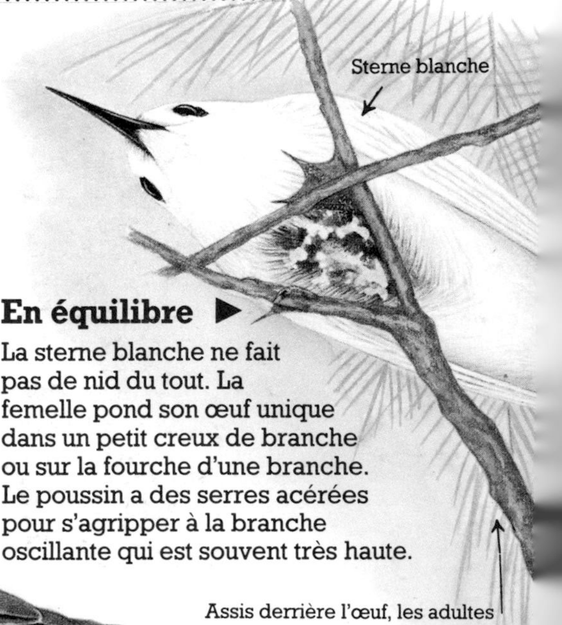

Martinet huppé

En équilibre ▶

La sterne blanche ne fait pas de nid du tout. La femelle pond son œuf unique dans un petit creux de branche ou sur la fourche d'une branche. Le poussin a des serres acérées pour s'agripper à la branche oscillante qui est souvent très haute.

Assis derrière l'œuf, les adultes le couvent à la chaleur des plumes de leur poitrine.

Nid ↗

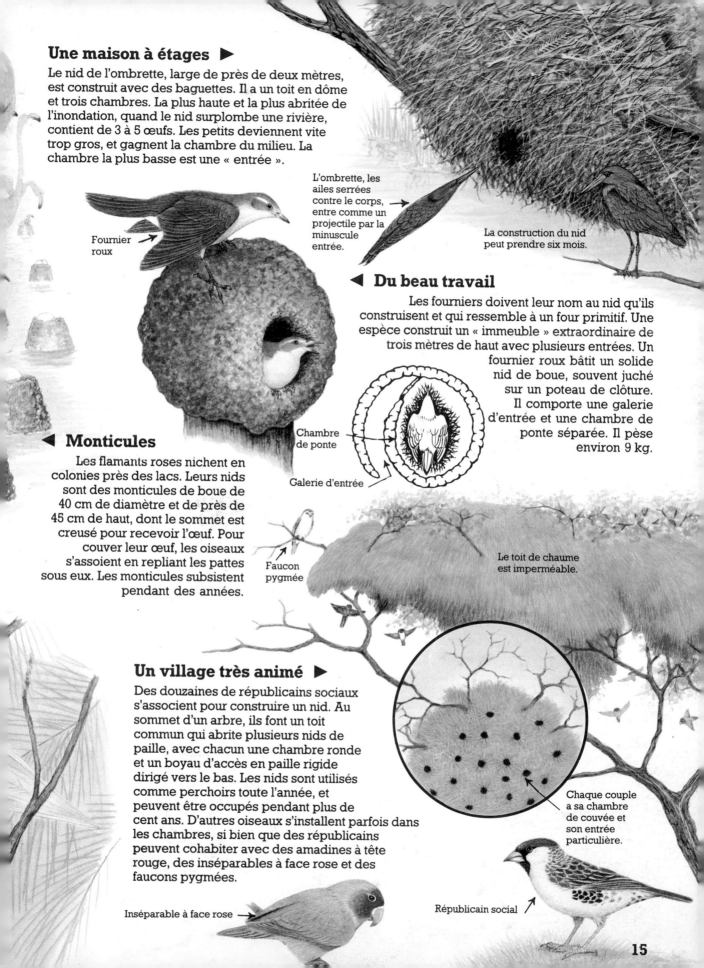

Une maison à étages ▶

Le nid de l'ombrette, large de près de deux mètres, est construit avec des baguettes. Il a un toit en dôme et trois chambres. La plus haute et la plus abritée de l'inondation, quand le nid surplombe une rivière, contient de 3 à 5 œufs. Les petits deviennent vite trop gros, et gagnent la chambre du milieu. La chambre la plus basse est une « entrée ».

Fournier roux

L'ombrette, les ailes serrées contre le corps, entre comme un projectile par la minuscule entrée.

La construction du nid peut prendre six mois.

◀ Du beau travail

Les fourniers doivent leur nom au nid qu'ils construisent et qui ressemble à un four primitif. Une espèce construit un « immeuble » extraordinaire de trois mètres de haut avec plusieurs entrées. Un fournier roux bâtit un solide nid de boue, souvent juché sur un poteau de clôture. Il comporte une galerie d'entrée et une chambre de ponte séparée. Il pèse environ 9 kg.

Chambre de ponte

Galerie d'entrée

◀ Monticules

Les flamants roses nichent en colonies près des lacs. Leurs nids sont des monticules de boue de 40 cm de diamètre et de près de 45 cm de haut, dont le sommet est creusé pour recevoir l'œuf. Pour couver leur œuf, les oiseaux s'assoient en repliant les pattes sous eux. Les monticules subsistent pendant des années.

Faucon pygmée

Le toit de chaume est imperméable.

Un village très animé ▶

Des douzaines de républicains sociaux s'associent pour construire un nid. Au sommet d'un arbre, ils font un toit commun qui abrite plusieurs nids de paille, avec chacun une chambre ronde et un boyau d'accès en paille rigide dirigé vers le bas. Les nids sont utilisés comme perchoirs toute l'année, et peuvent être occupés pendant plus de cent ans. D'autres oiseaux s'installent parfois dans les chambres, si bien que des républicains peuvent cohabiter avec des amadines à tête rouge, des inséparables à face rose et des faucons pygmées.

Chaque couple a sa chambre de couvée et son entrée particulière.

Inséparable à face rose

Républicain social

15

Œufs et oisillons

A l'intérieur de l'œuf se développent d'abord le système nerveux et le cœur de l'oisillon, puis les membres, le corps et la tête. Quand l'embryon est totalement formé, il commence à respirer dans une poche d'air à l'intérieur de la coquille. Un « diamant » qui pousse sur son bec lui permet de briser la coquille pour sortir.

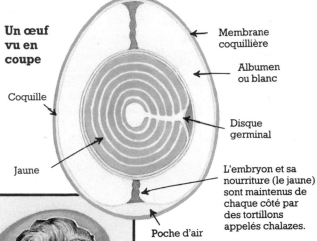

Un œuf vu en coupe

- Membrane coquillière
- Albumen ou blanc
- Coquille
- Disque germinal
- Jaune
- L'embryon et sa nourriture (le jaune) sont maintenus de chaque côté par des tortillons appelés chalazes.
- Poche d'air

Un œuf de poulet

A trois jours, le cœur du poussin bat déjà. Il a des vaisseaux sanguins.

A quinze jours, le poussin a déjà sa forme d'oiseau.

A vingt jours, il est complètement formé, et éclora le jour suivant.

Les parents doivent tourner régulièrement les œufs pour que les poussins se développent correctement. Ce n'est pas facile pour l'échasse blanche avec son long bec et ses longues pattes.

Soin des œufs ▶

Certains oiseaux ont une grande zone de peau nue (ou plaque incubatrice) pour couver leurs œufs, tandis que d'autres ont des plaques séparées pour chaque œuf. L'oiseau couveur quitte les œufs de temps en temps pour qu'ils n'aient pas trop chaud. L'excès de chaleur est plus dangereux que le froid.

L'huîtrier a trois plaques incubatrices.

Mouettes, goélands et échassiers ont des plaques incubatrices séparées.

Mésange charbonnière avec une chenille pour ses petits.

▼ Des parents débordés

Les oisillons ont besoin de nourriture, de chaleur, de protection, et encore de nourriture. Un couple de mésanges charbonnières a apporté de la nourriture à sa couvée 10 685 fois en quatorze jours. Une femelle de troglodyte a nourri ses petits 1 217 fois en seize heures.

« Bonjour, maman » ▶

Plusieurs jours avant d'éclore, le poussin pousse de petits cris à l'intérieur de l'œuf. La femelle lui répond, si bien que lorsque le poussin éclot, il connaît déjà la voix de sa mère. Les poussins qui quittent le nid peu après l'éclosion apprennent vite à suivre leur mère — ils « fixent » l'image de leur mère. S'ils ne voient pas leur mère en premier, ils peuvent « fixer » comme mère quelque chose d'autre. Des oisons d'oie cendrée se sont ainsi attachés à des êtres humains, et un poussin a même pris une brouette pour sa mère.

Vrai ou faux ?

Les aiglons affamés mangent leurs parents.

Jeunes hiboux ▶

Les hiboux commencent à couver quand le premier œuf est pondu. Les œufs suivants peuvent éclore plusieurs jours après le premier, et les oisillons seront de tailles différentes. Si les parents ne trouvent pas assez de nourriture, l'oisillon le plus âgé et le plus gros domine les autres et prend tout pour lui. Ainsi, seuls un ou deux oisillons survivent. Si tous avaient une part égale de nourriture, tous mourraient de faim.

Hibou moyen duc

Quand la nourriture abonde, tous les oisillons survivent.

Femelle

Contrairement à la plupart des oiseaux, chaque femelle s'accouple avec plusieurs mâles.

Chaque femelle pond de 11 à 18 œufs.

Mâle

Submergé par les œufs

Un vieux mâle nandou peut attirer jusqu'à huit femelles dans son nid. Mais les femelles pondent des œufs n'importe où avant que le nid soit prêt, puis le remplissent avec trente œufs ou plus. Le mâle ne peut les couver tous, et la femelle peut pondre encore davantage d'œufs hors de sa portée. Comme le soin des œufs et des petits incombe entièrement au mâle, de nombreux œufs sont totalement perdus.

Un seul mâle couve jusqu'à 80 œufs.

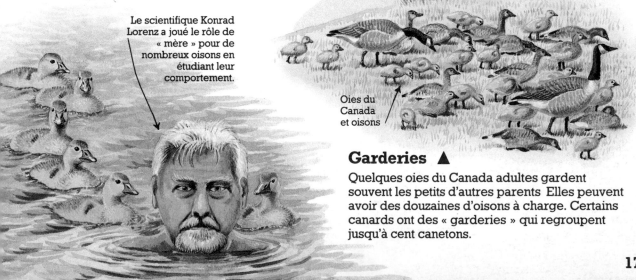

Le scientifique Konrad Lorenz a joué le rôle de « mère » pour de nombreux oisons en étudiant leur comportement.

Oies du Canada et oisons

Garderies ▲

Quelques oies du Canada adultes gardent souvent les petits d'autres parents Elles peuvent avoir des douzaines d'oisons à charge. Certains canards ont des « garderies » qui regroupent jusqu'à cent canetons.

Relations particulières

Pour survivre, certains oiseaux ont développé des relations spéciales avec d'autres oiseaux, d'autres animaux ou des êtres humains. La relation peut être avantageuse pour les deux partis intéressés, mais ne profite souvent qu'à un seul.

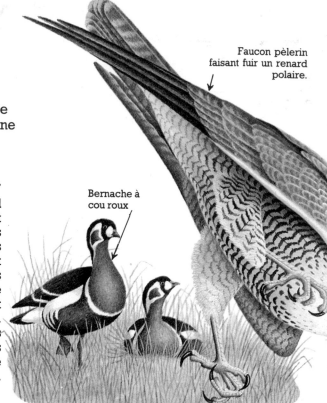

Faucon pèlerin faisant fuir un renard polaire.

▼ Le canard « coucou »

Le canard à tête noire est le seul canard qui imite les coucous, et pond ses œufs dans le nid d'autres oiseaux. Contrairement aux jeunes coucous, le caneton nouvellement éclos n'expulse pas ses compagnons et se contente de partager leur nourriture pendant quelques jours avant de s'en aller. Le canard choisit en général des oiseaux aquatiques pour nourrir ses petits, mais il lui arrive de pondre ses œufs dans des nids de faucons.

Chimango

Bernache à cou roux

Un canard à tête noire en train de pondre son œuf dans un nid de chimango des Andes.

Sous l'aile des pèlerins ▲▶

Dans l'Arctique, les bernaches à cou roux savent que la présence de faucons pèlerins signifie qu'il n'y a pas de renards polaires, prédateurs des oies et des oisons. Aussi nichent-elles à proximité de l'aire du faucon, certaines que les pèlerins éloigneront les renards. Mais comme le nombre des faucons a diminué, celui des bernaches aussi.

▼ L'esprit de famille

Les guêpiers à front blanc du Kenya ont une vie sociale compliquée. Ils nichent dans des falaises de sable en colonies qui regroupent près de 225 couples. Un mâle doit garder sa compagne de près, car une femelle seule est vite assaillie par les autres mâles et forcée de s'accoupler. Quand la nourriture est rare, les mâles dominants forcent des parents plus jeunes, mâles et femelles, à les aider à nourrir leurs petits. Une douzaine de jeunes oiseaux peuvent assister un couple dominant. Dans ce cas, ils ne peuvent se reproduire, mais acquièrent de l'expérience pour l'année suivante.

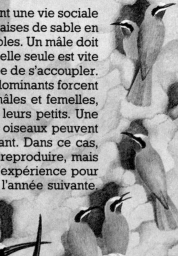

Des sœurs aînées ▶

De jeunes oiseaux d'une première couvée
peuvent jouer le rôle de « sœurs aînées »
pour les couvées suivantes de leurs
parents. Les jeunes poules d'eau s'occupent
souvent d'une ou deux couvées de plus
jeunes frères et sœurs. Elles feront
probablement de meilleurs parents.

Une jeune poule d'eau en train
d'aider l'adulte à réparer le nid.

Tyran des
troupeaux

Jeune poule d'eau en train de
nourrir un nouveau poussin.

◀▼ Un voyage tout confort

Certains oiseaux voyagent sur le dos de plus grands
animaux, et attendent la nourriture qu'ils leur fournis-
sent. En Afrique, le guêpier
carmin se fait porter par l'énorme
outarde kori. En Amérique du Sud, le
tyran des troupeaux se perche sur les
vaches. Tous deux guettent les insectes
qui se trouvent sur leurs hôtes, et les
attrapent au vol.

Guêpier carmin
voyageant sur le dos
d'une outarde kori.

Vrai
ou
faux ?

Les drongos bleus aident
les pêcheurs chinois.

Les aigles s'enhardissent ▼

Depuis que le pygargue à queue blanche
est protégé, il est devenu moins timide.
Beaucoup d'aigles ont appris que les
pêcheurs leur jettent les déchets de
poisson. Au retour de la pêche, les
bateaux sont maintenant suivis par des
goélands, des fulmars et des pygargues
à queue blanche.

Pygargue
à queue
blanche

Fulmar

Goélands

Renard
polaire

19

Traits de couleur

De vives couleurs servent à rivaliser avec des mâles rivaux et à attirer une compagne, mais elles attirent aussi les prédateurs. Aussi, certains oiseaux ne les montrent qu'au moment de la parade, et d'autres n'ont des couleurs qu'à la saison des amours. Les femelles, qui gardent en général les œufs, ont un plumage plus terne que les mâles, mais ce n'est pas toujours le cas.

Collerette déployée faisant apparaître des rayures.

Faisan de Lady Amherst mâle

Masque nuptial ▼

A la saison des amours, l'aspect habituellement terne d'un macareux huppé subit un changement complet. Il porte des « lunettes » de couleur, un bec éclatant et des plumes jaune paille qui descendent sur sa nuque. Le macareux utilise son bec pour « bécoter » sa compagne — mâle et femelle frottent leur bec l'un contre l'autre.

Macareux huppés en train de se « bécoter ».

Le macareux huppé est beaucoup plus terne en hiver.

Un beau mâle ▲▶

Les faisans de Lady Amherst mâles ont un plumage magnifique comme la plupart des faisans mâles. La femelle, elle, a un plumage brun terne qui lui fournit un excellent camouflage dans les broussailles, les fourrés de bambous et les bois. A la saison des amours, le mâle tourne autour de la femelle en déployant ses plumes pour faire voir ses vives couleurs.

▼ Des raies utiles

Les raies qui ornent le corps de la bécassine sourde lui permettent de se camoufler dans les marais où elle vit. Elle tourne son corps de façon que les raies se trouvent dans le même sens que la végétation environnante.

Bécassine sourde

L'oiseau reste immobile quand son corps est dans la bonne position.

Frégate mâle

Vrai ou faux ?

Les pieds du fou sont bleus de froid.

Toucan toco

Le bec est très léger et résistant. Ses bords dentelés coupent la nourriture.

Son bec de 23 cm est aussi long que son corps.

Couleurs délicates ▶

On pense que la couleur délicate du flamant rose provient de pigments, appelés caroténoïdes, extraits de sa nourriture. En captivité, les flamants peuvent perdre leur couleur à cause d'une carence alimentaire. Le flamant filtre l'eau pour retenir les algues à l'aide de rangées de poils situés dans son bec.

Flamant rose

De splendides becs ▲

Le toucan utilise son bec pour atteindre des fruits, affronter ses rivaux mâles et effrayer de petits oiseaux dans le but de manger leurs œufs. Mais il semble qu'il n'y ait aucune raison pour que son bec soit aussi grand et de couleurs aussi éclatantes.

▼ Des femelles étonnantes

On a longtemps cru que le mâle et la femelle de l'éclectus à flancs rouges étaient des mâles de deux espèces différentes. Tous deux sont très colorés, mais, fait surprenant, la femelle a un plumage plus éclatant que le mâle. En plus de ses vives couleurs, ses cris retentissants annoncent sa présence dans la jungle.

▼ L'oiseau ballon

La frégate mâle attire sa compagne avec un ballon étonnant : il gonfle une poche située sur sa gorge. Pendant la parade, il fait vibrer ses ailes et fait des bruits de glouglou. La femelle manifeste son consentement en becquetant les plumes du mâle et en frottant sa tête sur le « ballon ».

Les frégates nichent dans les buissons et les arbres.

Mâle

Femelle

L'éclectus se nourrit de fruits, de baies et de noix.

Ils vivent en Australie et en Nouvelle-Guinée.

21

Grandes migrations

A chaque printemps, de nombreux oiseaux s'envolent vers leurs domaines d'été pour s'y reproduire. Lors de cette migration, certaines espèces parcourent des milliers de kilomètres. Après la reproduction, ils regagnent leurs quartiers d'hiver où ils trouveront une nourriture plus abondante.

Légendes de la Lune et des lacs ▶

Il y a quelques siècles, on expliquait la disparition des oiseaux en hiver par d'étranges théories. On croyait que les hirondelles plongeaient dans les étangs et dormaient sur le fond vaseux jusqu'au printemps. Certains pensaient que les oiseaux allaient sur la Lune. D'autres croyaient que de petits oiseaux, comme les roitelets huppés, voyageaient sur le dos des cigognes.

Une fois qu'il a quitté son territoire de reproduction autour du détroit de Béring, l'oiseau a peu d'endroits où s'arrêter avant d'arriver aux îles Hawaii.

Courlis d'Alaska

Oies à tête barrée

Record d'altitude

Pour gagner leurs quartiers d'hiver au nord de l'Inde et en Birmanie, les oies à tête barrée quittent l'Asie centrale en franchissant l'Himalaya — la plus haute chaîne de montagnes du monde. Pour cela, elles volent jusqu'à 8 000 m d'altitude — presque aussi haut que les avions.

De bons navigateurs ▶

La précision de certains migrateurs est stupéfiante. Depuis des millions d'années, les courlis d'Alaska parcourent environ 9 000 km pour aller hiverner sur de petites îles de l'océan Pacifique. Pour atteindre Hawaii ou Tahiti, ils volent droit vers le sud à un cap de 170°, modifiant sans cesse leur route pour tenir compte des vents qui les dévient de leur but.

Destination inconnue

On voit beaucoup d'hirondelles de fenêtre faire leur nid l'été en Europe, mais où vont-elles en hiver ? Elles hivernent en Afrique, mais on ignore où. Plusieurs milliers ont été baguées en Angleterre, mais jusqu'ici une seule a été retrouvée. En 1984, une hirondelle de fenêtre baguée fut retrouvée au Nigeria. Toutes les hirondelles anglaises hivernent-elles au Nigeria ?

Les hirondelles de fenêtre des pays européens semblent hiverner en différentes régions d'Afrique. Des oiseaux d'Allemagne ont été retrouvés en Ouganda.

Vitesse de vol ▲

Un bécasseau maubèche bagué en Angleterre a mis seulement huit jours pour atteindre le Liberia, à 5 600 km de là. Sa vitesse moyenne était de 29 km/h.

Aigle pêcheur d'Afrique

Aigle ravisseur

Double vie ▶

Les tourterelles des bois sont communes dans les campagnes d'Europe en été. L'hiver, elles gagnent l'Afrique et se rassemblent en troupes immenses. On les a vues partager un perchoir avec cinquante aigles ravisseurs, quinze aigles pêcheurs d'Afrique et des centaines de milans noirs — étrange compagnie pour un oiseau qui passe ses étés à côté de pinsons et de merles.

← Milans noirs →

Tourterelles des bois

Sa température tombe à 13 °C, et son cœur bat au ralenti.

L'engoulevent de Nuttal se faufile dans une cavité, hérisse ses plumes, et s'installe pour un long et profond sommeil.

Un sommeil profond

L'engoulevent de Nuttal, de Californie, reste chez lui pendant les mois d'hiver. Il passe les mois les plus froids, où la nourriture est rare, en hibernant. Avant d'hiberner, il amasse une réserve de graisse qui suffira à ses faibles besoins. Environ 10 grammes de graisse est une réserve suffisante pour 100 jours.

Il mange le plus possible avant d'aller dormir.

La maîtrise de l'air

La plupart des oiseaux sont de grands maîtres de l'air. Leurs capacités de vol ne sont égalées que par les plus agiles des insectes volants.

Le colibri à gorge rouge de 9 cm de long parcourt plus de 3 000 km quand il migre, dont 800 au-dessus du golfe du Mexique.

Accidents de vol

Le tinamou s'envole à une très grande vitesse, mais perd le contrôle, et peut se tuer en s'écrasant contre un arbre. La vitesse l'épuise vite, et s'il est chassé plusieurs fois de suite de son perchoir, la fatigue l'empêche bientôt de voler. On a vu des tinamous s'élancer à tire-d'aile pour franchir une rivière, et, au milieu de la traversée, descendre en voletant jusqu'à l'eau, épuisés. Heureusement, ils nagent bien, et peuvent gagner la rive.

◄ Le plus petit des hélicoptères

Les colibris sont rapides et agiles quand ils volent en avant, mais ils peuvent aussi voler à la verticale, latéralement, à reculons et en position renversée. Ils peuvent faire du sur place dans l'air, le bec parfaitement immobile tandis qu'ils aspirent le nectar des fleurs. Leurs ailes étroites battent 20 à 50 fois par seconde, et on a même enregistré 90 battements par seconde chez une espèce. L'oiseau-mouche Hélène (57 mm de long) est plus petit et plus léger qu'un sphinx (papillon de nuit).

Vol sur place ↗

Martinet ↓

Vol à reculons ↗

Début de pirouette

Cascadeurs ►

Certains martinets dorment et nichent sur des parois rocheuses derrière des cascades et doivent se faufiler entre les nappes d'eau. Il leur arrive d'être entraînés par un brusque torrent, mais ils s'en sortent en général très bien.

Les ailes rejetées vers l'arrière et le corps en forme de torpille sont conçus pour la vitesse.

Les martinets dorment en volant.

Vrai ou faux ?

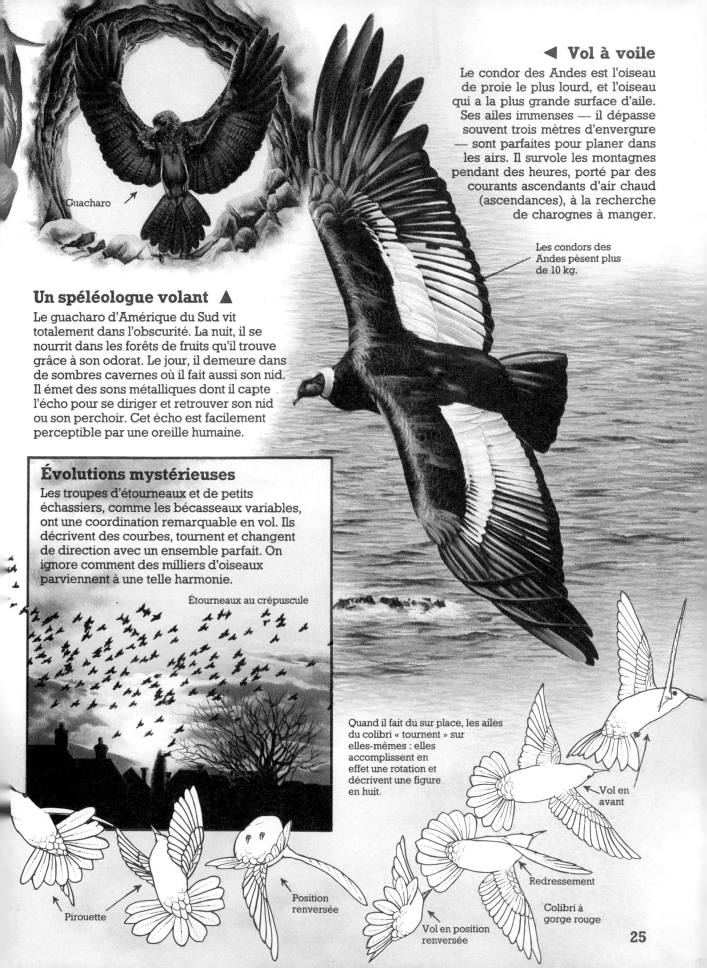

◀ Vol à voile

Le condor des Andes est l'oiseau de proie le plus lourd, et l'oiseau qui a la plus grande surface d'aile. Ses ailes immenses — il dépasse souvent trois mètres d'envergure — sont parfaites pour planer dans les airs. Il survole les montagnes pendant des heures, porté par des courants ascendants d'air chaud (ascendances), à la recherche de charognes à manger.

Les condors des Andes pèsent plus de 10 kg.

Guacharo

Un spéléologue volant ▲

Le guacharo d'Amérique du Sud vit totalement dans l'obscurité. La nuit, il se nourrit dans les forêts de fruits qu'il trouve grâce à son odorat. Le jour, il demeure dans de sombres cavernes où il fait aussi son nid. Il émet des sons métalliques dont il capte l'écho pour se diriger et retrouver son nid ou son perchoir. Cet écho est facilement perceptible par une oreille humaine.

Évolutions mystérieuses

Les troupes d'étourneaux et de petits échassiers, comme les bécasseaux variables, ont une coordination remarquable en vol. Ils décrivent des courbes, tournent et changent de direction avec un ensemble parfait. On ignore comment des milliers d'oiseaux parviennent à une telle harmonie.

Étourneaux au crépuscule

Quand il fait du sur place, les ailes du colibri « tournent » sur elles-mêmes : elles accomplissent en effet une rotation et décrivent une figure en huit.

Vol en avant

Redressement

Colibri à gorge rouge

Pirouette

Position renversée

Vol en position renversée

25

Sprints et marathons

En plus de voler, la plupart des oiseaux marchent, courent et sautent. Ceux qui dépendent le plus de leurs pattes et de leurs pieds sont les oiseaux qui ont perdu la capacité de voler. Les oiseaux aquatiques se servent aussi de leurs pattes pour se propulser dans l'eau.

Course sur l'eau ▶

Aucun oiseau ne peut vraiment marcher sur l'eau, mais le jacana africain n'en est pas loin. Grâce à des doigts de près de 8 cm de long qui répartissent son poids, il peut marcher ou courir sur les plantes flottantes des marais sans risquer de s'enfoncer.

Le jacana africain peut voler, nager ou plonger s'il le faut.

On a dressé des autruches à garder les moutons et à éloigner les oiseaux des récoltes.

Manchots d'Adélie

Coureur de routes

Courant autour d'un crotale, le coucou avance et recule, esquivant les coups de crocs et fatiguant le serpent.

Au bon moment, il fonce sur le serpent et le tue en lui assenant des coups de bec sur la tête.

◀ Bip, bip ! ▼

Le coureur de routes d'Amérique du Nord fait partie de la famille des coucous. Il vole mal mais est un excellent coureur. Il peut parcourir de longues distances et faire des pointes de vitesse tout en contournant des obstacles. Plus rapide qu'un athlète olympique, il atteint 40 km/h. Rusé chasseur, il surgit d'un abri, pique un sprint, et attrape des martinets qui vont boire aux points d'eau du désert.

Le coureur de routes avale le serpent mort en entier. Il lui arrive de courir avec une queue de serpent dépassant de son bec.

◄ De longues pattes

L'autruche est incapable de voler. Elle peut atteindre 2,70 mètres de haut, avec des pattes de plus de 1,20 mètre de long. C'est l'oiseau qui a les pattes les plus longues et les plus puissantes. Elle court facilement à 45 km/h pendant 15 à 20 minutes, et fait des pointes de vitesse de 70 km/h. Les autruches parcourent des centaines de kilomètres de prairie africaine en broutant.

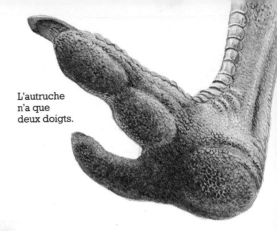

L'autruche n'a que deux doigts.

Un coup de patte d'autruche peut tuer un homme.

Sanderling

◄ Sur les doigts

Tous les échassiers sont agiles, mais le sanderling se déplace si vite le long du rivage que son pouce a complètement disparu. Penché en avant, il court sur ses trois doigts de devant.

◄ Le marathon des manchots

Les manchots ne peuvent pas voler. Pour gagner leur territoire de reproduction dans l'Antarctique, les manchots d'Adélie marchent pendant 320 km sur la glace et la neige. Quand il fait soleil, ils ne dévient pas de leur route, mais par temps couvert, ils semblent perdre leur chemin.

Lophophore resplendissant

Léopard des neiges

▲ Un bon grimpeur

Les faisans ne volent pas longtemps, car ils n'ont pas la capacité habituelle qu'ont les oiseaux de renouveler très vite l'oxygène du sang. Pour échapper à un prédateur, le lophophore resplendissant de l'Himalaya prend son élan avec d'énergiques battements d'ailes et dévale une pente. Il doit ensuite regrimper.

Jeunes pingouins

Le coureur de routes ne fait pas « bip, bip », mais « clac, clac » en faisant claquer son bec.

▲ Nageurs de fond

Les jeunes pingouins, fulmars et fous de Bassan sont trop gras pour voler. Ils se précipitent dans la mer du haut de leur falaise, et nagent sur des centaines de kilomètres vers leurs quartiers d'hiver. Cette nage brûle leur graisse, et quand ils sont plus légers, ils se mettent à voleter.

Vrai ou faux ?

Le rapide casoar porte un casque protecteur.

De drôles d'oiseaux

Cardinal mâle

Le repas des poissons ▶

Beaucoup d'oisillons ont un gosier orange ou jaune vif que les parents repèrent facilement pour y enfourner de la nourriture. Un oiseau adulte s'est trompé et a nourri des poissons rouges ! Un cardinal mâle en Caroline du Nord (États-Unis) s'est approché du bord d'une mare de jardin et a attendu que les bouches béantes des poissons rouges apparaissent à la surface.

Le kéa pousse des cris sonores en s'élevant, porté par les vents.

Un perroquet carnivore ▲

Le kéa est un beau perroquet qui vit près de la ligne des neiges dans les montagnes de Nouvelle-Zélande. Il est toujours en grande partie végétarien comme les autres perroquets, mais il s'est mis à manger des charognes, particulièrement de la viande de mouton. A cause de son énorme bec crochu, les fermiers l'ont pris pour un tueur de moutons, et l'ont presque exterminé. Il ne doit sa survie qu'à de récentes études sur son comportement.

L'hoazin mange des feuilles et des fruits qui sont broyés dans son jabot. Les boules de végétaux contenues dans son jabot dégagent une odeur fétide.

◀ Un vautour délicat

Le vautour des palmes, ou d'Angola, ressemble à un vautour normal, mais préfère en fait les fruits à la viande. Son régime se compose principalement de fruits du palmier à huile. C'est le seul oiseau de proie végétarien.

Il mange aussi de petits poissons, des crabes et des mollusques.

◀ Bizarre, bizarre ! ▶

L'hoazin d'Amérique du Sud est probablement apparenté aux coucous. Mais son comportement et la structure de son corps font penser à un reptile. Effrayés, les jeunes hoazins sautent dans l'eau. Ils retournent au nid en grimpant dans les branches à l'aide de leur bec, de leurs pattes et de leurs ailes pourvues de griffes — caractère unique chez les oiseaux. Ces griffes disparaissent quand l'oiseau grandit. L'hoazin amasse de la nourriture dans un énorme œsophage (jabot). Comme un grand reptile, il se gorge de nourriture, puis doit prendre un long repos.

Les oisillons ouvrent tout grand leur bec, et crient pour réclamer à manger.

Perroquets chauves-souris en train de dormir.

La tête en bas ▶

Les perroquets chauves-souris se suspendent la tête en bas pour dormir. Ils ressemblent ainsi à une touffe de feuilles, et les prédateurs ont beaucoup de mal à les repérer. Il leur arrive de se suspendre la tête en bas dans la journée, et même de manger dans cette position.

Moineaux francs en train de manger des mouches mortes.

Des mouches s'écrasent sur la calandre quand la voiture roule, et y restent collées.

◀ Livrés à domicile

Le moineau franc est très commun dans les villes où il s'est bien adapté. Par exemple, les moineaux ont appris à se nourrir d'insectes qui sont collés sur les calandres et les pare-brise de voitures.

Alque marbrée — ce petit oiseau de mer de 25 cm est commun sur la mer.

Des couvées mystérieuses ▼▶

On peut voir des millions d'alques marbrées au large de la Sibérie et de l'Amérique du Nord. On ignore pourtant presque tout de leurs nids et de leurs couvées. On en voit souvent voler à l'intérieur des terres avec de la nourriture dans le bec, mais on n'a trouvé que quatre nids depuis la découverte du premier en 1931. Deux nids se trouvaient sur des talus rocheux, un autre dans un arbre abattu, et un autre à 40 mètres de haut dans un sapin ! L'alque marbrée est probablement le seul pingouin qui niche dans les arbres. Avant de pouvoir voler, les jeunes des autres pingouins plongent dans la mer depuis le nid perché sur une falaise, et s'éloignent à la nage. Comment les jeunes alques atteignent-elles la mer ? Le mystère reste entier.

L'hoazin vole mal.

Jeune hoazin en train de se hisser hors de l'eau à l'aide des griffes situées au bout de ses ailes.

Records

Un géant volant

L'outarde kori est probablement l'oiseau le plus lourd. Elle pèse environ 13 à 14 kg, et parfois plus de 18 kg. Il a été fait mention d'une grande outarde encore plus lourde que ça, qui ne pouvait certainement pas décoller du sol.

Des années dans l'air

Le jeune martinet se jette hors de son nid pour la première fois en Angleterre, et s'envole vers l'Afrique. Il revient faire un nid deux ou trois ans plus tard, après avoir couvert environ 72 000 km — probablement sans jamais s'arrêter. La sterne fuligineuse prend son essor sur les vastes océans, et vole trois ou quatre ans sans jamais se poser sur l'eau ou à terre.

De grands oiseaux de proie

L'oiseau de proie le plus lourd est le condor des Andes qui pèse jusqu'à 12 kg. Le vautour noir est aussi très lourd. Bien qu'il pèse, le plus souvent, moins que le condor, on a signalé une femelle de 12,5 kg.

La plus grande envergure

L'albatros hurleur a la plus grande envergure : il atteint 3,70 m d'un bout d'aile à l'autre. On a signalé un marabout d'une envergure de 4 mètres. La plupart des marabouts ont 2,50 m d'envergure.

Plus léger qu'un papillon

Les plus petits oiseaux du monde sont des colibris. L'oiseau-mouche Hélène de Cuba n'a que 57 mm de long, bec et queue compris, et pèse à peine plus de 1,5 g.

Record de plongée

Les pingouins empereurs peuvent plonger à une profondeur de 265 mètres. Ils refont vite surface pour éviter les accidents dus à la décompression.

L'œuf le plus coriace

Les œufs sont résistants — un œuf de poule a survécu à une chute de 183 mètres d'un hélicoptère. Un œuf d'autruche supporte le poids d'un homme de 115 kg.

Grandes migrations

La sterne arctique parcourt chaque année 40 000 km au cours de sa migration. Le pluvier doré couvre 24 à 27 000 km en à peine plus de six mois, et vole des Aléoutiennes (Alaska) à Hawaii sans s'arrêter — 3 300 km en environ un jour et demi, avec plus de 250 000 battements d'ailes.

L'oiseau le plus féroce

Les prédateurs les plus puissants sont les faucons. Ils volent très vite, et quand ils repèrent une proie, ils foncent dessus et la frappent de leurs serres étendues.

La plus grande colonie

Dix millions de fous et de cormorans peuvent nicher ensemble sur les îles situées dans les eaux poissonneuses du Pérou.

L'oiseau le plus rare

Un seul couple de Kauai e'e d'Hawaii subsistait dans le monde en 1980. En Amérique, le pic à bec d'ivoire a presque totalement disparu.

Les doyens

Un condor des Andes captif a vécu soixante-douze ans. Un albatros, qui avait été bagué, fut aperçu bien vivant à cinquante-trois ans.

Marchands de vitesse

Quand il fonce en piqué sur une proie, le faucon pèlerin peut atteindre près de 250 km/h, et, à cette vitesse, un aigle royal pourrait presque le rattraper. En vol horizontal, leur vitesse maximale est de 100 km/h, et tous deux seraient battus par le martinet épineux qui vole à environ 171 km/h.

Battements d'ailes

L'oiseau-mouche aux huppes d'or, un colibri, bat des ailes au rythme de 90 coups par seconde — beaucoup plus vite que la plupart des colibris.

Le plus gros nageur

Le pingouin empereur est le plus gros oiseau qui nage. Il atteint 1,20 m de haut, environ 1,30 m de tour de poitrine, et pèse jusqu'à 42,6 kg — plus de deux fois le poids de n'importe quel oiseau qui vole. L'émeu est plus grand (près de 2 mètres) et nage bien, même si c'est un oiseau terrestre. (Les autruches peuvent aussi nager.)

Des oiseaux par millions

Il y a approximativement 100 milliards d'oiseaux dans le monde, dont environ 3 milliards sont des volailles domestiques. L'espèce sauvage la plus nombreuse est le quéléa d'Afrique — il y en a environ 10 milliards.

Le plus grand oiseau

Le plus grand oiseau du monde est l'autruche qui a environ 2,40 m de haut. Certaines atteignent 2,70 m, et pèsent environ 156 kg.

L'oiseau le plus silencieux

Les notes du grimpereau sont si aiguës qu'elles sont à peine audibles.

Altitudes

Le crave alpin a été vu sur l'Everest à 8 200 m, et le gypaète barbu à 7 620 m. Un pilote de ligne a observé des cygnes sauvages à 8 230 m, qui s'étaient élevés depuis le niveau de la mer pour se faire porter par les vents du jet-stream.

Le plus gros œuf

L'autruche pond le plus gros œuf — 13,5 cm de long, 1,65 kg. Il équivaut à environ 18 œufs de poule, et il faut à peu près 40 minutes pour le faire cuire à la coque.

L'oiseau le plus bruyant

Le paon indien a les cris les plus stridents : ils résonnent à des kilomètres à la ronde.

Vrai ou faux ?

Page 7. La harpie mange des singes à son petit déjeuner.

Vrai. La harpie est un grand prédateur des forêts d'Amérique du Sud. Cet aigle aux ailes courtes et larges vole facilement entre les arbres, et se nourrit en partie de singes.

Page 9. Après le bain, les étourneaux se sèchent sur un mouton.

Vrai. Pour se sécher, les étourneaux s'ébrouent et lissent leurs plumes, mais on en a vu un aux Shetland utiliser un mouton comme serviette.

Page 10. Les oiseaux-cloches sonnent à l'unisson.

Faux. L'oiseau-cloche émet un bruit de cloche, mais pas à l'unisson avec d'autres.

Page 13. Les pélicans amoureux font des « offrandes » de poisson.

Faux. Les mâles de nombreuses espèces offrent de la nourriture à la femelle qu'ils courtisent, mais on n'a jamais vu des pélicans le faire.

Page 14. Les perruches nichent avec les termites.

Vrai. La perruche à capuchon noir et la perruche à ailes d'or d'Australie creusent un tunnel dans les termitières pour faire leur nid.

Page 16. Les aiglons affamés mangent leurs parents.

Faux. Mais l'aiglon le plus âgé tue souvent les plus jeunes, et parfois les mange.

Page 19. Les drongos bleus aident les pêcheurs chinois.

Faux. Il y a plusieurs espèces de drongos, mais pas bleus. Certains pêcheurs chinois tiennent un cormoran en laisse pour attraper du poisson.

Page 20. Les pieds du fou sont bleus de froid.

Faux. On ne sait pas très bien pourquoi les pieds des fous à pieds bleus sont bleus, mais la température n'y est pour rien.

Page 24. Les martinets dorment en volant.

Vrai. A la tombée du jour, les martinets s'élèvent à une grande altitude et dorment en planant.

Page 27. Le rapide casoar porte un casque protecteur.

Vrai. La couronne cornue au sommet de la tête du casoar semble jouer le rôle de casque protecteur quand il fonce à travers les sous-bois.

Index